이휘소 평전

이휘소

한국이 낳은
천재 물리학자

평전

강 주 상

사이언스북스
SCIENCE BOOKS

『이휘소 평전』을 다시 펴내면서

1977년 6월 이휘소 교수의 불의의 사고는 강주상 선생에게 큰 충격이자 아픔이었다. 그때 나는 임신 초기여서 장례식에는 참여하지 못하고 두 달 후 8월에 사모님을 찾아뵈었던 기억이 난다. 그리고 사모님과 시어머니 사이에 오고 간 편지를 여러 번 번역해 드렸다. 강 선생은 그 후에도 페르미 국립 가속기 연구소에 갈 때마다 사모님을 찾아뵙고 이 교수의 묘에 가고는 했다. 사모님은 이휘소 교수의 연구 일지, 강의록, 편지 등 귀중한 유품들을 강 선생에게 주셨고 후일 그는 그 유품들을 고려 대학교에 기증했다. 일부 유품은 과학 기술인 명예의 전당에 전시되었다.

소설 『무궁화 꽃이 피었습니다』가 출판되었을 때 대중들에게 인기가 높았지만 이 교수의 이미지가 많이 왜곡되었다. 사모님은 무척 불편해 하시고 소설 작가를 명예 훼손으로 고소했다. 그 당시 강 선생은 법원을 여러 번 드나들며 사모님 측 증인으로서, 이휘소 박사는 순수 이론 물리학자이지 한국의 어떤 정치 기관이나 핵 개발과는 전혀 관계가 없었다고 주장했다. 그러나 그 책으로 인한 이휘소 교수의 명예 훼손은 "이유 없다."라는 법원의 판결로 패소했다. 사모님은 한국인들의 공모로 패소했다고 믿었고 강 선생도 그 공모자 중의 한 사람이라고 여겼다. 그 후 사모님은 강 선생의 안부 전화조차 받지 않으며 관계를 완전히 단절했다. 강 선생은 어떤 방법으로라도 이 교수가 돌아가신 후 사모님께 최선을 다하고 싶어 했는데, 이러한 단절은 그에게 큰 상처가 되었다. 강 선생은 워낙 말이 없고 자신의 감정을 드러내지 않는 사람인데, 그때 섭섭한 마음을 "She lost a good friend."라는 한마디로 드러냈다. 20여 년이 지나 『이휘소 평전』을 쓰면서 다시 사모님과 연락을 취했지만 역시 연락을 원하지 않는다는 답이 돌아왔다.

그러면서도 강 선생은 이 교수에 대한 존경과 아쉬움으로, 이 교수에게 지도를 받았던 스토니 브룩 뉴욕 주립 대학교에 벤 리 장학 재단(Ben Lee Scholarship Fund)을 만들어 10만 달러를 약정했다. 그리고 고려 대학교 퇴임 전에 이 교수의 평전을 씀으로써 지도 교수의 학자로서의 참 모습을 알리고 사모님의 오해도 푸는 것이 제자로서의 마지막 도리라고 생각했던 것 같다. 『이휘소 평전』이 출판 되었을 때 그는 "이제 마음이 가벼워졌다."라고 했다.

이휘소 교수가 돌아가신 지 40년이 되는 올해 1월에 강 선생이 돌아가셨다. 강 선생이 돌아가시기 일주일 전 ㈜사이언스북스와 『이휘소 평전』

재출간을 결정했고, 3일 전에는 저녁 식사를 하면서 벤 리 장학 재단에 약정한 10만 달러를 모두 완납했는지 나에게 거듭 확인을 했다. 그의 마음에는 항상 이휘소 교수가 자리 잡고 있었던 것 같다.

평소에 강 선생은 유명한 지도 교수와 뛰어난 제자들 사이에서 본인은 가교 역할을 한 것 같다고 하며 스승과 제자들을 자랑스럽게 여겼다. 1980년대 연구비가 별로 없을 때 국제 공동 연구를 하며 제자들의 학비와 생활비를 마련해 주기 위해 노심초사하면서도 제자들이 잘하고 있다며 많이 기뻐했다. 지금도 학생들이 가끔 강 선생의 강의가 얼마나 좋았는지 말해 준다. 하기는 우수 강의상인 석탑상을 몇 번 타기도 했다. 가끔 옛 제자들이 왔다 간 날이면 그들과 관계된 에피소드를 이야기하며 즐거워하던 모습이 선하다.

강 선생의 삶을 옆에서 지켜보며 한마디 하자면 '최선을 다하면서 산 사람'이라고 말하고 싶다. 학생들에게, 형제들에게, 그리고 우리 가정에. 학생들이 어떻게 능력을 발휘하도록 만들까 고심하던 모습, 형제들의 어려움을 능력이 되는 만큼 도와주려고 하던 모습, 없는 시간을 쪼개 딸과 놀아 주고 장난을 치고 수학을 가르쳐 주던 모습, 항상 바빠서 부족함이 많았을 나에게 일생 동안 단 한 번도 화를 낸 적이 없었다. 살면서 어려운 일이 일어났을 때 그는 항상 10시간 이상 깊은 잠을 자고 나서는 "We are on the right track. Everything will be okay."라고 말하며 아무 일도 없는 듯이 하던 일을 계속하고는 했다. 마지막 2년간 병마와 싸우며 많은 불편함이 있었는데도 다른 사람의 도움을 받지 않고 모든 일을 스스로 하려고 애를 쓰던 모습이 생각나 지금 너무 마음이 아프다.

그의 해맑은 빈소 사진이 보여 주듯 그는 가르치고 연구하며 76년간의 단순하고 성실한 삶을 살아왔다. 마지막까지 조의금을 고려 대학교 물리학과에 기증해 줄 것을 부탁하며 몸담았던 학교에 고마움을 전하고 싶어 했다.

『이휘소 평전』의 두 번째 출간을 기하여 저자 강주상 선생을 추모하며…….

2017년 5월

최해림

(전 서강 대학교 심리학과 교수)

『이휘소 평전』을 쓰면서

1977년, 비운의 교통 사고로 42세에 요절한 이휘소 선생은 우리나라에서 잘 알려진 과학자이다. 그러나 그를 가까이 사귀었던 사람들이 알고 있는 이휘소와는 전혀 다른 인간으로 일반인에게 투영되어 있다. 아마도 상상력을 발휘한 몇몇 작가들의 소설 때문이리라. 소설 내용이 사실이 아니라는 걸 알면서도 믿으려는 사람들이 상당히 있다. 하지만 이들이 그리는 이휘소의 상은 실상과 많이 다르다. 이휘소를 개인적으로 알았던 사람들은 한결같이 이를 안타깝게 생각한다.

2006년 4월 이휘소 선생은 '한국 과학 기술인 명예의 전당'에 헌정되었는데 이때까지 모두 19분의 선현과 현대의 한국 과학자들이 모셔졌다. 그래서 이휘소 선생에 관한 일반인의 관심이 높아졌는데, 이제는 올바른 이휘소 전기가 절실하게 필요한 시기라 판단된다. 만일 올바른 전기가 없다면 소설들의 내용이 정설로 굳어지고, 시간이 지나면서 진실로 믿어지기 마련이기 때문이다.

이 책에서는 이휘소 선생의 가족, 친구, 동료들과의 인터뷰를 통해 얻은 자료를 토대로 평전을 엮었다. 구체적으로 선생의 모친, 동생 및 부인은 물론 동년배의 관련 분야 한국인 물리학자와 공동 연구를 수행한 외국인 물리학자를 면담했으며 그의 초등학교, 중·고등학교, 대학 시절의 동창생들에게서도 개인 자료를 얻었다.

누군가의 평전이나 전기를 쓰는 일은 그 사람의 자서전을 쓰는 것보다 어렵다. 작고한 사람의 경우는 더더욱 그러하다. 객관적 사실에 근거하여 논리적으로 올바르게 기술해야 하기 때문이다. 이휘소 선생이 자당에게 보낸 100여 통의 편지가 큰 도움이 되었다. 선생은 어머니를 존경하는 한 지성인으로 여겨 물리학자로서의 자기 활동을 편지에 자세히 수록하였기에 좋은 자료였다. 또한 부인 심만청 여사가 필자에게 준 선생과 다른 학자들 간 서신 왕래 파일이 큰 도움이 되었다. 한편 발표 논문들을 검토하여 논리적인 일관성을 유지할 수 있었다. 그리고 그를 알고 있는 친구, 지인들의 이휘소 선생에 대한 회상이 중요한 자료가 되었다. 물론 이들의 '증언'이 모두 일치하는 것은 아니다. 많은 이들의 머릿속에서 기억이 희미해지기 때문이다. 이 책에서는 상상을 배제하고 사실에 근거하여 지인들의 증언을 토대로 논리적 연결을 통해 올바른 평전이 되도록 최대한 노력했다. 그래서 객관성을 유지하기 위하여 '강주상'으로 표현하였고 주관적인 판단을 강조할 때와 마지막 저자의 회고에서는 '필자'라 하였다.

그 결과로 그려지는 이휘소의 상은 세계 물리학 발전에 공헌한 천재 과학자라는 점이다. 그리고 자신의 재능을 십분 살리기 위해 누구보다 열심히 노력한 인물이라는 점이다. 30세에 미국의 명문 대학에서 정교수가 될 때까지는 인간 관계가 의심스러울 정도로 물리학에만 전념하면서 주로 같은 전공 분야의 학자들과 교류하였으나 세계적인 명성을 얻으면서부터는 그 특유의 친화력으로 페르미 연구소의 이론 물리학 팀을 선도했다. 박정희 정부를 못마땅하게 여겨 한국과 관련된 행동은 일체 관여하지 않다가, 1974년 서울 대학의 미국 지원 차관 심사를 계기로 한국의 물리학 발전에 힘을 기울였다.

소설에서 제기한 박정희의 대통령 친서는 존재하지 않는다. 부부 간에 금실이 좋아서 숨김없는 결혼 생활을 했다는 부인 심만청 여사는 만약 그런 일이 있었다면 자신이 몰랐을 리 없다고, 분명하게 친서의 존재를 부정했다. 남한의 핵무기 개발 참여설은 선생을 아는 모든 물리학자들이 부인한다. 이휘소 선생은 소립자 이론 물리학자이지 핵무기 제조 전문가가 아니기 때문이다.

뜻밖에 일어난 이휘소 선생의 단순 교통 사고를 마치 큰 음모나 내막이 있는 듯 '의문사'로 다루는 것도 문제가 많다. 비록 그러한 사고가 일어날 확률이 아주 작지만, 불행하게도 일어났고 다행히 다른 가족들은 살아남은 것이다. 의문사라고 주장하는 일부 사람들의 주장에 오히려 큰 의문이 간다.

이휘소는 올바로 이해되어야 한다. 대중의 인기에 영합하여 일그러진 영웅의 상으로 이해되어서는 안 된다고 본다. 이런 이유에서 이휘소의 평전이 씌어진 것이다.

이 책이 올바른 이휘소의 인간상을 그려 나갈 수 있게 여러모로 도와주신 여러분에게 고마움을 보낸다. 특히 M. Bardeen, W. Bardeen, M. K. Gaillard, S. Meshkov, J. Priest, C. Quigg, E. Quigg, 강경식, 김목현, 김정욱, 김제완, 민희식, 이원용, 이철웅, 최봉선, 이훈택, 허용 님 등에게 감사드린다. 그중에서도 타계하기 한 달 전, 투병 중임에도 불구하고 자료 수집에 많은 도움을 주신 강경식 님에게 각별히 고맙게 생각하며 고인의 명복을 빈다. 마지막으로 이 책이 출판되도록 후원해 주신 김한승 사장에게 깊은 감사를 드린다.

참고로, 이 책의 판매로 발생하는 저자의 인세는 이휘소 장학금에 기증됨을 밝힌다.

2006년 여름 옥수 마을 독서당에서

강주상

차례

스토니 브룩 시절

페르미 연구소 시절

비운의 급서

1977년 6월 16일, 미국 브라운 대학교 강경식 교수에게 한 통의 전화가 걸려온다. 페르미 국립 가속기 연구소의 이론 물리학부 부장인 이휘소 박사의 비서 샤론이었다.

"저기…… 어디서부터 말씀드려야 될지 모르겠는데요……."

당황스러운 목소리로 한참 머뭇거리다가 가까스로 말문을 연 샤론은 강경식에게 충격적인 소식을 전한다. 콜로라도 회의에 참석하기 위해 고속도로를 달리던 이휘소가 교통 사고로 사망했다는 이야기였다. 불과 얼마 전에도 세미나에서 이휘소를 만났던 강경식은 그 말이 믿어지지 않아 "What?" "Really?"만 거듭했다. 하지만 그런 말을 농담으로 할 사람은 없었다. 샤론은 반대편 차선에서 달려오던 대형 트럭이 고장 나면서 이휘소의 차를 덮쳤고, 병원에 도착했을 때는 이미 숨져 있었다는 사망 경위를 침통한 목소리로 전했다.

며칠 후 강경식을 포함한 재미 한국 과학자들 몇 명이 시카고에서 거행된 영결식에 참석했다. 고에너지 물리학계를 선도하는 쟁쟁한 과학자들이 모인 영결식장에서 페르미 연구소장인 윌슨은 감동 어린 목소리로 추도사를 낭독하였다. "이휘소는 추상적이고 순수한 기초 이론을 추구하면서도 실험 결과를 잘 분석하고 이해하는 특별한 재능을 지닌, 탁월한 물리학자였습니다. 그는 20명의 현대 이론 물리학자 대열에 낄 인물입니다."

향년 42세. 당대 최고 수준의 이론 물리학자로서 세계적인 명성을 얻고 있던 이휘소는 그렇게 타계했다. 그리고 시카고 교외의 자신이 살던 작은 마을의 한적한 공원 묘지에 잠든다.

얼마 후 재미 과학 기술자 협회 부회장인 강경식은 당시 한국 물리학회 간사장이던 조병하 교수를 통해 이휘소에 대한 정부 포상을 건의한다. 세계적인 학자였으므로 후배들에게 귀감이 되도록 명예의 흔적을 남겨 놓자는 취지였다. 어렵게 포상은 결정되었지만 정작 이휘소의 부인 심만청이 포상을 거부한다. 평소 남편 이휘소가 유신 체제에 반대해 왔는데, 그런 독재 정권으로부터 훈장을 받는다는 것은 남편의 철학에 어긋난다는 것이 이유였다. 그러나 이휘소의 어머니가 대신 받는 것에 대해서는 동의한다.

그리하여 사망한 지 두 달 만에 과학 기술처 장관실에서 어머니 박순희 여사가 이휘소에게 추서된 국민 훈장 동백장을 수령한다. 일부 신문이 이휘소의 추모 기사를 싣긴 했지만, 대다수의 국민은 그 이름을 들어 보지도 못한 상태에서 재미과협의 간곡한 청에 의해 수여된, 다분히 의례적인 포상이었다.

그로부터 20여 년 후인 1999년, 네덜란드의 이론 물리학자 펠트만과 토프트는 공동으로 노벨 물리학상을 수상한다. 스웨덴 한림원이 밝힌 이들의 수상 근거는 '물리학에서 전약(電弱) 작용에 관한 양자 역학적 구조를 밝힘으로써 소립자 물리학 이론의 수학적 기초를 튼튼히 하였다.'라는 것이다.

토프트는 수상 소감에서 이미 고인이 된 한 물리학자의 이름을 거론하며 특별한 고마움을 피력하였다. "양자 역학에 대하여 엄청나게 공부한 이휘소 박사를 만났던 것은 하늘이 내려준 행운이었습니다." "이휘소 박사는 비가환 게이지 이론의 재규격화 방법에 관련된 제반 문제를 해결하는 데에 가장 중요한 중추적 역할을 수행했습니다."

토프트의 헌사는 결코 과장된 것이 아니었다. 생존자에게만 수여한다는 노벨상의 규정만 아니었더라면 1999년 노벨상은 세 명의 물리학자에게 공동으로 수여되었을 것이고, 공동 수상자의 남은 한 명은 이휘소가 되었을 것이 분명하기 때문이다.

2006년에 과학 기술부와 한국 과학 기술 한림원은 이휘소를 '과학 기술인 명예의 전당'에 헌정하였다. 일반인에겐 어려운 내용이지만, 헌정서에 실린 아래의 공적 내용은 현대 물리학 발전에 지대한 영향을 미친 이휘소의 업적을 잘 요약하고 있다.

현대 물리학 이론의 기반인 '게이지(gauge) 이론'은 양자 전자기 이론에 뿌리를 두고 있다. 이 이론은 질량이 없는 입자의 교환으로 전자기 현상을 나타낸다고 설명한다. 1967년 와인버그, 살람, 글래쇼는 무거운 게이지 입자들이 교환될 때도 성립하는 게이지 이론을 제창했다. 그러나 그 이론을 써서 실제로 의미 있는 계산이 가능한지는 모르는 상태였다. 이때 네덜란드의 젊은 대학원생 토프트가 유한한 답이 나오는 계산이 가능하다는 것을 펠트만과 함께 발표하였다. 하지만 그들의 논문은 특이하고 복잡하여 물리학계에서는 선뜻 받아들여지지 않았다. 이때 이휘소는 간명하고 일반적인 「비가환 게이지 이론의 재규격화」라는, 이제는 고전이 된 논문을 발표함으로써 펠트만-토프트 논문이 물리학계에서 각광을 받게 되었을 뿐만 아니라 와인버그-살람-글래쇼의 이론(현재 입자 물리학의 표준 모형이라 불림)이 전자기 현상과 약작용을 통합하는 전약 작용이라는 통합 이론으로 널리 사용되는 데 결정적인 역할을 하였다.

이휘소의 업적 덕분에 와인버그, 살람, 글래쇼의 이론은 비로소 학계의 인정을 받게 되었고 그 결과 이들은 1979년에 노벨상을 받았다. 펠트만과 토프트 역시 1999년 노벨 물리학상을 수상했다.

이휘소는 타계한 지 40년이 되는 지금까지도 한국이 배출한 가장 유명한 이론 물리학자로 평가되고 있다. 미국 이름이 '벤저민 리'로 알려진 그는 소립자 물리학의 새로 전개되는 이론 선두에서 항상 고에너지 물리학을 끊임없이 개척해간 세계 정상급의 이론가였다.

이휘소는 42세의 아까운 나이로 세상을 떠나기 전까지 140여 편의 논문을 발표했다. 1974년부터 전산화된 고에너지 물리학 데이터베이스에는 비록 60여 편밖에 수록되지 않았으나 전체 인용 횟수는 1만 회 이상에 이르고 있다. 논문의 인용 횟수는 해당 논문이 학계에 미친 영향을 가름하는 가장 기본적인 잣대로, 이론 분야에서 총 1만 회가 넘는다는 사실 하나만으로도 그 논문들의 중요성은 충분히 입증된다.

1969년 겔만이 노벨상을 받았을 때 이휘소가 어머니에게 보낸 편지에는 노벨상에 대한 담담한 태도와 자신감이 묻어난다.

"잘 아시는 것과 같이 금년 노벨상은 입자 물리학에 주어져 저도 생각하는 점이 많았습니다. 이와 같은 세계 제일의 상에는 후보자도 많고, 또 저의 공적이 아직 제일 많은 것이 아니기에 수년 내에 받을 것을 바라지 못합니다. 제가 능력이 있는 대로 일생 연구에 더 주력하겠습니다. 능력, 행운 모두 있어야지요. 진인사대천명(盡人事待天命)."

안타깝게도 이휘소는 능력은 있었지만 행운이 없었다. 할 일을 다하였으나 천명이 허락하지 않았다. 하지만 노벨상 하나의 운이 없었다고 하여 이휘소의 생이 불우했다곤 말할 수 없다. 죽고 나서야 인정받은 숱한 불우한 천재들에 비하면 이휘소는 살아생전에 이미 최고의 과학자로 인정받았을 뿐 아니라, 그의 주요 논문들은 여전히 물리학 연구자들의 필독서로 읽히고 있다.

이휘소는 결코 불행하지 않았다. 그를 잃은 세계 물리학계가 불행한 것이다.

천재의
청소년 시절

1. 실험실을 가진 아이

일제 강점기의 암울하던 시대인 1935년 1월 1일에 부부 의사인 이봉춘과 박순희 사이에서 한 남자아이가 태어났다. 훗날 한국 최고의 과학자라는 평판을 듣게 될 이휘소였다. 부모가 모두 의사라면, 그것도 조선인으로서는 번듯한 직장을 갖기 힘들던 일제 강점기였다는 점을 감안하면 이휘소의 출생 환경은 비교적 유복했다고 할 만하다.

부모의 성격이 두 사람 다 온화하면서 서로 조화를 이루었다는 점도 이휘소의 성장에는 좋은 배경이 되었다. 아버지 이봉춘과 어머니 박순희는 이봉춘이 한때 소학교 교사로 재직하던 시절에 사제지간으로 만난 사이였다. 이봉춘이 1905년생이고 박순희가 1914년생이어서 나이 차이는 아홉 살이나 되었다. 당시는 부부의 나이 차이가 많은 게 지금보다 흔한 세상이긴 했으나 보기 드문 낭만적인 결혼이었음은 틀림없다. 사제지간으로 시작되었다는, 이런 흔치 않은 관계의 영향 때문이겠지만 집안에서 아버지는 늘 근엄한 편이었고 어머니는 매우 순종적이었다.

하지만 생활 면에서는 오히려 반대였다. 아버지는 말수 적으면서 자신을 별로 드러내지 않는 전형적인 선비형인 데 비해, 어머니는 똑같이 차분한 성격이기는 하되 실제 생활에서는 상대적으로 보다 적극적이었다. 두 사람 다 의사이면서도 집안 생계는 대부분 어머니 박순희가 꾸려 나갔다. 아버지 이봉춘은 원래 물리학 지망생이었으나 꿈을 이루지 못하고 결혼 후 의학을 공부하여 의사 면허를 취득했다. 그러나 어려운 환자들로부터 돈을 받고 치료하는 것을 못마땅하게 여겨 자신은 개업의 활동을 하지 않았다. 아마도 내적 괴로움과 갈등이 많았던 것 같다. 이휘소의 집에 놀러 온 친구들이 늘 보는 이봉춘의 모습은 매번 같은 자리에 앉아 조용히 독서에 몰입하고 있는, 왠지 어려워 보이는 아버지였다. 이봉춘은 아이들의 인사를 받으면 "왔냐?" 하고 고개를 한 번 끄덕여 줄 뿐 돌아갈 때까지 그림자처럼 말이 없었다.

"우리 고모부가 춘원 이광수인데, 휘소 아버님을 보면 꼭 고모부를 보는 것 같았어요. 길게 말하는 법이 없는 데다 항상 책에 파묻혀 있어 얼굴조차 자세히 보기 힘들었지요. 그리고 늘 집에만 계셔서 나는 무슨 글 쓰는 분인 줄 알았지, 의사인 줄은 전혀 몰랐어요."

이휘소의 중학 동창인 허용이 기억하는 이봉춘의 모습이다. 이에 반해 박순희는 수시로 아이들을 모아 놓고 가곡을 불러 주기도 하는 등 집안에 낙천적인 생기를 불어넣었다.

이휘소는 아버지의 이런 과묵한 면과, 어머니의 자상하고 활발한 면을 두

이휘소 가족. 맨 오른쪽이 이휘소(1943년)

제공 | 이철웅

루 이어받았다. 친한 친구들과는 말도 잘하고 장난도 곧잘 치는 아이였지만, 조금 거리 있는 친구들이 보기엔 왠지 쉽게 말을 붙이지 못할 것 같은 다소 차갑고 무뚝뚝해 보이는 면도 있었던 것 같다.

휘소가 태어날 당시 어머니 박순희는 원효로의 자혜 병원이라는 곳에 근무하고 있었다. 이휘소 가족이 사는 집은 그곳 자혜 병원 뒤에 딸린 한옥 사택이었고, 장남 휘소와 그의 동생들이 모두 그 사택에서 태어났다. 한 살 아래인 영자, 네 살 아래인 철웅, 여섯 살 아래인 무언과 함께 이휘소는 3남 1녀 중 맏이였다. 이 자혜 병원은 불교 재단에서 만든 병원이었는데, 그 때문에 이휘소의 친구들 사이에서는 한때 그의 아버지가 대처 승이라는 어이없는 소문이 떠돌기도 했다.

휘소는 일곱 살인 1941년에 경성 사범 학교 부속 제1국민학교에 입학하게 된다. 소학교라는 명칭이 '국민학교'라는 명칭으로 바뀐 첫해였다. 당시 경성 사범 학교 부속의 국민학교는 모두 세 개였다. 주로 일본인이 입학하는 부속 제1국민학교, 조선인이 들어갈 수 있는 부속 제2국민학교, 그리고 시골 학생들을 대상으로 하여 주로 교생들이 파견되는 단급 국민학교가 있었다. 단급 학교란 1·2·3학년을 합반한 학급, 4·5·6학년을 합친 한 학급으로 이루어진 소규모의 국민학교였다.

부속 제1국민학교는 원칙적으로 일본인 학생들을 위한 학교였지만 조선인의 입학도 아주 불가능한 것은 아니어서, 이 학교에는 두어 명의 조선인 학생이 있었다. 이휘소는 부속 제1국민학교에 시험을 쳐서 입학했다. 이 학교뿐만 아니라 당시에는 부속 제2국민학교도 시험을 치고 들어가게 돼 있었다.

이 무렵 이휘소의 가족은 원효로에서 신설동(지금은 보문동)으로 이사해 있었다. 박순희는 이곳에 자애 의원(慈愛醫院)이라는 이름으로 소아과와 산부인과를 보는 개인 병원을 개업했다. 박순희는 그 이름을 평생 사용했다. 신설동에서 지금의 을지로6가에 있는 국민학교까지 가려면 걸어서 돈암교 전차 정거장까지 간 다음, 전차를 타고 지금의 을지로4가인 황금정 4정목에 내려 다시 한참을 걸어가야 했다. 이 정도 거리는 그 시절엔 그리 먼 것도 아니어서 시간 여유가 있는 하굣길엔 아예 전차를 타지 않고 걸어서 집으로 돌아오는 경우도 종종 있었다.

이 시절의 휘소는 특별히 남다른 모습을 보이지 않았다. 학교 성적은 우수했지만 국민학생에 불과한 어린아이의 성적일 뿐 주변에서 놀라워

할 만큼 주목의 대상은 아니었다. 급우들끼리 서로 놀리고 장난치고 하는 것도 또래의 다른 아이들과 크게 다르지 않았다. "얌전하면서도 쾌활했다." 같은 반의 조선인 친구로 자주 어울렸던 김목현도 그런 평범한 기억밖에는 갖고 있지 않았다.

어린 이휘소가 유별나게 몰두한 것이 있다면 독서였다. 이휘소는 동네 친구인 민희식의 집에서 수시로 책을 빌려 보았다. 집에도 아버지가 읽는 책들은 많았지만 이휘소가 읽기엔 아직 어려운 책들이었다. 그러나 민희식의 집에는 전집류를 포함해 온갖 어린이 책들, 특히 과학책들이 많았다. 해방이 되면서 일본인 친구가 남기고 간 것으로, 한국인 학생들에게는 새로운 책들이었다. 민희식네는 해방 후 첫 어린이 영화 「똘똘이의 모험」을 이 집에서 촬영할 정도로 부잣집이었다.

이휘소와 민희식은 그다지 친한 사이는 아니었다. 그런데 어쩌다 이 집에 한번 놀러 와 책이 많은 것을 발견하고는 그때부터 사나흘 간격으로 책을 빌리러 다녔다. 갈 때는 꼭 전에 빌렸던 책을 챙겨 가 확실히 반납했고, 읽고 싶은 책이 너무 많아 앉은자리에서 이것저것 한참 들춰 보다가는 아쉬운 듯 한두 권만 골라 돌아서곤 하였다.

이휘소가 즐겨 읽는 책은 과학, 만화, 추리 소설, 문학류였다. 물론 모두 일본어로 된 책이었는데, 이 중에서도 이휘소가 가장 심취한 책은 월간지로 발행되던 《어린이 과학(子供の科學)》이었다. 화성에 인간이 산다는 SF적인 이야기부터 독일 전투기가 급강하/급상승하는 방법을 자세히 설명한 군사 과학 정보까지 이휘소는 《어린이 과학》의 모든 면을 샅샅이 읽었다. 민희식이 그런 쪽에는 별 흥미 없어 하는데도 이휘소는 스스로 흥

분하여 방금 읽은 대목을 꼼꼼히 다시 설명해 주곤 했다.

문학류로는 『일본 아동 문고』, 『소학생 전집』을 닥치는 대로 읽었고, 『걸리버 여행기』, 『이상한 나라의 앨리스』 같은 상상력이 풍부한 소설과 『괴도 루팡』, 『셜록 홈스』 같은 탐정 소설을 즐겼다. 아직 어린 나이이기에 만화책도 물론 좋아했다. 하지만 어른스럽게 『논어』, 『노자』, 『불경』 등 동양서도 읽었다.

어머니의 영향을 받아 비교적 감수성이 풍부했던 이휘소는 노래나 춤 같은 것에는 흥미를 느꼈으나 운동 쪽으로는 별 관심도 소질도 없는 편이었다. 게으른 성격은 아니었지만 몸을 움직여 하는 일에는 매우 둔했다. 휘소와 가끔 탁구를 치곤 했다는 동생 철웅은 운동 신경이 둔했다는 점을 이렇게 말하고 있다.

"탁구를 치다 보면 공이 탁구대 아래로 굴러 들어가는 경우가 많잖아요. 그러면 대개는 공의 위치를 확인한 다음에 잽싸게 들어가 꺼내 오거나 손만 뻗어서 탁구채로 밀어 버리거나 하는데, 형은 그런 동작 하나도 얼마나 굼떴는지 몰라요. 무조건 밑으로 들어가서는 엉금엉금 기다가 한참 만에야 공을 주워 올라오곤 했지요."

휘소가 중학생이 된 건 해방 후 2년이 지난 1947년이었다. 경기 중학교에 수석 입학한 것으로 알려져 있는데, 사실은 수석이 아니라 2등이었다. 당시 한 학년이 여섯 개 반으로 돼 있던 경기 중학교는 시험 성적에 따라 1등은 1반, 2등은 2반 하는 식으로 학생들을 분산시켰는데, 이휘소는 1학년 2반에 배정되었다. 2학년 때는 4반, 3학년에 올라가서도 4반이었다.

입학도 수석이고 학교에 다니던 내내 전교 1등이었다는 식의 소문은

경기 중학교 1학년 2반. 앞에서 둘째 줄 왼쪽에서 두 번째가 이휘소(1947년)　　제공 | 이훈택

그의 명성에 비추어 대충 부풀린 말이다. 경기 고등학교에 수석 입학하였다는 것도 옳지 않은 말이다. 나중에는 중학교와 고등학교가 분리되었지만, 당시 경기 중학교는 원래 6년제 중학 과정으로서 고등학교 진학이라는 게 따로 있지 않았다. 그저 중학교 3학년에서 4학년으로 올라갔을 뿐이다.

그렇듯 시험 성적이 늘 1등이었던 건 아니지만, 그렇다고 이휘소가 단순히 그만그만한 상위권 그룹에 속해 있었던 건 더욱 아니다. 국민학생 때까지는 크게 드러나지 않았으나 중학교에 올라가면서부터 이휘소는 남다른 명석함을 보이기 시작한다. 그와 중학교를 같이 다닌 허용은 "국가 대표 공부 선수"라는 재치 있는 말로 휘소의 뛰어남을 표현하기도 했다.

이휘소는 중학교 시절 화학반에서 활동했는데, 그때 이미 과학 분야의 재능을 유감없이 발휘했다. 당시 화학반에는 화학 선생을 능가할 정도로 실력이 출중한 4학년 선배 한 사람이 있었다. 자부심 강하고 엄격하기 그지없던 그 선배도 휘소만큼은 인정할 정도였다. 실험 실습 시간에 화학 선생이 그 선배에게 자문을 구하면 선배는 다시 이휘소를 불러 의견을 나눌 정도였다. 다른 학생들에게는 선생보다 더 어려운 선배였지만, 이휘소는 그 선배와 대등한 위치에서 서로 주장을 펼치며 토론을 벌이곤 했다.

이휘소가 화학반에서 실력을 인정받은 건 이해력이나 계산 능력만이 아니었다. 화학반 선배는 수업 시간에도 배우지 않는 정성 분석, 정량 분석 등 실험에 열의를 보였는데, 이휘소는 실험에도 누구 못지않은 열성을 보였다. 자애 의원 2층에는 이휘소의 공부방이 따로 있어, 이 방 한쪽에는 화학 실험을 위한 조그만 기구와 유리 그릇들이 가득 진열돼 있었다. 그야말로 작은 실험실이라 할 만했다.

이휘소는 예체능 분야만 빼고는 무슨 과목이든 거의 만점을 받았다. 수학과 물리는 물론 국어, 역사, 지리, 영어 등에서도 최고의 성적을 냈다. 집에서도 늘 책을 끼고 살며 혼자 공부하는 것에 익숙해 있었으므로 학교 공부 시간에는 오히려 집중이 덜했다.

수업 중에 친구와 장난을 치다가 걸리는 일도 자주 있었다. 그럴 때면 선생님은 "너 이거 설명해 봐." 하면서 흑판에 적어 놓은 문제나 교과서의 어느 페이지에 대해 물어보게 마련이다. 그러면 이휘소와 함께 장난치던 학생은 우물쭈물하다가 고개를 푹 숙이고 만다. 하지만 이휘소는 선생님이 던지는 질문에 대답하지 못하는 경우가 없었다. 교과 진도를 훨씬 앞서 모두 공부해 두었기 때문에 수업 시간에는 심심할 수밖에 없었던 것이다.

한번은 이런 적이 있었다. 영어 시간이었는데 선생님이 흑판에 무언가를 적어 놓고는 이것에 대해 아는 사람은 손을 들어 보라고 했다. 열 명에 가까운 아이들이 번쩍 손을 들었다. 이휘소는 손을 들지 않았다. 선생님은 한 사람 한 사람 손을 든 아이를 지명하여 대답하게 했다. 그런데 모두가 틀린 답만 말했다. 그러자 한심해 하던 선생님은 흑판을 향하다 말고 다시 돌아서서 이휘소를 불렀다.

"네가 한번 말해 봐라."

그러자 휘소는 가만히 일어나 선생님이 원하던 답을 말했다. 굳이 손을 들거나 안 들거나 할 것 없이 이휘소는 수업 시간에 나오는 모든 문제를 알고 있었고, 그가 알고 있으리라는 것을 선생들도 알고 있었다.

상급반으로 올라가면서 이휘소의 학구열은 더욱 높아졌다. 집에서나 전차 안에서나 그의 손에는 늘 책이 들려 있었다. 밥을 먹을 때에도 눈은 책에 가 있고 손만 뻗어 반찬을 집어 먹고는 하여 빈 젓가락을 입에 넣기 일쑤였다. 양지바른 곳에 쪼그려 앉아 땅바닥에 무언가 끼적거리며 책을 읽고 있는 그의 모습을 가족들은 언제라도 볼 수 있었다.

아버지는 그런 이휘소를 묵묵히 지켜보았고, 어머니는 그가 공부에만 전념할 수 있도록 세심하게 뒷바라지하면서 학업 진도에 대해 자주 이야기를 나누곤 했다. 대개의 자식들이 아버지보다 어머니를 더 편하게 생각하듯, 휘소 역시 아버지보다는 자상하고 배려 깊은 어머니와 대화를 많이 나누었다.

2.   화학에서 물리학으로

해방된 지 5년 후인 1950년 6월 25일에 민족의 대비극인 한국 전쟁이 발발했다. 이휘소가 중학교 4학년(고등학교 1학년)이 되던 해였다. 휘소의 가족은 일단 서울 근교의 광릉에 있는 친척 집으로 옮겨 지내다가 수복 후에 서울로 돌아왔다. 그리고 이듬해 1·4 후퇴 때는 대다수의 시민들이 그러하듯 짐을 모두 꾸려 충남 공주로 피란 갔다. 공주는 아버지 이봉춘의 고향이었다. 공주 피란길에 어머니는 동참하지 못했다. 연로한 할머니가 집을 떠나기 힘든 데다, 또 피란하지 않겠다고 고집하는 바람에 아버지를 비롯해 자식들만 먼저 보내고 어머니는 나중에 내려오겠다며 할머니와 잔류했던 것이다.

어머니의 단골 환자였던 교통부 직원의 배려로 무개차 화물칸 한쪽 구석에 어렵게 자리를 얻어 타고 피란길에 올랐다. 영하 20도의 추위에 지붕도 없는 화물칸이었지만 걸어서 남으로 남으로 정처 없이 밀려 내려가는 수많은 피난민에 비하면 호사스런 피란길이었다. 마침 기차가 공주에서 가까운 조치원에서 급수하려고 정차하였을 때 짐을 들고 내렸다. 그래도 혹시 다 내리기 전에 기차가 떠날 것을 염려한 아버지는 큰아들 휘소에게 그럴 경우 대전역에서 내려 나머지 짐을 가지고 공주로 오라고 이르면서 돈을 주었다. 6·25 전쟁을 겪은 세대는 잊기 힘든 기억이다.

아버지는 공주 시내 외곽의 옛 고향집에 거처를 정했다. 어머니도 그곳으로 오기로 돼 있었다. 공주에 도착한 다음날부터 휘소와 동생들은 하루도 빠짐없이 마을 초입에 있는 언덕에 올라가 어머니를 기다렸다. 얼마 후 한강 다리가 폭파되었다는 소문이 들려왔다. 한강 인도교는 전쟁이 일어난 지 며칠 후 폭파되어 9·28 수복 후에는 한강 다리에 가교를 설치하여 사용 중이었다. 어머니가 내려오지 못할지도 모른다는 생각에 가족들의 걱정은 대단했다. 매일 동생들을 데리고 언덕으로 올라가는 휘소의 마음도 불안하기 그지없었다.

그러던 어느 날이었다. 여느 때처럼 언덕 위에서 서울 방향의 길을 내려다보고 있는데, 저 멀리 누군가 걸어오는 게 보였다. 형제들은 눈이 뚫어져라 그 사람에게 시선을 집중했다. 차츰 사람의 형체가 파악되면서 사람보다 먼저 커다란 등짐이 눈에 들어왔다. 여자로 보이는 사람이 큰 고리짝을 등에 지고 힘겹게 걸어오고 있었다. 형제들은 직감적으로 어머니라는 것을 알아차리고는 단숨에 언덕을 달려 내려갔다. 역시 어머니였다. 할머니가 혼자 지낼 수 있도록 양식과 땔감 등을 준비해 놓고 한강 다리에 설치한 가교가 폭파되기 하루 전날 서울을 떠났다고 했다. 어머니가

지고 온 등짐에는 병원에서 쓰던 온갖 물품과 약재가 가득 들어 있었다.

어머니는 공주로 내려온 지 며칠 만에 병원을 개업했다. 피난지에서 급조한 병원이라 시설은 보잘것없었으나 집안 생계를 꾸리기에는 부족함이 없었다. 학교를 다니지 않고 있던 휘소 형제는 저녁마다 집에서 5킬로미터 정도 떨어진 병원까지 걸어가, 일을 마친 어머니와 함께 돌아오곤 하였다. 그럴 때면 어머니는 아이들의 손을 잡고 노래를 불러 주었다. 어머니가 즐겨 부르는 노래들은 「아, 목동아」, 「스와니 강」, 「켄터키 옛집」 같은 민요조의 서양 가곡들이었다.

피란지인 공주에서도 이휘소는 늘 책에 매달려 살았다. 꼭 필요한 살림 도구만 갖고 내려온 피난살이였으나 아이들의 공부책은 당연히 '꼭 필요한' 물품 목록에 들어가 있었다. 이휘소는 가끔 어머니의 심부름으로 대전까지 나가 병원에 필요한 약품을 사오곤 했다. 주로 미군 부대에서 흘러나온 약품들이었다.

공주에서의 피란 생활은 그리 길지 않았다. 어느 날, 아버지의 옛 제자가 찾아와 중공군이 내려오고 있다며 더 남쪽으로 피란 가기를 권유했던 것이다. 아버지는 심사숙고한 끝에 제자의 말을 따르기로 결정했다. 다행히 운수업을 하는 제자가 타고 온 트럭에 이휘소네 가족은 가재도구를 모두 싣고 편안히 피란 갈 수 있었다. 새로 거처를 정한 곳은 마산의 장군동이었다. 어머니는 마산에서도 며칠 만에 바로 병원을 열었다. 이번에는 아버지도 집에만 틀어박혀 있지 않았다. 아버지는 마산 인근의 창원 보건소장으로 취직해 모처럼 의사로서 직장 생활을 시작했다. 그 자리는 국가에서 봉급을 받고 환자에게는 무료로 치료를 해 줄 수 있으므로 이봉춘으로서는 보람을 느낄 만한 생활이었다.

보건소에서 장군동까지는 출퇴근 거리가 아닌 탓에 이봉춘은 보건소에서 주로 지내다가 주말이면 창원에서 마산의 가족에게 들르곤 했다. 그렇게 직장 생활이 일년쯤 되던 1951년 12월 어느 깜깜한 밤에 이봉춘은 귀가 도중 개울 둑에서 그만 실족하여 사망한다. 이봉춘의 나이 49세였다. 어처구니없는 죽음이었다. 그때까지 단란하고, 큰 우환 없이 지내던 이휘소 가족에게 생긴 최초의 불행이었다. 혼자서 가족을 책임지게 된 어머니는 이때부터 더욱더 강인한 면모를 보이며 아이들의 학업에도 보다 열성적인 관심을 기울였다.

이곳 마산에서는 이휘소도 학교를 다닐 수 있었다. 전쟁이 길어지자 학교 교육에 대한 전시 훈령이 만들어져 학생들이 현지의 학교에 위탁생이라는 이름으로 임시 편입할 수 있게 되었던 것이다. 그에 따라 이휘소는 마산 중학교에 들어가고, 다른 동생들도 모두 학교에 다니게 되었다. 그런데 얼마 후 경기 중학교가 부산으로 내려왔다는 소식이 들려왔다. 이휘소는 부모와 의논한 후에 바로 경기 중학교로 학교를 옮겼다.

이때부터 새벽 4시에 일어나 세 시간이 넘게 기차로 통학하는 생활이 시작되었다. 새벽에 나가면 컴컴한 밤에야 들어와 혼자서 늦은 저녁을 먹어야 했다.

그렇게 해서 어렵사리 고등학교 2학년 과정을 마친 이휘소는 검정고시를 치른다. 대학 입학 자격을 얻기 위해서다. 왜 갑자기 검정고시로 길을 바꿨는지는 확실하지 않다. 아버지가 일찍 돌아가셔서 빨리 학업을 마치고 사회에 진출하겠다고 마음먹었을 수도 있고, 하루에 여섯 시간 이상씩 걸리는 기차 통학이 부담스러웠기 때문일 수도 있다. 그러나 이휘소의 인생 행로를 살펴보면, 그가 학교 진도보다 항상 앞서 공부했기에 자기 수준에 맞는 교육 환경을 원했던 것이 제일 큰 원인으로 판단된다.

세 과목만 치르는 검정고시를 이휘소는 무난히 합격한다. 그는 검정고시에 합격한 1952년에 바로 서울 공대 화학 공학과에 입학 시험을 치러 응시자 300여 명 중 수석으로 입학하였다. 실제로는 화공학과 수석인데, 당시는 공부를 제일 잘하는 학생들이 으레 화공과에 지원하던 시절이었으므로 화공과 수석이 곧 서울 공대 수석이나 마찬가지였다. 그때 서울 대학교는 부산의 대신동에 내려와 있었다. 서울대가 따로 있는 게 아니라 '전시 연합 대학'이라는 이름으로 전국의 모든 대학교가 통합돼 있는 상태에서 수업만 학교별로 따로 받는 상황이었다.

1953년 이휘소는 서울대에 들어가면서 처음으로 자취 생활을 시작했다. 고등학교와는 차원이 다른 새로운 수업을 받게 되는데, 통학에만 하루 여섯 시간씩 허비할 수 없었기 때문이다.

부산 대신동의 가건물에 있던 서울 대학교 공과 대학은 서울 수복 후 서울 사대 부속 중학교(일제 강점기 때 경성 여자 사범 학교 부속 여자 국민학교) 자리에 잠시 임시 교사를 만들었다가 미군의 철수와 함께 현재 서울 과학 기술 대학교가 있는 태릉에 자리를 잡았다. 지금이야 태릉이 서울에 속하지만 당시에는 서울의 변두리인 청량리까지 가서 다시 버스를 타고 비포장도로를 한 시간 남짓 달려가야 했다. 때문에 학생들은 배밭이 널려 있는 공릉동 인근 민가에서 숙식하는 경우가 많았다. 이휘소는 한 방에 10여 명씩 군인용 야전 침대를 가지고 와 생활하는 임시 기숙사에 거처했다.

서울 공대에서 한 학기 수업을 받은 후 이휘소는 물리학 쪽에 더 관심을 갖게 된다. 당시 화공과 수업은 기초 이론보다는 응용 화학에 치중하고 있었다. 한국의 과학 수준이 전반적으로 뒤처진 데다 휴전 후 경공업 발전을 위해 당장 써먹을 수 있는 응용 기술이 더 필요했기 때문이었다. 과학보다는 기술에 치중된 이런 수업 분위기가 이휘소에게는 어울리지 않았던 것이다.

해방이 되면서 일본인 교수들이 모두 빠져나가고 전쟁까지 치르고 나자 우리나라에는 대학 교육을 담당할 교수진이 절대 부족했다. 자격이 모자라는 학력 소지자도 쉽게 중고등학교 교사로 채용되는 실정인 터라, 기존의 교사들은 교수가 부족한 대학으로 옮겨갔다. 심지어 강의를 한 번도 해본 적이 없는 옛날 지식인들이 교수직을 맡기도 했다. 일반적인 학생 수준도 비슷했다.

교재도 변변한 게 없었다. 정식 교과서는 드물었고, 교수들은 서점에서 일본어 책을 구입하여 강의 시간에 그저 읽어 주기만 하면서 학생들에게 받아쓰기만 시키는 경우가 흔했다. 대학 교육 수준이 이런 정도였으니 수재의 머리를 가진 학생들을 만족시킬 리 없었다. 이휘소를 비롯해 공부에 열심인 학생들은 교수가 강의하는 책을 사서 혼자 따로 공부하는 경우가 많았다. 당시 광화문에는 일본인들이 남기고 간 서적들을 파는 고서점들이 흔했는데, 이곳에 가면 교수들이 강의하는 책은 물론 온갖 일본어 교재들이 많았다.

그리고 결정적인 계기는 아닐지 몰라도 이휘소가 물리학에 자신감을 갖게 된 일화가 하나 있다.

공과 대학 3학년 때 이휘소는 물리 화학을 가르치는 전완영 교수와 함께 개인적으로 양자 역학 공부를 하고 있었다. 화공과 교과목에도 없던 양자 역학 책을 사서 독학하고 있었으니 이때 이미 물리 쪽에 관심이 가 있었던 것이다. 전완영은 미국 유학을 준비하고 있던 비교적 젊은 선생으로, 나이와 실력이 이휘소와 크게 차이나지 않아 선생과 제자라기보다는 동료 학생처럼 함께 독서와 토론을 하며 실력을 쌓고 있었다.

어느 날 이휘소는 미국의 물리학자가 쓴 양자 역학 원서를 읽다가 계산이 이상한 문제 하나를 발견했다. 몇 번이나 계산하고 논리 관계를 따져 본 후에 그는 문제가 잘못되었다는 확신을 얻었다. 전완영에게 책을 보여 주며 자기 생각을 말하자, 그도 동감이라고 했다.

이휘소는 호기심이 생겼다. 자기 계산이 맞는지 분명하게 확인해 보고 싶었다. 그는 독후감과 함께 자신이 발견한 문제의 의견을 적어 저자가 근무하는 대학으로 편지를 보냈다. 과연 자기 생각이 맞는 건지, 답장이 오기는 할지 궁금했다. 그런데 얼마 후 저자로부터 답장이 왔다.

"당신의 지적이 맞습니다. 내 책에 관심을 가져 주고 오류까지 찾아 주어 고맙습니다. 열심히 공부하기 바랍니다."

이휘소는 너무 기뻐 그 답장을 친구들에게 보여 주며 자랑했다.

그 얼마 후 이휘소는 전공을 물리로 바꾸고 싶다고 학교에 요청했다. 하지만 휘소는 공과 대학 화공과 소속이고 물리학과는 문리과 대학에 속해 있으므로, 단과 대학 자체가 달라 소속 학과의 전과는 어렵다는 대답을 들었다. 학과를 옮기는 건 지금도 어려운 일인데 전과라는 제도 자체가 없던 때였으니 당연한 일이었다.

수석으로 입학한 데다 외국 물리학자의 오류를 지적한 일까지 겹쳐 이 휘소의 이름은 공대 전체에 널리 알려졌다. 심지어 그가 있는 반에 강의 하러 오는 교수들은 미리 공부를 철저히 하고 들어온다는 소문이 돌기도 했다.

이처럼 대학에서도 늘 최우등 학생이었지만 이휘소는 공부만 하는 학 생은 아니었다. 대학 시절 이휘소의 모습이 어떠했는가는 그와 경기 중학 교 동창이면서 서울 공대 화공과 동기 동창이기도 한 이훈택의 말로 짐 작할 수 있다.

"휘소는 책벌레는 아니었어요. 남들 놀 때 같이 놀고, 수업 끝나면 막 걸리 집도 같이 다니고 그랬지요. 농담도 잘하는 편이어서 자기 집 병원 간호사한테 짓궂게 장난친 일을 재미있게 들려주기도 했어요. 그런데도 밤에 혼자 공부하는지 성적은 늘 최고였지요."

물리학과로의 전과가 뜻대로 이루어지지 않아 화공과 수업을 받으며 독학으로 물리 공부를 하고 있던 이휘소에게 좋은 기회가 찾아왔다. 원 조 대상 국가를 지원하는 차원에서 한국전 참전 미군 장교 부인회가 후 원하여 장학금까지 지급하는 유학생 선발이 있었는데, 문교부에서 거기 에 응시할 학생을 추천해 달라는 것이었다. 제대로 물리 공부를 하고 싶 던 이휘소에게는 뜻밖의 행운이었다.

학교에서는 최우수 학생인 이휘소를 비롯해 몇 명이 시험에 합격했다. 당시에는 돈과 배경이 든든한 학생들만 유학 갈 수 있던 사회 환경이었으 나 두뇌가 우수한 학생들도 외국 유학을 떠날 기회를 얻은 것이다. 그가 유학 갈 학교는 오하이오 주 옥스퍼드 시에 있는 마이애미(Miami) 대학으

도미 유학에 앞서 친구들과 함께. 앞줄 왼쪽이 이휘소(1955년)　　　제공 | 이훈택

로 결정되었다.

그의 유학을 가장 반긴 것은 어머니였다. 어릴 때부터 이휘소를 일본인 학교에 보낼 만큼 자식들의 공부에 신경 썼던 어머니는 수업료 전액 면제의 특전을 지원받으며 선진 외국에서 공부할 기회가 생긴 것을 무척 기뻐했다. 아버지도 없는데 장남을 외국으로 떠나보내야 하는 건 물론 아쉽고 허전한 일이었다. 하지만 어머니는 뛰어난 머리를 지닌 아들에게 세계적인 교육을 받게 할 기회를 사사로운 정으로 놓칠 사람이 아니었다.

1955년 1월 26일 아침, 이휘소는 가족과 함께 여의도 비행장으로 들어섰다. 당시에는 공항이라기보다는 군용 비행장으로서 민간인 비행기는 허가를 얻어 사용하던 실정이었다. 전쟁의 흔적이 남아 있는 비행장은 썰렁하기 그지없었다. 컨테이너로 된 막사 두어 건물만 서 있는 허허벌판에 여기저기 모래바람이 마구 날리는 황량하기 짝이 없는 풍경이었다.

비행장 모습만큼이나 이휘소의 가슴도 허허로웠다. 부산에서 몇 달 자취하던 때 말고는 처음으로 집과 가족을 떠나는 길 아닌가. 비록 청운의 뜻을 품고 먼 길을 떠나지만 그를 기다리는 건 낯선 나라의 모르는 사람들뿐, 그것도 언제 돌아오리라는 기약도 정해져 있지 않은, 앞이 막막한 유학길이었다.

세계에서 가장 강하고 잘사는 나라, 그곳에서 세계 최고 수준의 교육을 받게 되리라는 기대로 말할 수 없이 설레었지만 다른 한편으로는 자신이 과연 얼마만큼 인정받을 수 있을지 두려운 마음이 있는 것도 사실이었다. 뿐인가, 어머니에 대한 고마움과 미안함, 아버지도 안 계신데 동생들을 두고 훌쩍 떠나는 것에 대한 부담감, 벌써부터 걱정되는 학비 조달 문제 등 모든 것이 휘소의 가슴을 무겁게 했다.

간단한 탑승 수속을 마친 다음, 이휘소는 어머니와 마주 섰다.

"어머니…… 건강하세요."

하고 싶은 말이 산더미처럼 많았지만 이휘소는 더 이상 말을 이어 갈 수 없었다.

"그래, 집안일은 걱정 말고 너는 공부만 열심히 해라. 몸 잘 챙기고……."

어머니도 길게 말하지 않았다. 휘소는 동생들을 한 번씩 껴안아 준 다음 마지막으로 다시 어머니를 돌아보았다.

"편지 자주 드릴게요."

"오냐, 어여 들어가라."

어머니는 끝까지 눈물을 보이지 않았다. 조금 더 지체하면 어머니든 자신이든 눈물을 보이게 될 것만 같아 이휘소는 고개만 한 번 깊이 숙이고는 얼른 돌아섰다. 비행기 있는 쪽에서 회오리바람이 일며 먼지와 휴지 조각들이 날아오르는 게 보였다. 이휘소는 돌아보지 않고 그쪽을 향해 뚜벅뚜벅 걸어갔다.

비행기의 이륙을 기다리는 동안 이휘소는 가방을 뒤져 책을 꺼냈다. 잡념에 빠지지 않고 주변의 시선도 무시하기 위해서는 그게 최선의 방법이었다. 그리고 그것은 앞으로 살게 될 이국 땅에서 자신을 이기기 위해 굳게 견지해야 할 태도이기도 했다.

얼마 후 비행기가 움직이기 시작했다. 곧이어 비행기가 하늘로 날아오르면서 가슴이 심하게 울렁거렸다. 휘소는 책을 덮고 잠시 눈을 감았다. 감은 눈앞으로 몇 개의 영상이 떠올랐다. 약재가 가득 든 등짐을 지고 공주까지 혼자 걸어오시던 어머니 모습, 돌아가시기 직전 그의 손을 잡고 나지막이 중얼거리던 아버지의 목소리, 휘소야…… 너는 우리 집 장남이다…….

이휘소가 도미하던 시절에는 제트기가 보편화되지 않아 프로펠러 비행기를 타고 중간에 도쿄, 하와이, 샌프란시스코, 시카고 등을 경유해야 했다. 그는 중간 경유지에 있는 친지들에게 사전 연락하여 신세를 지면서 며칠 만에 오하이오 주 옥스퍼드에 도착했다. 도쿄, 하와이만 해도 동양인들이 많아서 그리 생소하지 않으나 미국 본토에 도착하자 그야말로 신세계에 온 것을 실감할 수 있었다. 모든 설비가 일본보다 훨씬 좋았고, 거리 가득 미국 여성들이 활보하는 모습은 마치 영화 속에 들어온 듯한 기분을 느끼게 해 주었다.

그가 더욱 신기하게 느낀 것은 미국이라는 선진국의 짜임새였다. 하와이에서 짐이 많아 일부를 체크인했는데 샌프란시스코 공항에 내려 살펴보니 짐이 사라졌다. 하지만 분실 신고를 하고 나서 시카고에 가 보니 짐이 먼저 도착하여 자기를 기다리고 있었다. 시카고에서는 YMCA 호텔에 투숙하여 친지들과 연락을 취하고, 1월 31일 아침에 드디어 목적지에 도착했다.

미국
유학생 시절

3. 마이애미 대학의 특별한 신입생

1955년 1월 31일 아침에 이휘소는 오하이오 주의 옥스퍼드 시에 도착했다. 그의 인생에서 새로운 지평이 열리는 날이었다.

오하이오 주는 북아메리카 중앙 평원에 위치해 있는데, 인구는 많지 않지만 풍부한 천연자원과 비옥한 토지에 교통도 원활하여 미국 초기에는 공업이 가장 발달한 주였다. 옥스퍼드는 오하이오 주 수도인 콜럼버스와 달리 비교적 작은 도시였다. 이곳에는 마이애미 대학과 웨스턴 여자 대학이 있는데, 1809년에 설립된 마이애미 대학은 한때 재정난으로 폐교되었다가 주 정부의 지원을 받아 1885년 다시 개교했으며, 1888년에 남녀 공학으로 전환한 주립 대학이었다.

입학 수속을 하는 과정에서 이휘소는 마이애미 대학에 한국인 유학생이 여러 명 와 있다는 사실을 알았다. 모든 것이 낯설기만 한 그로서는 아무래도 조금 위안이 되었다. 당시는 한국 전쟁이 휴전 상태여서 전쟁은 끝난 후였으므로 미국의 자선 단체들이 한국의 유학생을 지원하였고, 마이애미 대학은 특히 이러한 단체들과 협조하여 외국 학생들을 많이 받았다. 한국 유학생은 열 명 정도로 학교 규모에 비하면 많은 편이었는데, 모두 학부생이었다. 그중에는 서울대 화공과 동기인 정의명과, 나중에 현대자동차 사장을 지낸 정세영도 있었다.

입학 수속을 마치자 기숙사가 배정되었다. 기숙사에는 파키스탄, 이란, 홍콩, 일본, 프랑스 등 각국의 유학생들이 있었다. 이휘소에게 배정된 '피셔 회관'이라는 기숙사는 신입생과 전입생 전용이어서 다른 기숙사에 비해 시설이 떨어졌지만 이휘소의 눈에는 그것만으로도 훌륭하게 보였다. 침대가 있는 아담한 방과 학생들의 휴식을 위한 넓고 깨끗한 응접실도 좋았지만, 동전을 넣고 돌리게 돼 있는 전기 세탁기, 건조기 같은 건 한국에서는 구경도 못 하던 편리한 설비였다. 처음 먹어 본 기숙사 음식도 낯설긴 했지만 다행히 입맛에 맞았다.

전쟁을 치른 가난한 나라에서 세계 최대의 선진국에 유학 온 이휘소의 눈에는 보이는 모든 것들이 부럽고 신기하기만 했다. 이휘소가 가장 먼저 감탄한 것은, 공원처럼 잘 단장된 대학 캠퍼스였다. 울창한 숲 사이로 고풍스런 벽돌 건물이 보기 좋게 배치돼 있고, 곳곳에 잔디밭이 넓게 펼쳐져 있는 아름다운 캠퍼스를 보며 이휘소는 부러움과 서글픔을 동시에 느꼈다. 학교 앞 문방구에서 학교 숙제에 필요한 용지를 과목별로 전부 구비해 놓고 있는 것도 이휘소에게는 신기하게 보였다. 무슨 과목, 무슨 숙제에는 어떤 용지를 써야 한다는 것까지 문방구 주인이 알고 있다는 게 그에게는 미국 사회가 지닌 조직력의 한 단면으로 여겨졌다.

그를 특히 놀라게 한 것은 캠퍼스 안에서 서로 껴안거나 입맞춤을 하고 있는 남녀 학생들의 모습이었다. 남녀가 손을 잡는 것조차 보기 드물던 당시 한국의 연애 풍속과는 너무 달랐기 때문이다.

정식으로 마이애미 대학의 학생이 된 이휘소는 며칠 후 학교로부터 학점 인정에 관한 통보를 받았다. 한국에서 3년간 배운 과정을 마이애미 대학에서 얼마나 인정해 줄 것인가 하는 건 이휘소로서도 가장 신경 쓰이는 부분이었다. 입학 수속 때 들은 바로는, 이곳 대학에서 한 학기 수업을 들은 후에야 학년이 결정된다는 것이었다. 이휘소는 내심 서울대의 3년 학점이 전부 인정되어 조금이라도 빨리 대학 학부 과정을 마치게 되길 기대하고 있었다. 생활비를 보내 주시는 어머니의 부담도 덜어 드리고, 하루빨리 본격적인 연구 과정으로 들어가고 싶어서였다.

다행히 학교에서 보낸 편지에는 서울 대학교에서 취득한 학점 중 70학점을 인정한다고 적혀 있었다. 70학점이라면 마이애미 대학 기준으로 보았을 때 2년 반 정도를 인정해 주는 셈이었다. 간단히 말해, 3학년 과정에 바로 들어갈 수 있다는 이야기였으니 이휘소가 기대했던 것 이상이었다. 다만 마이애미 대학에서의 학점이 처음 2학기 동안 평균(C학점) 이상이 되어야 한다는 조건이 붙어 있었다. C학점이 안 되면 서울대 학점 인정이 취소된다. 어학 관련 학점은 인정받지 못하였으므로 영어, 독일어 등은 첫 학기 과목부터 들어야 했다.

수강할 과목은 일단 영작문, 영어 회화, 독일어, 고급 미적분학 등으로 정했다. 한국에서처럼 별다른 노력 없이 적당히 넘어갈 과목은 하나도 없었다. 한 학기 공부가 끝나야 자신의 위치를 알게 되겠지만 학부 졸업을 하려면 3년은 걸릴 거라는 생각이 들었다.

차를 타고 통학할 필요가 없는 기숙사 생활이었지만 이휘소의 유학 생활 초반은 정신없이 바쁘게 돌아갔다. 그리고 익숙한 게 하나도 없기에 매사가 긴장의 연속이었다. 아침 7시 이전에 일어나 7시 10분에 아침 식사를 하면 8시에 바로 수업이 시작되었다. 과목마다 숙제가 보통 많은 게 아니어서 수업이 끝난 후 도서관에서 숙제를 다 마치고 기숙사로 돌아오면 자정이 넘기 일쑤였다. 하루는 밤 늦게 기숙사로 돌아오다가 빙판에서 넘어지는 바람에 그 다음날 외국인 학생을 위한 교회 파티에도 못 갔다.

수강 과목 중 독일어는 직접 독일어로 묻고 대답하는 것이어서 따라가기 쉽지 않았고, 영어 회화도 서툴러 아직 자신은 없었다. 특히 영어 과목에서 입센의 희곡 「인형의 집」을 읽고 리포트를 쓰는 등 그때까지 생소했던 유럽 문학 전반을 읽어 내는 일은 시간을 보통 많이 잡아먹는 게 아니었다. 한시도 긴장을 놓을 수가 없었다. 늘 시간에 쫓기는 데에서 오는 육체적 부담뿐만 아니라 이곳까지 와서 다른 학생들에게 결코 뒤지면 안 된다는 마음의 다짐도 그를 피곤하게 만드는 데 한몫했다.

그렇게 바쁜 중에도 이휘소는 사나흘에 한 번씩은 꼭 어머니에게 편지를 썼다. 고국에 있을 때도 그랬지만, 어머니를 향한 그의 존경과 감사의 마음은 대단했다. 편지마다 '존경', '감사', '그리움'이라는 단어가 빠지는 적이 드물었다. 편지 내용 또한 의례적인 안부 인사가 아니라 마치 생활 보고문이라도 써서 보내듯 학교 수업과 일상생활의 거의 모든 상황들을 세세하게 적어 보냈다. 전문적인 학술 용어까지 사용하여 자신의 연구 일지의 일부분으로 기록을 남기려는 듯했다. 그리고 자신이 돌아가신 아버지 역할까지 해야 된다는 장남으로서의 책임감 때문에 영자, 철웅, 무언 3남매 동생들의 진로 문제 등을 수시로 어머니와 의논했다.

미국 문화와 관습에는 그리 어렵지 않게 적응할 수 있었다. 이휘소의 눈에 비친 미국이라는 나라는 자유와 평등, 그리고 상대방에 대한 배려 같은 게 사회 의식으로 정착된 나라였다. 물론 상대적인 비교일 뿐이지만, 경제적인 쪼들림으로 각박해진 한국의 인심을 많이 보아 온 그로서는 미국인들의 일상에 밴 친절이나 단정한 식사 예법 같은 것들 하나하나가 역시 선진국이구나 싶은 모습으로 다가왔다. 교수와 학생이 대등한 자격으로 토론하는 교실 풍경도 한없이 부럽기만 한, 인상적인 장면이었다.

3월 말에는 일주일 정도 봄 방학이 있었는데 이휘소는 이때 대학의 외국 학생 담당 카운슬러 소개로 100마일 정도 떨어진 데이턴 시의 어떤 명사 집에 초대되었다. 외국 학생들에게 미국의 서민 생활을 소개하는 호스트 패밀리 프로그램으로, 어느 대학에서나 흔히 있는 일이었다. 데이턴은 비행기를 발명한 라이트 형제가 살았던 도시이다. 이들은 이휘소에게 자가용 비행기의 조종법을 가르쳐 주는 등 매우 친절하게 대해 주었다. 지하에는 가족 전용 오락실이 있고 남편이 사용하는 공작실도 있었다. 또한 세탁기, 식기 세척기, 진공 청소기 등 편리한 시설들이 많아서 좋았지만 주부는 집안 살림을 건사하기에 무척 바빴다. 이휘소에게는 미국 생활의 단면을 엿볼 수 있는 좋은 기회였다.

유학 초기, 이휘소의 가장 큰 어려움은 책값, 생활비 등 학비 조달이었다. 기본적인 생활비는 어머니가 송금해 주고 있었지만 어머니의 수입만으로는 줄줄이 딸린 동생들의 학비를 대는 것조차 벅차다는 걸 알고 있었다. 때문에 책값이나 식비, 세탁비, 우편 요금 같은 일상 잡비를 마련하는 일에 늘 짓눌려 지냈다. 다른 유학생들처럼 아르바이트를 하고 싶었지만 기숙사의 식사 시간과 겹치는 데다 조금이라도 더 공부 시간을 갖고 싶어 쉽게 결정을 내리지 못했다. 게다가 아들이 공부만 하기 바라는 마음에서 그의 어머니도 아르바이트 같은 건 절대 하지 말라고 당부한 터였다.

하지만 입학한 지 두어 달이 지난 4월에 그는 결국 식당 아르바이트를 시작했다. 옥스퍼드는 도시가 작아 학생들이 일할 곳도 변변치 못해 한국 학생들 중엔 술집에서 일하는 사람도 있었으나 이휘소는 수입이 적은 식당을 선택했다. 학교 수업이 없는 오전 9시부터 11시까지 일하는 대가로 그에게 들어오는 돈은 일당 1달러 40센트 정도였다. 토요일에는 수업이 아침 8시에 한 번만 있으므로 하루 종일 일하고 3달러를 받기로 했다. 월 전체로 따지면 약 40달러 정도 되는 수입이었다. 공부에는 아무래도 지장이 되었지만 이휘소는 어머니의 부담도 덜고 자신의 생활력도 기른다는 마음으로 유쾌하게 식당 일에 매달렸다.

"돈벌이 일을 하면서도 우등이라면 얼마나 장합니까? 공부도 가일층 노력해 학기 말에는 전부 A로 해 보겠습니다."

이 무렵 이휘소가 어머니에게 보낸 편지의 한 구절이다. 한편 이휘소는 곧 돌아오는 아버지 제사 때 자신이 처음 번 돈으로 양초라도 사서 보내고 싶은 심정이었으나 우송료가 더 많이 들어갈 듯싶어 아쉽게 마음을 접어야 했다.

실제로 미국 학생 중 20퍼센트 정도는 생활비를 전적으로 부모에게 의

존하고, 또 20퍼센트는 완전 독립형이며, 나머지 60퍼센트는 부분적으로 부모에게 의존하고 있는 실정이었다. 그러나 그 전해에는 한국 전쟁으로 인한 경기 불황 때문에 원하는 학생 중 절반밖에 아르바이트를 구하지 못했다.

이휘소는 여름 방학에도 과목을 택해서 다음 해 여름에 졸업할 궁리를 했다. 열심히 공부해서 빨리 졸업하는 것만이 돈 버는 길이라는 생각을 했던 것이다. 고등학교 때 검정고시를 본 것도 그러하려니와 지금 하계 학교에 등록하려는 것도 같은 이유였다.

낯선 환경에 적응하느라 늘 조심스러웠지만 마이애미 대학의 첫 학기는 그만하면 비교적 한가로운 시기였다. 첫 학기는 교양 과목이 많은 데다 아직 전공 과목인 물리 쪽으로는 깊이 들어가지 않았기 때문이었다. 이휘소는 시간이 날 때면 한국 유학생들과 맥주를 마시며 어울리거나 미국인 급우들을 따라 박람회 구경도 가는 등 나름대로 흥겨운 시간을 보내며 즐겼다.

이휘소는 여학생들에게는 별로 인기가 없었다. 삐쩍 마른 데다 여드름이 많아서 머리가 좋다는 것 이외에는 여자들이 호감을 가질 만한 특별한 장점이 없었다. 더구나 이휘소는 성격도 수줍은 편이어서 여자와 쉽게 가까워지지 않았다.

한국 유학생 중에 사회학을 전공하는 최봉선이라는 여학생이 있었다. 그녀는 이휘소보다 다섯 살 위였으나 같은 학년이었다. 성격이 활달한 최봉선은 이휘소와 함께 마이애미 대학 내 외국인 학생 단체인 '코스모폴리탄(cosmopolitan) 클럽'의 회원이라 자주 만났다. 이들은 우등생 클럽인

코스모폴리탄 클럽. 셋째 줄 왼쪽에서 네 번째가 이휘소(1955년)

제공 | 최봉선

'파이-베타-카파'의 멤버이기도 했다.

한번은 이휘소와 최봉선이 데이트를 하였는데, 최봉선은 나이 차가 많으므로 이성 교제라 생각하지 말고 큰누이처럼 대하라고 말했다. 이휘소는 인간으로서의 최봉선을 좋아한 듯하다. 그들은 1956년에 함께 마이애미 대학을 졸업했는데, 각자의 길을 걷게 되면서 연락이 두절되었다.

나중에 최봉선은 졸업 후 20년 만에 이휘소를 만나게 된다. 그녀는 결혼 후 계속하여 오하이오에 살고 있었다. 평소 친분이 있는 오하이오 주립대 물리학과 다나카 교수로부터 이휘소가 자기 학교에서 콜로키움을 한다는 소식을 전해 들은 최봉선은 이휘소의 얼굴을 보기 위해 강연장에 갔다. 대강당이 교수와 학생들로 꽉 차 있어 그녀는 뒤에 서서 들어야 했다. 대학 시절에는 동급생이었으나 이때의 이휘소는 세계적인 학자가 되었고, 그녀는 평범한 주부이기에 감히 먼저 아는 체하기가 어려웠다.

그런데 이휘소는 강연 도중에 최봉선이 청중 속에 있는 것을 발견했다. 그는 강연이 끝나고 사람들이 연단으로 몰려가 인사를 나누려 할 때 이를 뿌리치고 강당 뒤에 서 있는 최봉선에게 달려갔다.

"오래간만이오. 반갑소, 잠깐만 기다리겠소? 사람들과 이야기 좀 나누고 올 테니. 그리고 우리 점심 같이합시다."

최봉선은 감동했다. 은근히 기가 죽어 있던 그녀는 이휘소가 자기를 알아보기나 할지, 혹 기억을 한다 해도 반갑게 대해 줄지 확신이 없었던 것이다. 그날 저녁 이휘소는 최봉선의 집에 초대되어 그녀의 남편과 두 아들과 함께 저녁 식사를 하면서 회포를 풀었다.

이휘소는 이날 저녁 '박사 후 연구원(Research Associate)'직을 신청한 다나카의 학생을 면담하기로 돼 있어 식사가 끝나자마자 일어섰다. 최봉선은 비바람 몰아치는 밤에 손수 운전하여 이휘소를 태워다 주었는데, 차 안에서 이휘소는 최봉선에게 이렇게 말했다.

"Sunny, I have always admired you."

'Sunny'는 최봉선의 미국 이름이다. 휘소가 최봉선에게 주었던 마음을 읽을 수 있는 이야기다.

이휘소는 하계 학교에 등록하려던 계획을 바꿔 여름 방학을 청소년 캠프의 교사로 일자리를 구해 돈도 벌고 여유 있게 놀 수 있는 기회를 가졌다. 가을 학기에 과목을 많이 택해서 다음 해 여름 졸업을 목표로 삼기로 했다.

예비 등록 기간에는 학부생 지도 교수의 조언으로 전공을 물리학으로 정한 뒤 전자기학, 원자 물리학, 이론 물리학, 독일어, 경제학 및 '유럽 문학의 사조 및 성장' 등의 여섯 과목을 듣기로 했다. 마음 같아서는 전자 회로를 배우는 전자 물리학도 듣고 싶었지만 이수 학점 초과로 수강할 수가 없었다. 의욕은 대단했으나 물리학과 주임이 반대하지 않을까 내심 걱정이었고, 유럽 문학 강좌를 제대로 따라갈 수 있을지도 의문이었다.

여름 방학이 끝나고 4학년 첫 학기인 가을 학기에 들어서면서부터는 여유 시간을 누릴 틈이 없었다. 전공으로 확정된 물리학 수업이 시작되었기 때문이다. 공부에 전념하기 위해 이휘소는 식당 아르바이트를 그만두었다. 그리고 이 무렵에 기숙사 생활도 청산하고 같은 학과의 학생과 학교 근처에 하숙집을 얻었다.

학기 초에 이휘소는 우연히 미식축구를 구경하고 매료되기도 했다. 응원단 규모의 화려함도 화려함이지만 엄격한 규칙에 따라 열정을 다하는 선수들의 모습에서 이휘소는 미국인의 투혼을 보는 듯했다. 느낌이 어찌나 강했던지 꿈에 나타날 정도였지만 수업과 공부 이외에 마음을 빼앗길 시간은 거의 없었다.

이번 학기에는 특별히 중요한 전공 필수 과목들을 수강하기에 이휘소는 상당히 긴장했다. 수강하는 물리학 과목은 세 개인데 주로 4학년 졸업반 학생들이 택하는 과목이었고, 학생 수도 이휘소를 포함해 고작 열 명 내외에 불과했다. 가족적인 분위기는 좋았으나 학생 수가 적다 보니 그만큼 서로의 실력이 빤히 드러나면서 저절로 비교되곤 하였다.

이론 물리학을 담당한 교수는 이휘소처럼 화학 공학을 공부하다 물리학으로 바꿨다는 아프켄 교수였다. 아프켄은 명문 예일 대학에서 박사 학위를 받은 사람이다. 그는 첫 수업 시간에 들어와 자기 이름을 'Dr.

Arfken'이라 하지 않고 'Mr. Arfken'이라고 칠판에 적었다. 그러고는 다음과 같이 첫인사를 했다.

"다른 학과에서는 박사 학위가 대단한 뭐라도 되는 것처럼 말하고 있지만 물리학에서 학위 따위는 아무것도 아닙니다. 교수도 그렇고 학생도 그렇고, 오직 연구 실력으로 평가됩니다. 나 또한 여러분보다 조금 앞서 공부한 선배 물리학자일 뿐입니다."

겸손과 자부심이 함께 담겨 있는 이 첫 인사말이 이휘소에게는 매우 인상적이었다. 비로소 본격적인 전공 수업이 시작되었다는 실감이 들었다. 교재는 우리나라에서도 유명한 골트슈타인의 『고전 역학(*Classical Mechanics*)』이었는데, 며칠 수업을 받아 보니 아프켄은 과연 인격이 훌륭하고 교수법도 탁월하였다. 이휘소가 마이애미 대학을 졸업하고 10년쯤 지난 후에 아프켄이 저술한 『물리학도를 위한 수학적 방법(*Mathematical Methods for Physicists*)』은 우리나라에서도 많이 읽히는 수리 물리학 전공서가 되었다.

아프켄은 처음 3주간은 주로 물리 이론에 필요한 수학을 중점적으로 강의했다. 수학 계산에 남달리 강했던 이휘소는 한국에 있을 때부터 교과 이외의 수학 공부를 독학으로 따로 열심히 해 두었던 터라 강의를 이해하는 데에는 큰 어려움이 없었다. 아프켄을 비롯한 다른 교수들은 얼마 지나지 않아 이휘소의 실력이 뛰어나다는 것을 알고는 매우 만족해했다. 그러나 막상 구체적인 계산에 들어가면 이휘소에게도 쉽지만은 않았다. 짧은 시간에 복잡한 계산을 해야 하므로 고도의 순발력과 직관력이 있어야 하기 때문이었다.

이휘소와 함께 전자기학, 이론 물리를 듣는 학생들은 저마다 출중한 우등생들이었다. 그럼에도 모든 학생들이 쩔쩔매며 겨우겨우 강의를 따라가는 형편이었다. 한번은 이론 물리학 수업 시간에 한 학생이 머리를 긁적이며 말했다.

"교수님, 어떻게 된 게 공부할수록 자꾸 열등감만 늘어납니다."

아프켄은 허허 웃으며 대답했다.

"이제야 자네가 뭔가 제대로 알기 시작했군."

10월에 첫 시험이 있었다. 중간 시험이었다. 경제학, 이론 물리, 전자기학 실험 등 하나같이 만만치 않은 과목들이어서 이휘소는 잠자는 시간을 대폭 줄여 가며 밤낮없이 공부에만 매달렸다. 이 시험에서 이휘소는 시험 방향을 잘못 짚은 영어만 낮은 점수로 나왔을 뿐, 전반적으로 우수한 성적을 올렸다. 하지만 스스로 만족할 만한 정도는 아니었다. 상위권 성적을 유지하는 것이야 국민학교 때부터 늘 그래왔던 일 아니던가. 남의 나라에까지 건너와 어렵게 송금 받아 가며 공부하는 그로서는 상위권 그룹에 속하는 정도로는 만족할 수 없는 일이었다. 휘소는 이 무렵에 유럽 문학 사조 과목을 수강하면서 영어를 확실하게 익히기 위해 구약 성경을 열심히 공부했다.

새해가 되어 봄 학기에 들어가서는 현대 대수학 강의를 듣기 시작했다. 이휘소에게는 마이애미 대학에서의 세 번째 학기이자 마지막 학기였다.

현대 대수학은 매우 추상적인 대수학이다. 과학·공학자들은 전공 문제를 풀 때 보통 미적분과 미분 방정식을 이용하는 경향이 있다. 과학자들은 이 두 과목을 마치 일반인들이 산술을 다루는 정도로 익숙해야 한다. 그러나 물리학의 깊은 의미를 파악하려면 보통의 개념을 추상화한 현대적인 감각의 수학을 알아야 한다. 예를 들면 벡터, 행렬에 관한 선형 대수학에 능통하여 물리학에 적용할 줄 알아야 하고 특히 군론(group theory) 등을 통하여 물리 이론에서 자연계의 대칭성 같은 근본 구조를 터득하는 능력을 길러야 한다. 양자 역학과 상대성 이론을 고급 수준으로 이해하기 위해 이런 공부는 필수 과정이었다. 이들을 수학과에서 주제별로 배우려면 시간과 노력이 엄청 들기 때문에 물리에서 가장 잘 활용되는 부분들을 중심으로 골라 흔히 '수리 물리학'의 범주에서 다루기도 한다.

현대 대수학 강의를 맡은 사람은 네덜란드 출신으로 프린스턴 대학에서 박사 학위를 받은 스내퍼 교수였다. 스내퍼는 수학 분야에서 세계적인 명성을 갖고 있는 사람으로, 마이애미 대학에서는 특별 재단에 속해 있어 짧은 기간이지만 강의와 상관없이 일정 연봉을 받고 있었다. 이휘소와 함께 이 과목을 신청한 학생은 물리학과, 수학과, 화학과, 그리고 대학원생까지 포함하여 모두 20여 명이었다.

강의 교재는 버코프의 『현대 대수학 개론(A Survey of Modern Algebra)』인데 우리나라에서는 주로 수학 분야에서 잘 알려진 책이다. 수학에 능한 이휘소도 현대 대수학 강의를 따라가기란 쉽지 않았다. 수학 전공이 아닌 학생들로서는 처음 들어보는 생소한 공식이 많았다. 이론은 어느 정도 이해했지만 워낙 계산이 복잡한 데다 수업도 아주 빠르게 진행되어 정신을 바짝 차리지 않으면 흐름을 놓치기 쉬웠다. 숙제도 보통 많은 게 아니었다. 어떤 숙제는 일주일이나 걸려야 겨우 풀 수 있을 만큼 계산 과정이 방대했다. 강의가 시작된 지 한 달도 안 되어 포기하는 학생이 절반 가까이 되었는데, 그게 결코 이상하지 않을 정도였다. 결국 두 달쯤 지나자 현대 대수학 교실에는 이휘소 혼자만 남았다.

"끝까지 들을 건가?"

휑하니 빈 교실을 둘러본 스내퍼가 아직도 남아 있느냐는 식으로 물었다.

"네, 교수님만 계속 가르쳐 주신다면요."

"하하, 나야 물론 학생이 있는 한 강의를 계속하지. 하지만 어차피 끝까지 못 갈 거라면 일찌감치 포기해 주는 게 나로선 고맙겠는걸."

스내퍼는 조롱이라도 하듯 빙그레 웃었다. 물론 조롱은 아니었다. 스내퍼는 이미 첫 시간에 자기 강의를 끝까지 들은 사람은 하나도 없다고 무슨 선포라도 하듯 겁을 준 적이 있었다. 그의 예언대로 이제 남은 사람은 하나뿐이었지만, 스내퍼는 그런 이휘소를 내심 대견하게 여기고 있었다.

학기 초인 2월에 시험이 있었다. 이 시험에서 이휘소는 현대 대수학을 포함하여 세 과목 전부 A를 받았다. 이제는 마이애미 대학의 모든 교수들이 이휘소의 실력을 알게 되었다. 수강 상담을 하러 교수실에 들른 이휘소에게 교수들은 "자네는 무슨 과목을 들어도 좋다." 하며 그의 남다름을 인정해 주었다.

얼마 후 현대 대수학 강의도 끝났다. 교실에 이휘소 하나만 앉혀 놓고도 열정적으로 강의해 왔던 스내퍼는 마지막 수업이 끝나자, 이휘소를 연구실로 불렀다.

"수고했네. 자넨 끝까지 남을 줄 알았지."

차를 권하며 스내퍼가 흐뭇하게 미소 지었다.

"고맙습니다. 정말 많은 걸 배웠습니다."

"아니, 내가 오히려 고마운걸. 사실 자네마저 중간에 그만둘까 봐 은근히 걱정했다네. 그래, 다음엔 어느 과목을 수강할 생각인가?"

"아직은 생각해 보지 않았는데, 과목을 추천해 주시면 고맙겠습니다."

이휘소의 말에 스내퍼는 기다렸다는 듯 곧바로 말을 이었다.

"물리과라고 했지? 편미분 방정식과 적분 방정식을 듣도록 하게. 이론 물리학자가 되려면 반드시 거쳐야 할 과목이지. 이것들은 대학원생이 듣는 과목인데, 자네라면 충분히 따라갈 수 있을 거야."

"조언해 주셔서 고맙습니다."

이휘소는 나중에 박사 학위 취득 후 군론의 입장에서 물리 현상을 바라보는 유명한 논문들을 쓰게 되는데, 이때 배운 현대 대수학이 큰 밑거름이 되었다.

4월에는 다시 전 과목을 대상으로 한 중간 시험이 있었다. 모두 일곱 개 과목이었는데, 이휘소는 전자 물리학 한 과목만 B를 받고 나머지는 모두 A였다. 그중에서도 그동안 상대적으로 취약했던 영어 작문에서 A를 받은 것이 이휘소로서는 스스로 대견했다. 전자 물리학은 전자 회로를 다루는 실험 과목으로, 이론 성향이 강한 많은 학생들처럼 이휘소 역시 실험에는 이론만큼 소질이 없었다. 담당 조교는 프리스트인데 개인적으로 친해졌다. 그는 학기가 끝나면 퍼듀(Purdue) 대학원으로 전학할 예정이었다.

이휘소가 유난히 공부를 잘한다는 소식은 온 캠퍼스에 퍼졌다. 어느 날 하루는 최봉선이 이휘소와 함께 교정을 걷고 있다가 에드워즈 물리학과장과 마주치게 되었다. 학과장은 이휘소가 얼마나 명석한 학생인가를 그녀에게 열심히 설명해 주었고, 이 말은 최봉선을 통해 다른 학생들에게 퍼져 나갔다.

며칠 후에는 대학원 지망생을 대상으로 구두 시험이 있었다. 교수들이 앉아 있는 교실에서 직접 강의 시범을 보이는 일이었다. 대부분의 학생들이 필기 시험보다 강의 시범을 부담스러워하는데, 그건 이휘소도 마찬가지였다. 하지만 심리적으로 부담된다는 것일 뿐 강의 자체에 자신감이 없는 건 아니었다. 이휘소는 문제의 핵심을 알기 쉽게 정리하고 설명하는 일에 능했다. 교수법 쪽으로도 타고난 재능이 있었던 것이다.

강의 시범이 끝났을 때, 에드워즈 물리학과장이 다가와 그의 어깨를 두드려 주었다.

"교수가 되려면 실력만 갖곤 안 되지. 어떻게 가르치느냐, 학교에선 그 점이 오히려 실력보다 중요하거든. 그 점에서 자네 강의는 그 어느 누구보다 훌륭했어. 그래, 대학원은 어딜 생각하고 있나?"

"아직 모르겠습니다."

"어디를 생각하고 있든 자네라면 입학하는 데 전혀 문제가 없을 걸세. 나는 자네가 원하는 대로 추천서를 써 주겠네. 다만 여러 군데에 지원했다가 한 곳에만 가면 후배들의 진학에 좋지 않은 영향을 미치니까 신중히 생각해서 한군데만 정하도록 하게."

자기 이름으로 어느 대학원이든 추천서를 써 주겠다는 건 대단한 배려였다. 물론 이휘소의 실력이 그 정도 되기에 가능한 일이었다.

이휘소는 내심 하버드 대학과 위스콘신 대학 두 곳을 염두에 두고 있었다. 생각 같아서야 미국 최고의 명문대인 하버드에 가고 싶지만 문제는 학비였다. 명성만큼 등록금도 만만치 않은 곳이어서 설령 조교 장학금을 받게 되어도 지금보다 1년에 1000달러는 더 있어야만 할 것이었다. 대신 위스콘신에 가면 조교직을 맡는 것만으로 학비를 충당할 수 있었다. 게다가 수업료는 물론 생활비까지 해결된다. 아직 졸업이 한 달 이상 남았으므로 그는 학과장 말대로 신중히 생각해 보기로 했다.

이즈음 이휘소에게는 대학원을 결정하는 것보다 시급히 해결해야 할 문제가 있었다. 여권 만기일이 다가오는데 아직 연장 허가를 받지 못한 것이다. 병역 문제가 해결되지 않아서였다. 이때까지 한국은 해외 유학생들의 병역 문제에 명확한 규정을 정해 놓지 않은 상태였다.

한국은 1949년에 최초로 병역법이 공포되고 이듬해 시행령까지 제정되었지만 6·25 전쟁으로 인해 제대로 실시되지 못하다가 1957년에야 새로운 병역법이 만들어지게 된다. 때문에 이휘소가 마이애미 대학에 다니던 1955~1956년에는 유학생의 병역 문제는 아직 논의조차 되고 있지 않았다. 이휘소는 어머니에게 부탁해 외무부를 찾아가 여권 연장을 해결해 달라고 했지만, 이렇다 할 조치가 없어 매우 초조한 상태였다.

그리고 동생 영자가 건강이 안 좋아 시골에서 요양하고 있다는 소식도 그를 우울하게 했다. 그것 말고도 철웅과 무언, 두 동생의 학업 문제도 이휘소에게는 늘 큰 짐이었다. 이휘소를 닮아 형제들도 공부는 잘했지만 아버지 없는 가정의 큰형으로서 진로를 조언하고 때로는 격려나 꾸중과 같은 관심을 보이지 않으면 안 되었다. 장남으로서의 책임감도 있지만, 행여 자기에게 보내는 학비 때문에 동생들의 등록금이나 용돈에 압박이 있을까 봐 늘 미안한 마음이었던 것이다.

이렇듯 늘 가족에게 빚진 마음이고 학비와 여권 문제를 비롯해 현실적으로 신경 써야 할 일들이 끊이지 않았지만 이휘소는 그럴수록 공부에 몰두하려고 노력했다. 공부를 잘해서 학자로 성공하는 것, 그것만이 가족에게 갖고 있는 유형 무형의 모든 빚을 갚을 수 있는 길이라 생각했기 때문이었다.

졸업이 한 달 정도 남았을 때 이휘소는 에드워즈를 찾아가 대학원 진학 문제를 상의했다. 학비 부담 때문에 하버드는 포기하고 위스콘신과 피츠버그 대학원 중에서 선택할 생각이었다. 이휘소의 말을 들은 에드워즈는 피츠버그에 추천장을 써 주겠다고 했다. 대학원에 진학하려면 두세 명의 추천서가 필요하므로 이휘소는 아프켄에게도 추천서를 부탁했다. 겸손한 학자의 면모를 갖춘 아프켄을 존경하기도 했지만, 그의 과목인 이론 물리학 강의에서 우수한 성적을 보였기 때문에 흔쾌히 추천서를 써 줄 것이라는 기대도 있었다.

예상대로 아프켄은 그의 부탁을 선선히 들어주었다.

"피츠버그에서 장학금을 받을 수 있도록 해 보겠네. 자네 실력이라면 충분히 가능할 거야."

하지만 두 교수는 물론 대학 안의 어느 누구도 이휘소가 얼마만큼 천재였는지 제대로 아는 사람이 없었던 것 같다. 만약 있었더라면 그보다 더 명성 있는 대학을 추천했을 것이기 때문이다.

이휘소는 얼마 후 피츠버그 대학원에서 입학 허가와 함께 교육 조교(Teaching Assistantship, TA) 장학금을 통지받았다. 수업료가 모두 면제되고 생활비가 지불되는 장학금이었다. 물론 교육 조교이므로 물리학과 교육 과정과 관련된 몇 가지 일을 해야 했으나, 수업료만 면제되었던 마이애미의 학부 생활에 비하면 대학원 과정은 훨씬 좋은 조건이었다.

1956년 6월, 미국에 건 온 지 1년 반 만에 이휘소는 마침내 마이애미 대학을 최고 우등(summa cum laude)으로 졸업하게 된다. 미국에는 세 가지 등급의 우등생이 있다. 3등급은 'cum laude', 2등급은 'magna cum laude', 1등급은 'summa cum laude'인데, 이휘소가 바로 이 1등급 우등생이었다. 고등학교와 대학교에서도 전교 수석은 여러 번 해 보았지만 남의 나라에서 외국인들과 겨루면서 받은 수석이라 이휘소는 그 어느 때보다 감회가 깊었다.

마이애미 대학을 졸업한 후 피츠버그 대학에 가기까지 여름 방학은 완전히 자유로운 기간이었다. 이휘소는 이때 인디애나 주에 있는 퍼듀 대학의 하계 대학원 과정에 등록했다. 친구이자 전자 물리 조교였던 프리스트가 그곳으로 대학원을 옮기는데, 이휘소 자신은 특별히 다른 계획이 없었기 때문이다. 여기서 그가 택한 과목은 스내퍼의 조언대로 편미분 방정식과 적분 방정식이었는데, 시험 성적이 최고여서 동생에게 편지로 자랑할 정도였다. 강사들 또한 그의 재주에 감탄했다. 이휘소와 함께 편미분 방정식을 수강한 프리스트는 이때의 일을 다음과 같이 회상했다.

"전자 회로는 내가 더 잘 알아도 수학은 이휘소가 나보다 훨씬 수준이 높았기 때문에 휘소의 도움이 없었더라면 아마 나는 낙제했을 겁니다."

퍼듀 대학 화학과에는 한국인들이 여럿 방문 중이어서 이휘소는 이들과 자주 어울리고 오래간만에 김치 맛도 보았다. 거기서 물리학과의 미국인 여자 교수를 만났는데, 그녀의 강의 노트가 수식으로 꽉 차 있는 것을 본 이휘소는 그때까지 은근히 갖고 있던 여자에 대한 그릇된 편견을 버리게 된다.

미국에 온 지 1년 반이 된 이 여름 방학에 이휘소는 처음으로 자동차 운전도 배웠다. 운전 학원에 가면 수강료를 내야 하기 때문에 당시에는 돈을 절약하기 위해 유학생 선후배 사이에 운전 기술을 전수하는 것이 관례였다. 이휘소는 프리스트에게 자동차 운전을 배웠는데, 운동 신경이 둔해서 아찔할 때가 한두 번이 아니었다고 프리스트는 회고하고 있다.

여름을 퍼듀 대학에서 보낸 이휘소는 개학에 앞서 일찌감치 피츠버그로 거처를 옮겼다. 독신이라 이삿짐은 별로 없었다. 그러나 냉장고와 가스 레인지가 있는 원룸 아파트 같은 방이어서 취사를 할 수 있었고, 학교까지 걸어서 20분 정도 걸리는 편리한 위치였다.

이휘소는 등교 첫날, 이미 정해진 대로 피츠버그 대학원에 조교직을 신청했다. 그런데 이휘소의 조교 신청을 상담한 외국인 학생 담당 고문이 이민국의 노동 허가를 받아 오라고 하는 것이 아닌가. 조교직은 비록 시간제 근무이기는 해도 정식으로 학교에서 급여를 받는 것이므로 이민국의 노동 허가가 있어야 한다는 것이었다. 여권 만료가 다 되어 가고 있었으므로 이민국에서 취업 허가를 내줄지는 의문이었다.

이휘소가 퍼듀 대학을 방문 중인 한국인들에게 그 문제를 털어놓자, 누군가가 조교직은 이민국 허가가 필요하지 않다고 조언해 주었다. 이민국에 자세히 알아보았더니 사실이었다. 조교 장학금은 학교 교육의 일부분으로 여겨 이민국에서 간섭하지 않는다는 것이었다. 이휘소가 이민국으로부터 그런 규정이 실린 서류를 받아 학교에 제출하자 외국인 학생 담당 고문은 자신이 미처 몰랐다며 정중한 사과 편지를 보내왔다.

피츠버그 대학원의 첫 학기는 여름 방학이 끝난 8월에 시작될 예정이었다. 아직은 방학 중이어서 모처럼 한가해진 이휘소는 한국 학생들 집에 놀러 가거나 영화, 독서 등으로 소일하면서 오랜만에 여유 있는 시간을 즐겼다.

이 무렵, 홀가분한 마음으로 어머니에게 보낸 편지에는 다음과 같은 내용이 담겨 있었다.

> 방학 중이라 역시 시간의 여유가 있어 한국 학생들 집에도 놀러 다니고 신문도 보고 이야기도 나누곤 합니다. 신문은 축소판이라 글자가 작아서 1면 기사는 먼저 읽은 학생의 '종합 보고'로 듣고, 광고면의 영화 광고만 봅니다. 미국 영화나 제품이 굉장히 빨리 한국에 들어가더군요.
>
> 작년 크리스마스경에 본 「바람에 쓰다(Written on the Wind)」라는 영화가 벌써 들어가 있더군요. 볼 만한 영화입니다. 「누구를 위하여 종은 울리나」는 옛날 영화이지만 제가 보고 감읍한 영화입니다.
>
> ……
>
> 요사이는 밤에 자기 전에 『바람과 함께 사라지다』를 읽습니다. 미국 남북 전쟁 당시의 사정이 어쩌면 그렇게 한국의 과거 수년과 똑같은지, 마치 저 자신의 이야기인 것 같습니다. 그중에서도 꿋꿋이 싸워 오신 그리고 아직도 싸우시는 어머님의 거룩한 모습은 저로서는 항상 자랑이요, 힘의 근원입니다. 이 소설을 읽으며 알지 못하던, 그리고 알려고 해 본 일

이 없던 사실 하나를 안 것 같습니다. 즉 여성의 힘, 심리 그리고 도덕입니다. 그리고 사람들이 불안 속에서 무의식적으로 부르는 흑인 영가 「켄터키 옛집」의 한 구절에서 이상한 마음의 동요를 느낍니다.

잘 쉬어라 쉬어, 울지 말고 쉬어,

어려운 시절이 닥쳐오리니,

잘 쉬어라 켄터키 옛집

그들이 이 구(句)와 자기네의 운명을 비교하고 몸부림치는 것— 어머니, 6·25 때 우리 광릉에서 지내며 꼭 같은 경험을 한 것을 아직 기억하시지요?

아름답고 거룩한 어머님의 모습이 눈앞에 아른거립니다. '재건이야말로, 전쟁 이상으로 쓰라린 시기이다.'라고 이 책에는 씌어 있습니다.

4. 학생이자 교육자인 물리학도

사람들은 흔히 '벤저민 리' 또는 줄여서 그저 '벤 리'라고 불렀다. 이휘소는 유학 생활 초기에 이미 미국 이름을 벤저민 휘소 리로 정한 듯싶다. 이휘소가 마이애미 대학에 갔을 때 이미 재학 중이던 최봉선의 증언이 그러하고, 도미한 해 가을부터는 어머니에게 보내는 편지에도 미국 이름을 쓰기 시작했다.

벤저민이라는 이름은 미국 독립 초기에 활약한 펜실베이니아 출신의 벤저민 프랭클린에게서 영감을 얻은 듯하다. 그의 대학 친구인 이훈택의 증언에 따르면, 당시 서울 공대 학생들 사이에선 프랭클린의 자서전이 큰 인기였다고 한다. 프랭클린은 미국 독립 당시 활약한 정치가이자 과학자이다. 공직 생활은 물론 외교관으로서도 명성을 날렸고, 미국의 독립 선언문 작성에도 참여했다. 과학자로서는 번개가 전기의 방전 현상임을 밝히고, 피뢰침을 발명했으며 가정용 난로, 이중 초점 안경 등을 고안하기도 했다.

여름 방학이 끝난 1956년 8월부터 피츠버그 대학원의 새로운 생활이 시작되었다. 이휘소는 우선 물리학과장인 할리데이 교수를 방문해 학업 상담을 받았다. 할리데이는 15년쯤 지난 1974년에 『물리학의 기초(*Fundamentals of Physics*)』라는 교과서를 저술했는데, 이 책은 20여 개국 언어로 번역될 만큼 전 세계적으로 유명한 일반 물리학 책으로서 우리나라 대학에서 가장 많이 채택되는 교재이다. 마이애미의 추천서를 통해 이휘소의 실력을 알고 있는 할리데이는 매우 친절하게 맞아 주었다. 피츠버그에서는 교육 조교직을 병행하기로 되어 있어 공학과와 의예과 학생들의 물리 실험을 담당하기로 결정되었다.

피츠버그 대학원은 본관 건물이 40층이나 되는 웅장한 규모로 '배움의 전당'이라 불렸다. 교실까지 가려면 엘리베이터를 이용해야만 했다. 지금은 우리나라에서도 보편화되었지만, 그 당시 엘리베이터로 교실에 간다는 것은 이휘소에게 신기한 일이었다. 하지만 물리학과 건물은 본관 옆에 아담하게 따로 지어져 있었다. 학교도 크고 캠퍼스도 아름다웠지만 건물이 큰길 옆에 있어 교실에서도 자동차 소음이 들리는 게 흠이었다.

입학 수속을 마치고 집으로 돌아오자 어머니의 편지가 도착해 있었다. 편지에는 예전에 마련해 놓았던 과수원을 처분해야 할 것 같다는 우울한 소식이 담겨 있었다. 커가는 동생들과, 자신의 학비 마련을 위해서였다. 어머니가 얼마나 고생하고 있는지 새삼 느끼면서 이휘소는 눈시울이 뜨거워졌다.

이휘소는 즉시 어머니에게 답장을 써 가능하면 과수원을 팔지 않았으면 좋겠다고 했다. 이때까지만 해도 이휘소는 박사 학위만 따면 귀국할 생각을 하고 있었다. 그래서 한국 대학에서 교수직을 갖고 틈틈이 농사일도 함께할 생각이었다. 그러나 당장 또 송금을 부탁해야 할 처지에 무조건 과수원을 팔지 말라고 주장할 수도 없었다. 조교를 하더라도 생활비가 부족하여 어머니의 도움을 계속 받아야 했기 때문이었다. 단지 학부 다닐 때처럼 큰 도움이 필요하지는 않았다. 그러나 지금은 학기 초여서 새로 돈 들어갈 일이 많았고, 특히 학생들을 지도하는 조교직을 맡게 되어 새 옷도 장만해야 했다. 웬만하면 과수원을 처분하지 말라고 쓰면서도 그 밑에는 어쩔 수 없이 송금하기 위한 새 주소를 적어야만 했다.

이휘소가 대학원 첫 학기에 수강 신청한 과목은 고전 역학, 고전 전자

이휘소의 대학원 시절(1950년대 후반)　　　　　　　제공 | 이철웅

기, 양자 역학, 고체 물리학이었다. 이 시기에 이휘소는 자신의 전공 분야를 이론 물리학 쪽으로 굳히고 있었다. 중학교 화학반에 있을 때부터 실험에 흥미를 느꼈던 그로서는 실험 물리학 분야도 관심이 없는 것은 아니었다. 그러나 마이애미 대학에서 전자 물리 과목을 택하면서 전자 회로를 다루는 면에서는 어려서부터 몸에 밴 미국 학생을 따라가기 힘들었다. 하지만 수학은 다른 학생들보다 남달리 강한 덕분에 고도의 추상적인 논리 전개를 통해 새로운 이론을 정립해가는 이론 물리학에 더 매력을 느꼈다. 조교로서의 일은 공과대나 의예과 학생들에게 한 시간씩 물리를 강의하고 실험 지도를 하는 것이었다. 처음에는 떨렸지만 몇 차례 지나자 그것도 익숙해졌다. 남을 가르친다는 것이 간단하면서도 어려운 것임을 이휘소는 이때 처음으로 실감했다.

새 학기가 시작된 지 한 달쯤 지났을 때, 이휘소는 거처를 옮겼다. 새로 하숙하게 된 곳은 카네기 공과 대학 교수인 버데트 씨 집이었는데, 이휘소는 이 집에서 숙식을 해결하는 대가로 일주일에 약 20시간씩 가벼운 일을 도와주기로 했다. 꼭 사서 읽어야 할 책들이 많아 다른 비용을 절약해야만 할 형편이었던 것이다. 집주인 버데트 부부는 교양 있고 친절한 사람들이어서 하숙 생활은 큰 불편이 없었다. 버데트 씨는 이휘소가 공부에 지쳐 두통이나 몸살을 앓기라도 하면 직접 간호해 주는 것은 물론 가족 주치의를 불러 주기도 했다.

집주인이 이처럼 친절했지만 이휘소는 얼마 후 다시 학교 가까운 시내로 하숙집을 옮겼다. 대학원에 들어와 본격적으로 전공을 하게 되면서 아무래도 공부할 시간이 많이 부족했기 때문이었다. 식사도 밖에서 따로 해결했는데 피츠버그는 옥스퍼드보다 큰 도시여서 식비가 더 들었다. 여러모로 경제 사정은 더 안 좋아졌지만 어쩔 수 없는 일이었다. 당장의 경제 문제나 안락함보다는 공부에서 좋은 성적을 올리는 것이 그에게는 무엇보다 중요한 문제였다.

"염치없습니다만, 신학기에 여유 되시는 대로(여유 없으실지는 잘 압니다만) 조금 더 송금해 주실 수 있을는지요?"

유일한 부동산이던 과수원까지 처분하려는 어머니에게 이런 편지를 쓰고 있는 휘소의 마음은 착잡하기만 했다.

이휘소의 일상생활은 정신없이 바빴다. 갈수록 수준이 높아지는 전공 수업을 쫓아가는 일만도 쉽지 않은 데다 일주일에 세 번씩 학부 학생들의 실험 지도까지 해야 했다. 밥 먹고 자는 시간 이외에는 강의실과 도서관에 박혀 책과 씨름하는 것이 그의 하루 생활이었다.

이 무렵, 세 명의 중국인 물리학자가 물리학의 대칭 원리와 어긋나는 새로운 이론과 실험 결과를 발표하여 물리학계의 큰 주목을 받았다.

과학계에서 종래의 이론을 뒤집는 새 이론이 등장하는 건 그 자체로 드라마 같은 일이다. 자연의 신비가 한층 더 벗겨질 수 있기 때문이다. 관련 분야의 학자들은 그 이론을 검증하고 논쟁하느라 혹은 그 이론에 맞춰 연구 방향을 다시 설정하느라 바빠진다. 한마디로 축제와 소동이 동시에 벌어진다고 볼 수 있는데, 이런 일련의 과정에서 관련 학자들은 어떤 식으로든 짜릿한 흥분을 경험하는 것이다.

대학원 첫 학기를 다니고 있을 뿐인 이휘소 역시 같은 물리학자로서 마음의 격동을 느꼈다. 그것은 자신도 어서 빨리 학계의 주목을 받을 만한 연구에 뛰어들고 싶다는 학자적 욕망이었다. 박사 과정 선배들과 한 반에서 공부하면서도 전혀 뒤떨어지지 않고 있는 그로서는 당연히 가져 볼 만한, 아니 반드시 품어야 할 패기라 할 수 있었다. 이 일을 계기로 이 휘소는 선배 물리학자들의 학위 논문을 빠짐없이 찾아 읽을 각오로 자기 가 집중할 분야를 면밀히 따져 보게 된다.

학부 때와 달리 대학원에서는 중간 시험이 없었다. 피츠버그에서의 첫 시험인 기말 시험은 해가 바뀐 이듬해 1월에 있었다. 시험 날짜가 공고되 자 이휘소는 그 어느 때보다 긴장되었다. 남보다 많이 공부했고 수업 시 간을 통해 자기 실력이 최상위권에 속한다는 건 느끼고 있었지만 아직까 지 정식으로 학과 시험을 통해 검증해 본 적이 없기 때문이었다.

그러나 괜한 걱정이었다. 이휘소는 이 첫 시험에서 전 과목 A를 받았 다. 학과 개설 이래 최고 점수일 것이라는 소문이 돌았다. 자기 능력을 확 인했다는 점과, 송금에 어려움을 겪는 어머니에게 면목이 섰다는 사실 때문에 이휘소는 몹시 기뻤다. 뿐만 아니라 여름 방학을 앞두고 치른 봄 학기 기말 시험에서도 이휘소는 전 과목 A를 받았다. 이제 피츠버그 대학 원 교수들이라면 누구나 물리학과에 비범한 학생 하나가 있다는 것을 알 게 되었다.

가을 학기부터 이휘소는 연구 조교(Research Assistantship, RA)와 교육 조교를 겸하게 된다. 전에는 주로 실험 지도만 하였는데 이젠 정식으로 강 의 하나를 배정받았고, 지도 교수와 함께 물리 분야의 연구도 수행하게 되었다. 강의는 공과대 학생을 대상으로 2주에 세 시간씩 물리학을 가르 치는 것이었다. 첫 강의에 들어갈 때는 상당히 초조해했지만 서너 번이

지난 후에는 자신감이 붙었다. 교수와 함께하는 연구도 처음엔 조심스러웠지만 차츰 익숙해지면서 연구 조교 이상의 능력을 발휘하여 교수를 흐뭇하게 했다.

이휘소의 입장에서 무엇보다 다행인 건 연구 조교와 교육 조교 직책을 겸함으로써 재정에 여유가 생겼다는 점이었다. 강의를 통해 약 80달러, 연구에서는 160달러로 한 달에 약 240달러의 수입이 생겼다. 어머니를 도와드릴 정도는 안 되지만 이제 송금을 받을 필요는 거의 없었다.

이휘소가 가을 학기 수업을 받고 있던 1957년 가을에 노벨상 수상자가 발표되었다. 물리학상은 '공간 반전 대칭(패리티) 파괴 이론'을 제창한 두 명의 중국인, 양전닝(楊振寧)과 리정다오(李政道)에게 수여되었다. 두 사람 모두 이휘소와 같은 소립자 이론 물리학자들로서 양전닝은 35세, 리정다오는 31세의 젊은 사람들이었다. 이 중 양전닝은 나중에 프린스턴의 고등 연구원과 스토니 브룩 뉴욕 주립 대학에서 이휘소와 함께 일하며 가까운 사이가 된다.

공간 반전 대칭이란 자연 현상을 거울에 비치는 영상의 현상과 동일한 물리 법칙으로 기술할 수 있다는 것이다. 오른손은 거울 속에서 왼손의 영상을 갖는데 반전 대칭은 이들을 구별할 수 없다는 것이다. 그러나 K 중간자의 붕괴 같은 약작용에서는 반전 대칭이 깨질 수도 있다고 제안한 두 중국 학자의 이론이 실험으로 증명되었다.

자신의 전공인 소립자 이론 물리학 분야에서 노벨상 수상자가 나오자 이휘소는 마음이 조금 들떴다. 같은 분야라 해도 수준 차이가 크다면 부러운 마음조차 들지 않을 그저 먼 곳의 이야기로 들리겠지만, 이들의 수상 근거인 K 중간자의 붕괴 문제는 이휘소에게도 익숙한 이론이었다. 이휘소는 이때의 심경을 어머니에게 편지로 보냈는데, 거기에서 그는 조금 더 열심히 공부하고 운만 따라 준다면 자기에게도 노벨상 기회가 올 수 있다는 것을 넌지시 암시하기도 하였다.

그리고 얼마 후 이휘소를 들뜨게 한 사건이 또 하나 생겼다. 지금의 러시아인 구소련 연방에서 인공 위성을 발사한 일이었다. 1957년 10월에 소련은 스푸트니크 인공 위성을 지구 주위의 궤도 위에 띄워 올려 전 세계를 깜짝 놀라게 하였던 것이다. 이어 한 달 후에는 자외선 측정 기구와 함께 개 한 마리를 실어 우주로 보냈다.

소련이 인공 위성을 쏘아 올리자 미국은 큰 충격을 받았다. 제2차 세계 대전 종전 이후 패망한 독일로부터 우수한 로켓 과학자들을 영입했던 미국이 최초의 인공 위성을 쏘게 될 것이라고 모두 믿고 있었기 때문이다. 게다가 미국은 그보다 2년 전에 이미 '국제 지구 물리의 해'에 맞춰 소형 인공 위성을 쏘아 올리겠다고 발표한 바 있었다.

그런데 미국의 예정보다 두 달이나 앞서 소련이 선수를 쳐 인공 위성을 성공적으로 발사했으니 미국으로서는 크게 자존심 상하는 사건이었다. 미국은 스푸트니크 발사를 '제2의 진주만 폭격'으로 받아들일 정도로 큰 충격을 받았다.

다급해진 미국은 두 달 후에 뱅가드 로켓을 띄워올렸다. 그러나 너무 서둔 탓인지 이 로켓은 발사 후 2초 만에 떨어지고 말았다. 미국은 이후 또 한번의 실패를 거쳐 이듬해인 1958년 1월에 이르러서야 '익스플로러' 인공 위성을 쏘아 올리게 된다. 지금까지 세계 우주 개발을 선도하고 있는 미국 항공 우주국(NASA)도 이때 설립되었다. 이 무렵 대통령에 당선된 케네디는 "1960년대가 끝나기 전까지 달에 인간을 보내고 이들을 무사히 지구로 귀환시키겠다."라는 선언을 한다. 이로써 미소 양국 간에 본격적인 우주 개발 경쟁이 시작되었다.

스프트니크 이후 자극을 받은 미국은 국가 연구 개발 예산을 대폭 늘렸고 세계 각국으로부터 우수한 과학 인력을 받아들였다. 한국의 유능한 젊은이들에게도 미국 유학의 길이 넓어졌다. 그러나 국가적으로는 두뇌 유출(brain drain)이었다. 더욱이 이들이 외국에서 학위가 끝난 후에도 열악한 국내 연구 환경 때문에 귀국을 꺼리고 외국에서 계속 활동함으로써 두뇌 유출은 큰 사회 문제가 되었다. 그러나 우리나라가 1960~1970년대에 잇따른 경제 개발 5개년 계획으로 한국 경제가 급성장한 배경에는 소위 '유치 과학자'로 이들이 귀국하여 기여한 바가 크다. 결국 두뇌 유출이 아니라 한국이 필요할 때까지 고급 과학 인력을 외국에 저장해 둔 두뇌 예치(brain deposit)가 된 셈이다.

인공 위성은 물리학도인 이휘소와 관련된 분야는 아니지만 첨단 과학이 이룬 성과라는 점에서 그를 자극시키기에 충분했다. 그는 중학 시절 친구 집에서 빌려 본 《어린이 과학》에서 비행기가 수직 강하하거나 상승하는 묘기에 매료되었던 일을 새삼 떠올리기도 했다. 현대 이론 물리학의 최첨단을 공부하고 있던 그로서는 비록 타 분야에서나마 이런 놀라운 성과가 있다는 사실에 가슴 떨리는 흥분을 느꼈다. 주변에서 일어나는 일련의 이런 일들을 통해 이휘소는 세계 최고의 과학자가 되겠다는 다짐을 차곡차곡 가슴에 쌓아 가고 있었다.

이휘소가 가을 학기에 새로 듣고 있는 과목은 '열역학 및 통계 역학' '이론 핵 물리학' '고등 양자 역학' 등의 세 과목이었다. 이 중 '이론 핵물리학'은 지난 학기에 고전 역학을 강의한 메슈코프 교수가 강의하고 있었다. 그는 2년 전 펜실베이니아 대학에서 학위를 받은 젊은 조교수였다. 메슈코프는 오래 지나지 않아 이휘소가 비범한 천재라는 것을 알게 되었다. 이휘소가 양자 벌판(quantum field) 이론을 전공하고 싶다고 하자, 메슈코프는 자기 전문 분야가 아니라며 거조이 교수를 추천해 주었다. 그러나 그도 벌판 이론의 전문가는 아니었다.

가을 학기가 끝나갈 즈음, 논문 지도 교수인 거조이가 이휘소를 불렀다.

"내년에 내가 1년간 방문 교수로 학교를 떠나 있게 되는 건 알고 있지?"

"네, 그렇잖아도 교수님께서 안 계시면 논문 준비를 어떻게 해야 할지 걱정하고 있었습니다."

거조이는 덴마크의 보어 연구소를 1년간 방문하도록 예정이 잡혀 있었다. 연구도 함께하며 늘 가까운 곳에서 지도해 주던 교수였기에 이휘소로서는 아쉽기만 했다.

"그래서 말인데, 자네도 1년 동안 다른 대학에 가 있으면 어떨까?"

"무슨 말씀이신지……"

"내가 장학금을 주선해 볼 테니까, 1년 동안 다른 대학에서 공부해 보라는 말일세. 쉽게 말해, 일종의 방문 학생이 되는 거지."

자기가 없어 이휘소의 연구에 지장이 있을까 봐 염려해 주는 말이었다. 배려는 고마웠지만 이휘소는 선뜻 대답할 수가 없었다. 그러자 교수가 다시 말했다.

"아니면 아예 다른 대학원으로 전학을 가면 어떨까?"

"네?"

"나도 자네를 놓치고 싶지는 않네만 자네 실력이면 차라리 연구 환경이 더 좋은 다른 대학에 가는 것도 좋다는 생각이 들어서 하는 말이야. 한번 생각해 보게."

자기 학교의 학생을 다른 대학원으로 보내려 할 정도로 그의 장래를 생각해 주는 마음에 이휘소는 뭉클했다. 그러나 전학 문제는 방문 학생 건보다도 더 주저되었다. 이곳에서 벌써 3학기의 인생을 투자했는데 다른 학교로 가게 되면 통상 1년 치의 학점밖에 인정해 주지 않기 때문이었다. 그렇게 되면 박사 학위를 따는 것도 1년 이상 늦어질 것이었다. 이휘소는 생각해 보겠다는 말만 남기고 돌아섰다.

미국의 대학원에서는 석·박사 과정이 통합되어 있어 일단 대학원에 입학하면 박사를 목표로 공부한다. 대개 기초 과목을 통해 기본 지식을 배우고 박사 과정 자격 시험(qualifying exam) 또는 예비 시험(preliminary exam)을 통과하면 박사 과정 학생이 된다. 일반적으로 이 시험을 통과한 후에는 기본 과목을 더 이상 수강할 필요 없이 곧바로 학위 논문 연구를 시작할 수 있다. 말하자면 박사 학위 취득 과정에서 분기점이 되는 시험이다. 자격 시험은 보통 2, 3회까지 기회가 주어지지만 그래도 통과하지 못하면 그 대학원에서 다른 곳으로 떠나야 한다. 그런 상황이 되면 대부분의 학생들은 그동안 공부한 대학원 경력이 아까워 대개 석사 학위 논문만 쓰고 졸업해 버린다. 그리고 시험에 합격한 학생들은 석사 학위 논문을 써서 이학 석사(M. S. 또는 M. A.)가 된 후 박사 과정을 계속할 수도 있고,

곧바로 박사 과정을 밟아 이학 박사(Ph. D.)가 될 수도 있다.

이휘소는 박사 과정을 염두에 두고 피츠버그에서 자격 시험을 치르기로 했다. 그리고 두 달 동안 '미친 듯이'라고 표현하는 게 맞을 만큼 밤낮 가리지 않고 공부에만 파묻혀 지냈다. 중요한 시험이긴 했으나 불합격을 걱정해서가 아니었다. 친구들과 몇몇 교수들은 그가 수석으로 합격하리라 단언하고 있었고, 이휘소 또한 합격 자체는 어느 정도 자신하고 있었다.

다만 이휘소는 이번 시험 준비 과정을 통해 물리학 전반을 완벽하게 이해하고 싶었다. 아직 배우는 학생 입장이지만 박사 과정의 공부란 지식을 배우는 단계가 아니라 지식을 응용하는 법을 익히는 단계다. 뛰어난 학생이라는 말을 듣는 학생은 더더욱 그래야 할 것이었다. 박사 과정을 시작하기 전에 적어도 자기가 공부하는 방면에 대해서는 모르는 게 하나도 없어야 된다는 것이 그의 생각이었다.

모르는 게 없다는 것이 다 안다는 이야기는 아니다. 학문에 어찌 다 안다는 게 있을 수 있겠는가? 아직 밝혀지지 않은 것, 아직 연구되지 않은 것은 모르는 게 당연하다. 또한 자기가 모른다는 것을 아는 것도 아는 것이다. 많은 경우에는 자기가 무엇을 모르는지도 모르기 때문이다. 아무튼 이휘소는 박사 과정 이전에 모든 것을 알고 싶었다. 이미 논문이나 책에 나와 있는, 다시 말해 현재 물리학계가 도달해 있는 수준까지는 혼자만의 공부로도 쫓아갈 수 있다고, 아니 쫓아가야만 한다고 그는 야심차게 생각했다.

그는 현재 발표돼 있는 주요 논문을 하나도 빠짐없이 읽어 나갔다. 모든 새로운 이론과 주장을 일일이 검토하면서 모르는 부분이 나올 때마다 관련 서적 전부를 뒤져서라도 기어코 알아냈다. 내가 모르는 건 아무도 몰라야 한다. 남이 아는 건 나도 알아야 한다. 그것이 바로 그의 오기이고 자존심이었다.

두 달 사이에 그는 몰라보게 수척해졌다. 여름 방학 동안 만회했던 체력은 다시 급격히 떨어졌다. 대신 그의 머릿속은 온갖 복잡한 이론과 공식들로 가득 채워졌다. 이 무렵 어머니에게 보낸 편지에서 그는 "저의 일생에서는 물론, 어떤 사람의 일생과 비교해도 자랑할 수 있을 만큼 많이 공부했고 이해했다고 생각합니다."라고 쓰고 있다.

박사 과정 입학 시험은 사흘간 진행되었다. 시험은 하루에 여덟 시간씩 주관식 필기 시험으로 시행되었다. 시험 첫날은 해석 역학, 광학, 전자기학 시험을 보았다. 둘째 날은 상대성 원리, 원자 및 핵물리학, 열역학, 통계 역학을 보았다. 셋째 날은 양자 역학, 전자 회로, 수리 물리학 시험이 있었다.

하루에 여덟 시간 수업을 받는 것도 결코 쉬운 일이 아닌데, 팽팽히 긴장된 상태로 시험을 치러가며 사흘을 보내고 나자 몸과 마음 모두 녹초가 되어 지칠 대로 지치고 말았다. 하지만 시험은 아직 끝나지 않았다. 필기 시험이 끝난 며칠 후 마지막 구두 시험이 있었다. 교수들 앞에서 시험 강연(시연) 후 질문에 답하고, 다시 시연 후 또 질문을 받는 식으로 진행되는 시험이었다. 이날 하루의 구두 시험이 지난 사흘간의 필기 시험 이상으로 힘들었지만 이휘소는 무난히 시연과 답변을 할 수 있었다. 마지막 시험까지 마친 이휘소는 자취방으로 돌아오자마자 혼자 맥주 몇 병을 마시고는 쓰러지듯 잠들어 버렸다.

얼마 후 합격자 발표가 났다. 예상대로 수석이었다. 그것도 차점 합격자와 총점이 무려 20점 이상이나 벌어지는 높은 점수였다. 교수와 학생들 모두 깜짝 놀랐다. 그가 받은 점수는 대학의 물리과 창설 이래 최고의 성적이라는 소문이 나돌기도 했다.

합격자 발표가 있고 나서 며칠 후 이휘소는 기관지염 증세가 있어 병원을 찾았다. 그는 한국에 있을 때부터 피곤하면 몸에 무언가 돋고 가려워지는 증상이 생기곤 하던 터였다. 그런데 병원에 갔더니 가래 배양 검사뿐만 아니라 흉부 엑스선 촬영에 혈액 검사까지 하는 것이었다. 혹시 결핵이 생긴 건 아닐까 은근히 걱정했는데 알고 보니 기관지염을 진단할 때는 으레 이런 검사를 함께한다고 했다. 검사 결과, 다행히 가래는 음성으로 나왔고 약간의 알레르기 증상만 발견되었다. 치료는 진정제를 투여하고 비타민과 가래 삭이는 약을 주는 정도로 그쳤다.

휘소는 바로 석사 학위 논문에 매진했다. 석사 학위 논문 제목은 「산란 행렬의 해석성과 그 응용(On the Analytic Properties of the Scattering Matrix with Some Application)」으로 잡아 놓았다. 산란 행렬에 대해서는 이미 여러 달 동안 거조이의 지도하에 연구해 왔으므로 새삼스레 공부를 더할 것은 별로 없었다. 다만 석사 학위 논문이란 게 으레 그렇듯 얼마나 아는가 하는 것보다는 그것을 체계적으로 정리하는 게 더 중요했다. 이휘소는 그동안의 연구 일지를 토대로 논문 작업에 들어갔다.

한 달쯤 후에 논문이 완성되었다. 빼어나게 독창적인 내용은 아니었으나 석사 논문으로는 아주 좋은 논문이었다. 특히 간결하면서도 체계적인 서술이 돋보여 심사 위원 교수들의 호평을 받았다.

흔히 '두뇌가 뛰어나다.'라는 말을 쓰는데 구체적으로 들어가면 두뇌가 뛰어난 것도 그 방면은 여러 가지다. 기억력, 분석력, 인지력, 계산력, 직관력, 상상력……. 머리 좋은 사람은 일반적으로 이 모든 능력이 고루 발달하는 편이지만 그중에서도 특히 강하거나 상대적으로 약한 부분이 있게 마련이다. 이휘소가 가장 뛰어난 부분은 고도의 직관력이 필요한 복잡한 수리 해석과, 그것을 명쾌하고도 체계적으로 정리해 내는 능력이었다.

그의 논문 역시 그런 정밀한 서술력이 돋보여 석사 논문으로는 드물게 물리학과에서 외부 계약 연구로 발행하는 연구 보고 논문집에 게재하여 책으로 출판하기로 결정되었다. 이 논문은 50여 년이 지난 현재의 수준에서도 훌륭한 석사 논문으로 평가받고 있다. 여름 방학에는 대학의 방사선 연구소에서 재정 지원을 해 주기로 약속했다. 아직 박사 학위도 없는 대학원생에 대한 대우로는 파격적인 것들이었다.

이휘소는 석사 논문을 다듬어 분산 관계를 추가한 다음 「비상대론적 퍼텐셜 산란에서의 분산 관계」라는 논문을 써서 《피지컬 리뷰(*Physical Review*)》라는 물리 학술 전문지에 기고했다. 미국 물리학회는 세계적 명성이 있는 학술지를 정기적으로 발간하고 있는데 《피지컬 리뷰》, 《피지컬 리뷰 레터스(*Physical Review Letters*)》, 《리뷰 오브 모던 피직스(*Review of Modern Physics*)》 등은 소립자 물리학자들이 즐겨 찾는, 미국에서 가장 권위 있는 물리 학술지이다. 석사 학위 논문이 이처럼 저명한 학술지에 게재된다는 것도 이례적이거니와, 이휘소 개인으로서도 학술지에 처음 실리는 논문이라 매우 의미 있는 일이었다.

어느덧 여름 방학이 다가오고 있었다. 논문도 통과되었으므로 여름 방학이 끝나면 바로 대학원을 졸업할 것이었다. 박사 과정에서는 어떤 방면을 파고들지 미리 결정하여 공부를 좀 해 두어야 할 텐데 지도 교수가 방문 교수로 떠난 상태여서 이휘소는 약간 난감했다. 지도 교수가 한 번 운을 떼었던 전학 문제도 아직까지 결정하지 못한 상황이었다. 여권 문제는 해결되는 것 같았다. 정통한 소식통에 의하면, 물리학을 전공하는 학생들은 한국 정부가 소환하는 일이 절대 없으리라고 했다.

그러던 중 그 전해에 배웠던 메슈코프가 "자네는 여기 피츠버그 대학에 있기에는 너무 아까운 인재일세."라고 하면서 펜실베이니아 대학의 클라인 교수에게 추천해 주었다. 얼마 후 이휘소는 입학 지원서를 제출하지도 않았는데 펜실베이니아 대학으로부터 조교 임명 통지를 받았다.

클라인은 피츠버그 대학에 와서 세미나를 할 때 이휘소가 예리한 질문을 던져 놀란 적이 있었다. 그는 벌판 이론의 대가인 슈윙거의 지도하에 하버드 대학에서 학위를 받고 펜실베이니아에 부임한 젊은 조교수였다. 또한 메슈코프의 대학원 시절, 지도 교수가 펜실베이니아 대학의 물리학과장에 바로 그때 취임했는데 그에게도 "지금까지 내가 본 사람 중에 제일 명석하다."라고 극찬하며 천거했다.

그러나 메슈코프는 피츠버그 대학의 동료 교수들에게는 거조이를 비롯하여 누구와도 상의하지 않았다. 때문에 이휘소의 전학이 알려졌을 때 메슈코프는 동료들의 미움을 샀다. 하지만 메슈코프는 이휘소가 피츠버그 대학 물리학과 교수진을 포함하여 누구보다 출중하다고 판단하였기에 자기 능력에 맞는 학교로 옮기는 것이 당연하다고 보았다. 오히려 메슈코프는 좀 더 명망 있는 하버드 대학 같은 곳에 보내고 싶었지만, 그런 대학에는 자기 추천이 큰 도움이 되지 못한다는 것을 알기에 마음으로만 아쉬워했다.

아무튼 이러한 조교 임명은 상당히 이례적이라 할 수 있었다. 미국 대학원에 진학하는 통상적인 과정대로라면 먼저 학생 본인이 자기가 원하는 대학원에 입학 지원서를 제출해야 한다. 그러면 대학은 보통 세 명의 추천서를 요구한다. 그리고 통상 GRE(Graduate Record Examination, 미국 일반 대학원 입학 자격 시험) 성적을, 외국 학생의 경우에는 TOEFL(Test of English as Foreign Language) 같은 영어 시험 성적도 제출하도록 돼 있다. 이 두 가지 시험은 외부 전문 기관에서 객관적으로 실시한다. 물론 재학 당시의 성적 증명서도 포함해야 한다. 이것 말고 해당 대학이 별도로 실시하는 입학 시험은 따로 없다.

입학 여부 심사에서는 추천서가 제일 큰 역할을 한다. 추천서 제출에 인맥이나 비리가 개입할 수도 있겠지만 적어도 미국의 대학가 풍조에는 그런 것이 없었다. 미국 대학의 교수들은 일반적으로 객관적인 추천서를 쓰게 된다. 안 그러면 자신의 신뢰와 신용이 떨어지기 때문이다. 따라서 학생이 지원한 대학에서 추천자를 크게 신용하게 되면 그의 추천서는 무엇보다 큰 비중을 차지한다. 그리고 추천서가 그만그만하면 GRE, TOEFL, 학부 성적들을 계량화하여 일정 기준에 따라 선발한다.

그러나 예외가 있을 수 있다. 신청 대학 학과 내의 명망 있는 교수가 특별 추천하면 이런 과정을 거치지 않고 특별 선정되는 것이다. 물론 행정상의 필요에 따라 형식적인 지원서, 추천서 등을 나중에 제출하게 된다. 이휘소가 바로 이러한 케이스였다. 메슈코프의 추천을 받아 클라인이 자기 대학에서 특별 추천을 하였고, 대학원 입학 위원회에서 특별 선정한 것이다.

이휘소의 경력 중에는 학문적으로 성장하는 여러 도약 단계가 있었는데 피츠버그에서 펜실베이니아 대학으로 대학원 과정을 옮긴 것이 그중 하나이다. 그런 까닭에 그는 강연 때마다 조금이라도 이와 관련되는 이야기가 나올 때면 "나의 은사 메슈코프는……" 하는 식으로 메슈코프에게 고마움을 표했다.

이휘소는 클라인에게 인사도 할 겸 1958년 봄에 워싱턴에서 열린 미국 물리학회에 갔다. 학회 등록을 하지 않아 비록 논문 발표장에 들어가지는 못하겠지만 클라인을 만나 보고 워싱턴 시내 구경도 할 목적에서였다. 그런데 클라인은 논문 발표의 좌장을 맡아 바쁜 관계로 직접 만나지 못하고 마침 우연하게도 지도 교수 거조이를 만났다. 이휘소의 방문 목적을 들은 거조이는 자신도 클라인과 아는 사이여서 이미 클라인에게 이야기를 잘해 놓았다고 일러 주었다.

이처럼 대학원 전학에 대한 가닥은 잡혔으나 모든 게 순조로운 것은 아니었다. 이 무렵 한국 정부는 도피성 해외 유학을 막기 위해 4년 안에 과정을 마쳐야 한다는 유학 정책을 세웠는데, 도미 후 4년인지 대학원 입학 후 4년인지가 분명하지 않았다. 만일 이 규정을 어기면 여권 연장을 안 해 주거나 학비 송금을 불허하는 등 제재가 뒤따를 수 있으므로 유학생들에게는 초미의 관심사였다. 이휘소는 피츠버그에 남아 있으면 4년이내에 박사 학위를 받을 공산이 크고 인정서도 받을 수 있으나 전학을 하면 통상 1년 정도의 학점 경력만 인정되므로 앞으로 3년 더, 모두 합쳐

5년이나 걸릴 상황이었다. 이휘소는 이를 알면서도 낙관적인 자세와 순전히 학문적인 입장에서 펜실베이니아 대학원으로의 전학을 결정했다.

머칠 후 피츠버그에서의 마지막 방학인 여름 방학이 시작되었다. 이휘소는 학교 다닐 때처럼 바쁘지도 않고 해서 친구와 함께 시내의 아파트 하나를 얻었다. 시설이 비교적 좋은 편인 데다 함께 지낼 친구가 집에서 여러 가지 살림 도구를 많이 갖고 와 자취방보다 훨씬 편하게 지낼 수 있었다. 그동안 공부에 전력하느라 살이 많이 빠진 이휘소는 이 기회에 체력을 키워야겠다 생각하여 평소보다 식사도 많이 하고 자는 시간도 크게 늘렸다.

전에는 한국 음식이 자주 그리웠으나 이제는 양식에 길들었는지 한국 음식이 많이 생각나지는 않았다. 오히려 한국 식당에 가거나 한국 유학생 집에 놀러 가거나 해서 오래간만에 한식을 먹고 나면 꼭 배탈이 나곤 했다. 위장 기능이 양식에 적응되어 한국 음식의 강렬하고 매운 맛이 잘 안 맞는 것 같았다.

때문에 이휘소는 어머니가 고추장을 보내 주겠다고 했을 때도 사양하고 받지 않았다. 그래도 한국에서 유난히 즐겨 먹었던 설렁탕이나 추어탕은 가끔 생각났다. 그렇게 문득 한국 음식이 그리워질 때면 자연스레 고국에서의 이런저런 추억도 함께 떠오르면서 향수병 같은 허전한 감정이 가슴 밑바닥에 찰랑거리곤 했다.

그러나 이런 정서적인 면이 아닌 정치 경제 상황에 대해서라면 이휘소는 폐쇄적인 한국 사회상에 대해 늘 답답하게 느끼는 편이었다. 막내 동생 무언이 의과 대학을 지망했는데 색맹이라 안 된다는 소식을 듣고 무척 안타까워한 적도 있다. 미국에서는 그런 이유로 전공을 제한하는 일이 없었다. 하긴 이휘소도 한국에 있었더라면 전과하여 물리 공부를 하기는 어려웠을 것이다. 납득할 만한 원칙 없이 고지식한 규정만 고집하는 이런 풍조들이 그의 눈에는 고루하게만 보였다.

여름 방학이 끝나고 나서 피츠버그 대학원 졸업식이 있었다. 이제 박사로의 길이 열리는 것이다. 졸업식을 마친 이휘소는 필라델피아로 거처를 옮겼다. 그러고는 곧바로 클라인 교수를 찾아갔다. 클라인은 그를 크게 환영해 주었다.

"얘기 많이 들었네. 말하는 사람들마다 자네 칭찬이 대단하더군. 펜실베이니아 대학원으로 온 것을 환영하네."

"아직 많이 부족합니다."

"부족하긴, 자네 석사 논문도 읽어 봤는데 얘기를 전해 준 사람들의 말이 과연 헛말이 아니더군. 산란 행렬에 대해서는 나도 한때 공부를 좀 했지. 핵심을 정확히 짚은 논문이었어."

"그러셨군요. 걸리는 부분은 없었나요?"

두 사람은 한동안 이휘소의 논문에 대하여 의견을 주고받았다. 이휘소는 클라인이 치밀한 사고력을 지닌 사람이라는 것을 느낄 수 있었다. 이 대화를 통해 이휘소는 펜실베이니아로의 전학이 좋은 결정이었음을 새삼 느꼈다.

클라인 역시 그를 직접 만나 보고는 대번에 호감을 가졌다. 클라인은 피츠버그에서 얻은 모든 학점을 인정하여 펜실베이니아로 옮기고 한 걸음 나아가서 박사 학위 자격 시험인 예비 시험을 면제받도록 해 주겠다고 약속했다. 피츠버그의 자격 시험에 합격한 것을 그대로 인정해 준다는 말이었다. 이는 지극히 파격적인 조치였다. 미국의 대학 체계에서는 추천을 잘 받는 것이 중요하다는 사실을 언급한 적이 있다. 경우에 따라서는 입학 원서도 없이 특별 추천으로 입학이 허가되는 경우도 있다. 그러나 자격 시험까지 면제해 주는 일은 매우 드물다. 전학해 온 학교의 자체 기준을 만족해야 하기 때문이다.

대개 학과목 수강이 끝나면 박사 예비 시험을 치르는데, 여기에 합격해야 지도 교수를 정할 수 있다. 만약 자격 시험을 계속 실패하면 그 대학에서는 학위를 포기하고 다른 곳으로 옮기는 것이 관례이지만 합격하면 비록 시간이 1, 2년 더 걸리더라도 박사 학위를 얻게 되는 것이다. 이휘소는 피츠버그의 석사 과정 2학년 때 이미 박사 학위 예비 시험을 통과한 바 있었다. 그러나 특별한 경우가 아니면 타 대학에서 인정받기 힘든데, 클라인은 지도 교수로서 이것까지 면제받도록 해 준 것이었다.

클라인은 이휘소에게 또 하나의 기쁜 소식을 전해 주었다. 이휘소가 연구 장학금(Fellowship)을 받을 수 있도록 주선해 주겠다는 것이다. 미국 대학원에서 지원하는 금전적 도움은 일반적으로 장학금이라 불리며 종류도 많고 지원 규모도 다양하다.

우선 교육 조교(TA) 장학금이 있다. 주로 학부 과목의 연습 문제 풀이, 숙제 채점, 실험실 관리 등 교육 관련 일을 하고 수업료 면제와 일정한 급료를 받는 것으로, 이휘소가 피츠버그 대학에서 처음 받은 것이 바로 교육 조교 장학금이다. 이것 말고 연구 조교(RA) 장학금이라는 것도 있는데, 이는 연구 프로젝트의 연구를 도우면서 수업료 면제와 급여를 받는 것이다. 조교 장학금을 받으면 수업료를 낼 필요가 없을 뿐 아니라, 급료만으로 독신 생활 정도는 근근이 할 수 있으므로 누구에게 손을 벌리거나 따로 돈벌이를 안 해도 된다. 미국으로 유학 가는 이공계 학생들은 보통 TA를 받고 가서 1, 2년 교육 조교를 하면서 대학원 과목을 수강하여 자격 시험을 통과한다. 그 후 지도 교수를 정하고 그의 RA가 되어 연구, 곧 자기 자신의 박사 학위 논문 연구를 하면서 지원을 받는다. 형식적으로는 지도 교수의 연구를 돕는 조교이지만, 실제 내용은 자기 연구를 수행하는 것이다.

하지만 TA, RA도 아니고 그저 수업료 면제만 받으면 생활비 조달이 큰 문제가 되어 대책을 강구해야 한다. 부모가 부유하면 지원해 줄 수 있지만 그게 아니면 자신이 벌어야 한다. 후자의 경우에는 학업에 지장이 있으므로 졸업이 늦어지기 십상이다. RA가 아닌 TA로 학위 논문 연구를 할 때에도 연구에 전력을 집중하기 힘들기 때문에 이래저래 영향을 받는다. 인문계 대학원에는 이공계와 달리 이러한 장학금이 많지 않아서 인문계 외국 유학생은 상대적으로 재정 지원을 받기 힘들다.

마지막으로, 순수한 의미에서의 장학금이 있다. 클라인이 이야기한 연구 장학금이라는 것인데 아무 조건 없이 장학금을 주는 것이다. 따라서 제한 없이 연구를 계속할 수 있을뿐더러 금액도 TA나 RA보다 많고, 또한 이것 자체가 명예로운 일이기 때문에 이력서에도 기재할 수 있다. 클라인이 이휘소에게 주선해 준 장학금이 바로 이런 종류에 해당하는 '해리슨 특별 연구 장학금(Harrison Special Fellowship)'이었다.

이휘소는 흐뭇한 마음으로 클라인의 연구실을 나왔다. 왠지 앞으로 모든 게 잘 풀릴 것 같다는 예감이 들었다. 머지않아 자기 학교가 될 것이라고 생각하니 캠퍼스 모습도 아까 들어올 때와는 전혀 다른 느낌으로 다가왔다.

클라인을 만난 후 집에 돌아오니 누군가 찾아와 있었다. 30대 초반으로 보이는 그 남자는 자신을 프린스턴 고등 연구원의 연구 회원인 프레이저 박사라고 소개했다. 고등 연구원은 미국의 초일류 연구 기관으로 나치 독일을 떠나 미국에 정착한 아인슈타인이 작고할 때까지 연구 생활을 한 곳이기도 하다.

프레이저가 찾아온 건 단순한 사교 방문이었다. 프레이저는 이휘소가 박사 과정 입학 시험에서 우수한 성적으로 합격한 것을 이미 알고 있었다. 또한 그의 석사 논문도 읽어 보았다고 했다.

이휘소는 프레이저와 차를 마시며 물리학에 관련된 이야기를 한참 동안 나누었다. 박사 과정에 합격해 마음이 홀가분한 데다 프레이저가 자신과 같은 분야인 소립자 이론 물리학자여서 아주 즐겁고 유익한 대화를 나눌 수 있었다. 이휘소가 다음 논문으로 준비하고 있는 주제를 말하자, 프레이저는 아주 좋은 착상이라며 격려해 주었다. 헤어지면서 프레이저는 학위가 끝나면 이휘소가 고등 연구원에 오게 되기를 바란다는 말을 남겼다.

펜실베이니아 대학에서 연구 장학금을 받게 되어 이휘소의 생활은 전보다 윤택해졌다. 아르바이트도 할 필요가 없었고, 어머니가 송금하지 않아도 지낼 수 있었다. 어머니에게 자기는 이제 독립해서 경제적으로 어려움이 없으니 더 이상 송금하지 말라고 부탁했다. 오히려 여유가 생겨 중고차라도 하나 살까 하는 궁리도 하였다. 그러나 늘 아들을 걱정하는 어머니가 계속 돈을 부쳐 왔기에 이 시기에 이휘소가 어머니에게 보낸 편지에는 더 이상 송금을 하지 말라는 이야기가 여러 차례 씌어 있다. 이휘소는 큰아들을 위하는 어머니 때문에 행여 동생들이 피해를 입을까 걱정했던 것 같다.

9월부터 정식으로 펜실베이니아 대학원 수업이 시작되었다. 박사 과정 수업은 역시 석사 과정보다는 어려운 게 많았다. 새로 배울 게 많아 어렵다기보다는 리포트나 토론을 위해 사전 학습해야 할 것들이 엄청나게 많아 늘 시간에 쫓겨야 했다. 물리학의 중요한 논문은 거의 다 읽었지만 인접 학문 분야 자료들을 비롯해 꼭 읽어야만 할 논문들이 여전히 많았다.

일반적인 지식 습득이 아니라 어떤 문제에 주관적인 견해를 가져야 한다는 점도 박사 과정의 한 특성이었다. 박사 과정에 있는 학생은 학생이라기보다는 이미 학자이다. 물리학의 핵심 문제들을 새로운 시각으로 들여다보고 거기에 자기만의 입장을 추가하기 위해서는 창의성과 상상력을 적극 발휘해야만 했다. 창의성을 발휘해야 한다는 점에서 문학이나 철학이 과학과 만나는 곳이 바로 이 지점이다. 그래서 이휘소는 전공 서적 외에 틈틈이 동서양의 고전 철학서들을 읽었고, 유명한 문학 작품을 읽는 일도 게을리하지 않았다.

클라인은 약속대로 이휘소의 박사 학위 논문 지도 교수가 되어 여러모로 세심하게 배려해 주었다. 공부뿐만 아니라 그의 생활과 향후 진로 문제까지 상담해 주었고, 이휘소가 말하기 전에 먼저 이것저것 물어 가며 유익한 조언을 던져 주고는 했다.

클라인은 이휘소보다 열 살이 많은 서른세 살이었다. 그는 학부에서 박사 학위까지 모두 하버드 대학에서 수료한 후 펜실베이니아 대학 교수 직을 하며 원자력 위원회 위원 등 관련 분야에서 활발하게 활동하고 있는 소장 학자였다. 클라인은 이휘소를 어떤 문제든 대등하게 토론할 수 있는 학자로 인정해 주었다. 그렇다고 해도 학생은 어디까지나 학생이었다. 클라인이 갖고 있는 교수이자 선배 학자로서의 다양한 경험들은 이휘소로 하여금 배워야 할 게 아직도 많다는 것을 깨닫게 해 주었다. 그리고 클라인은 그런 점들을 아낌없이 이휘소에게 전해 주려고 노력했다.

이휘소는 클라인과 함께 원자력 위원회의 계약 연구도 수행하였는데, 그 일은 재정적으로도 도움이 되어 이휘소의 생활은 한결 여유로워졌다. 그 일을 통해서도 재정적으로 약간 윤택해질 수 있었다. 이제는 일시에 큰돈이 들어갈 일이 생기지 않는 한, 집에 송금을 부탁하지 않아도 될 정도의 형편이 되었다.

10월에는 박사 학위를 받기 위한 최종 필기 시험을 치르게 돼 있었다. 그래서 공부 시간의 반 이상을 시험 준비에 쏟고 있었지만 필기 시험은 사실 크게 걱정하지 않았다. 오히려 지금 이휘소가 가장 관심을 쏟아 붓고 있는 것은 클라인과 함께 진행하고 있는 연구 논문이었다. 왜냐하면 그것이 바로 석사 논문 이후 공식적으로 발표하는 첫 논문이 될 것이기 때문이었다. 그리고 더 중요한 건, 그 후에 있을 박사 학위 논문이었다. 박사 학위를 받기 위해서는 논문이 필수적이기도 하지만, 심사 통과 여부보다는 그 논문을 통해 정상급 학자로서의 면모를 보여 주어야만 하기 때문에 심적 부담이 적지 않았다.

박사 학위 필기 시험을 앞두고 이휘소는 생전 처음으로 공부에 싫증이 났다. 공부가 싫은 게 아니라 학생으로서의 의무가 갑갑해졌다. 어디든 마찬가지지만 학교 시험이라는 건 그저 공부 수준을 확인하는 절차일 뿐이다. 그것을 통해 등수도 나누고 장학금도 정해지긴 하지만 줄곧 수석을 유지하고 있는 현재의 이휘소에게 그런 절차는 형식적일 뿐이었다. 이휘소는 어서 빨리 형식적인 과정을 끝내고 학자로서의 진정한 연구에 들어가고 싶었다. 복습에 불과한 시험 공부가 이제는 지겹기만 했다.

필기 시험은 예상대로 무난히 통과했다. 이휘소는 시험이 끝나자마자 다른 일은 모두 제쳐 놓고 클라인과의 공동 연구에만 전력했다. 공동 연구의 논문은 이휘소가 쓰게 돼 있었는데, 클라인 교수와 상의하여 제목을 'Kπ 중간자 산란과 분산 이론'으로 잡아 놓았다.

5.   소립자 물리학이란

이쯤에서 이휘소의 전공 분야인 소립자 물리학이 어떤 것인지 살펴볼 필요가 있다. 간단히 말해서 소립자란 우주를 구성하는 가장 기본적인 알갱이를 일컫는다. 이들이 무엇이며 또 어떻게 상호 작용하는가를 공부하는 학문이 소립자 물리학이다.*

아이들이 부르는 노래에 다음과 같은 동요가 있다.

바윗돌 깨뜨려 돌멩이
돌멩이 깨뜨려 조약돌

---

* 이휘소의 학문적 성취를 이해하려면 소립자 물리학에 관한 상식이 필요하다. 이 책에서는 최소한의 개념을 설명하여 독자로 하여금 그의 업적을 느끼도록 하였으며 관심 있는 독자들을 위하여 책의 말미에 간단한 용어 해설을 곁들였다.

조약돌 깨뜨려 자갈돌

자갈돌 깨뜨려 모래알

랄라 랄라라 랄라라……

인간이 가장 호기심을 느끼는 것은 아마도 온갖 물질을 형성하는 가장 기본적인 존재가 무엇이며, 이들이 어떻게 상호 작용하여 우주의 삼라만상, 즉 자연 현상들이 일어나는가 하는 점일 것이다. 물질의 구조를 알려면 물질을 분해하여 그 속을 들여다보면 된다. 바윗돌을 깨뜨려 돌멩이, 돌멩이를 깨뜨려 조약돌 하는 식으로 쪼갤 수 있는 데까지 잘게 쪼개보는 것이다.

모래처럼 작은 알갱이를 흔히 입자(粒子, particle)라 부른다. 그렇다면 모래 알갱이는 얼마나 더 잘게 쪼갤 수 있을까? 그리고 계속해서 쪼개면 무엇이 나타날까?

입자를 계속 분해하면 어느 단계에서는 물질의 물성과 화학적 성질을

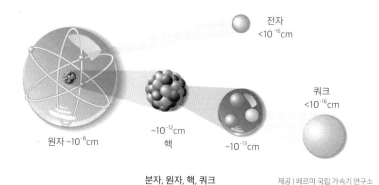

전자
<10^{-16}cm

쿼크
<10^{-16}cm

원자 ~10^{-8}cm

~10^{-12}cm
핵

~10^{-13}cm

분자, 원자, 핵, 쿼크

제공 | 페르미 국립 가속기 연구소

잃는다는 것을 현대 과학은 밝히고 있다. 이 전 단계, 즉 다른 물질과 구별되어 자기만의 고유한 성질을 갖고 있는 가장 작은 입자를 분자(分子)라 한다. 그러므로 물 분자가 있고, 산소 분자가 있고 또한 돌멩이 분자도 있는 것이다. 세상의 모든 화합물들은 분자로 되어 있다. 그리고 분자의 종류는 물질의 종류만큼 많다. 심지어 생명의 분자인 DNA 분자도 있다.

이런 분자를 더 쪼개면 원자(原子)가 된다. 원자의 종류는 현재 우리 주위에서 볼 수 있는 것이 90여 가지인데, 이들 원자의 결합으로 수만 종류의 분자가 형성되는 것이다. 그리스의 철학자 데모크리토스는 세상 만물을 쪼개고 쪼개다 보면 더 이상 쪼갤 수 없는 아톰(atom)이 된다 했는데, 한때 사람들은 원자가 바로 그것이라 믿었다.

그런데 19세기 말, 20세기 초에 원자도 쪼개면 그보다 작은 전자(電子, electron)와 핵이 있음을 발견했다. 생명체의 세포핵처럼 원자에도 원자핵(原子核)이 있으며 그 주위를 전자가 돌고 있다. 행성이 태양 주위를 도는 것처럼, 원자는 말하자면 극소의 태양계라고 연상하면 된다. 이 입자들이 얼마나 작은가는 상대적으로 비교할 수 있다. 가령 나노미터를 늘려서 미터가 되도록 하였다 하자. 그러면 1미터는 늘어나서 달까지 거리의 두 배 이상인 길이가 된다. 이렇게 엄청나게 늘어난 척도에서 원자는 10센티미터 정도이고 핵자는 마이크로미터(1000분의 1밀리미터) 정도의 크기이니 실감하기 힘들다. 쿼크 입자들은 이보다도 훨씬 작다.

원자핵은 다시 양성자(陽性子, proton)와 중성자(中性子, neutron)의 핵자(核子)들로 구성되어 있다. 플러스 전하를 띠거나 전기적으로 중성인 입자들이다. 핵자들은 뭉쳐서 마치 주머니 속에 공이 꽉 찬 것처럼 결합되어 원자의 극히 작은 일부 공간을 점유한다. 원자핵을 탁구공에 비유하면 원자는 운동장만큼 클 것이다. 그렇게 작은 공간을 차지하면서도 핵은 원자 전체 질량의 99.99퍼센트를 보유하고 있다. 핵을 이루는 양성자들은 플러스로 대전되어 서로 밀어내려는 성질을 갖고 있음에도 실제로는 서로 단단하게 뭉쳐 있다. 이는 그들 사이에 전기력보다 훨씬 강한 작용력, 즉 핵력이 존재하기 때문이다.

중성인 원자는 양성자의 수만큼 주위에 전자를 가지고 있다. 그리고 원자끼리 부딪칠 때 가장자리의 전자들이 서로 작용하면 화학 반응이 일어난다. 물질을 연소하거나 화학 반응을 일으키는 것은 모두 외각 전자의 성질에 관계된다. 화력 발전에서는 연료를 태워서, 즉 산화라는 화학 반응을 통해 전기 에너지를 얻는다. 그러므로 화력 발전은 원자력 발전이라 할 수 있다.

그러나 핵끼리 반응을 일으킬 수도 있다. 그러면 원자핵 반응이 된다. 핵반응의 결과로 생기는 파생물들의 질량 합은 원래보다 작아지고 이 질량 결손이 유명한 아인슈타인의 $E=mc^2$ 공식에 따라 에너지로 변한다. 이것이 핵분열 반응의 원리이다. 핵반응의 결과물 중에는 반감기가 긴 방사능 물질이 있는데, 폐기물로 처리할 때 환경 보전 문제가 생긴다. 어떤 경우에는 오히려 가벼운 핵들을 뭉칠 때 질량이 결손되어 큰 에너지가 발생하기도 하는데, 이것이 핵융합 반응이다. 핵분열이나 핵융합의 핵반응으로 얻는 에너지는 화학 반응에서 생기는 에너지보다 엄청나게 많다.

화학 반응의 속도를 잘 조절하면 난로처럼 유용한 문명의 이기가 되지만 급속히 반응하게 하면 화약처럼 폭발하고 만다. 마찬가지로 핵반응도 잘 조절하면 핵 발전으로 에너지를 얻어 생활에 이용할 수 있다. 사회에서 흔히 원자력 발전이라 하는데, 물리학적으로 정확히 말하면 핵 발전이라 부르는 것이 옳다. 그러나 핵반응 속도를 조절하지 않고 단숨에 연쇄반응을 시키면 한꺼번에 막대한 에너지를 방출하며 핵폭탄이 된다.

양성자 중성자들도 쿼크(quark)라는 더욱 기본적인 입자로 구성되어 있다. 쿼크들은 맛깔(flavor)과 빛깔(color)이라는 양자 상태로 구분하는데 현재 u, d, s, c, b, t의 여섯 가지 맛깔과 세 가지 빛깔이 알려졌다. 이 쿼크들은 서로 결합하여 강입자(强粒子)를 만든다. 강한 핵력이 쿼크들을 결합시키기 때문이다. 양성자, 중성자를 비롯하여 모든 원자핵들은 강입자이다. 그러나 전자나 중성미자(中性微子)처럼 경입자(輕粒子)들도 있다. 현재까지는 e, μ, τ 세 계보(generation)의 경입자가 밝혀져 있다. 물론 각 계보마다 계보에 상응하는 중성미자가 포함된다.

그 외에도 각종 상호 작용을 매개하는 입자들이 있다. 전자기 작용을 일으키는 빛의 알갱이인 광자(光子) γ, 핵력의 근원인 강작용을 야기하는

소립자의 세대

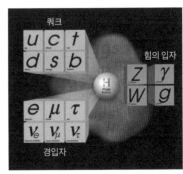

우주를 구성하는 기본 입자　　·　　제공 | 페르미 국립 가속기 연구소

글루온(gluon) 입자 g, 원자핵의 베타 붕괴를 일으키는 약작용의 매개체인 W, Z 같은 입자들이 존재한다. 19세기 말 베크렐은 자연 방사능 원소에서 알파선, 베타선 및 감마선이 방출함을 발견했는데 알파선은 강작용으로 헬륨 핵이, 베타선은 약작용으로 전자가, 감마선은 전자기 작용으로 광자가 핵붕괴 과정에서 생기는 것이다. 물론 소립자 사이에 작용하는 중력을 매개하는 중력자도 있지만, 현재 우리가 다루는 미시 영역에서는 엄청나게 약하기 때문에 일단 무시할 수 있다.

물질에 작용하는 힘의 근원을 따져 보면 이러한 힘의 입자로 생기는 강작용력, 전자기력, 약작용력, 중력의 네 가지 중 하나로 귀착된다. 우리가 흔히 마찰력, 구심력, 부력, 저항력, 전기력, 자기력, 핵력 등으로 여러 힘을 말하지만 이들은 모두 네 가지 힘 중 하나이다.

소립자들은 각기 질량을 갖고 있는데, 어떻게 질량이 생기는지는 커다란 수수께끼이다. 2012년에 발견된 힉스(Higgs) 입자를 통해 얼마간 실마리가 풀리리라 기대된다.

이제까지 말한 분자, 원자, 원자핵, 양성자, 중성자, 전자, 쿼크, 중성미자, 광자 등이 모두 입자이다. 이들의 존재는 강력한 실험 도구를 사용하여 세부적으로 분석함으로써 그 성질을 조사할 수 있다. 가장 보편적인 도구는 입자 가속기이다. 가속기란 양성자, 전자 같은 대전된 입자들을 빛의 속도에 매우 가깝도록 빠르게 가속하여서 고에너지를 갖도록 한 후 자기들끼리 충돌하거나, 또는 시료에 산란시켜 물질의 내부 구조를 조사하는 장치이다. 물질 구조의 내부를 자세히 들여다보려면 고에너지 입자 가속기가 필요하다. 상세히 알고 싶을수록 더 높은 에너지의 가속기가 필수적이며 큰 규모의 실험 장치가 있어야 한다. 현재 소립자 물리학 연구용 고에너지 입자 가속기는 거대 과학(mega science)의 대표적 사례이다.

따라서 입자 물리학에서 부르는 동요는 다음과 같다.

모래알 깨뜨려 분자들

분자를 깨뜨려 원자들

원자를 깨뜨려 원자핵

원자핵 깨뜨려 양성자

양성자 깨뜨려 쿼크 알

랄라 랄라라 랄라라……

그러면 소립자(素粒子, elementary particle)란 무엇인가? 수학에서 소수(素數)를 배운 적이 있을 것이다. 1과 자신 이외에는 어느 수로도 나뉘지 않는 자연수를 일컫는다. 여기서 '소(素)'는 '바탕'을 의미한다. 그러므로 모든 자연수는 소수들의 곱으로 표현 가능하고, 소수야말로 모든 자연수의 바탕이다. 예를 들면,

$$9828 = 2^2 \times 3^3 \times 7 \times 13$$

처럼 어떤 수든 소수들의 곱으로 나타낼 수 있다.

같은 맥락에서 소립자를 해석할 수 있다. 입자 중 가장 바탕이 되는 근본 입자로서, 만물은 소립자로 구성되어 있다. 보기를 들면,

양성자 = u 쿼크 2개, d 쿼크 1개

중성자 = u 쿼크 1개, d 쿼크 2개

수소 원자 = 양성자 1개 + 전자 1개

= u 쿼크 2개 + d 쿼크 1개 + 전자 1개

물론 이들만으로 결합체가 저절로 되는 것이 아니라 양성자, 중성자는 쿼크를 단단하게 묶어 주는 강작용 힘의 입자 글루온이 필요하고 또 수소 원자는 전자까지 묶어 원자를 만들려면 광자가 필수적이다.

하지만 수학과 다른 점은 인간이 자연을 탐구하면서 더욱 기본적인 입자가 발견되는 것이다. 그러면 소립자의 개념도 따라서 변한다. 새로운 하부 구조가 알려지면 더 이상 소립자라 할 수 없고 기본 입자라 부르기도 한다.

주로 양성자와 중성자들이 모여서 결합된 원자핵을 연구하는 학문이 핵물리학이다. 하지만 양성자, 중성자 이외에도 이만큼 무거운 중입자(重粒子)가 있고 중간 정도의 질량을 가진 중간자(中間子)가 있다. 또한 양성자와 중성자는 u, d의 두 가지 맛깔의 쿼크로만 구성되나 다른 맛깔의 쿼크 결합체인 강입자들이 있다. 그러나 가장 무거운 맛깔인 t 쿼크를 포함하는 강입자는 존재하지 않는다. 수명이 너무 짧아서 강입자가 만들어지기 전에 소멸하기 때문이다. 이들을 모두 대상으로 가장 바탕이 되는 기본 입자를 연구하는 학문이 소립자 물리학 또는 간단히 입자 물리학이다.

소립자 물리학이 추구하는 것은 물질을 구성하는 가장 기본적인 소립자가 무엇이며, 이들 사이에 어떤 힘이 작용하는가이다. 또한 자연계의 모든 물리 법칙의 근간인 강한 상호 작용, 약한 상호 작용, 전자기적 상호 작용, 중력 작용 등 상호 작용의 힘을 통합해 가급적 한 가지 상호 작용의 여러 형태로 이해하려는 시도가 소립자 이론 물리학의 큰 흐름이라 할 수 있다. 뉴턴은 하늘의 천체 운동과 지상의 물체 운동을 통합해 중력의 법칙을 알아냈고, 전기와 자기 현상 및 빛의 법칙은 19세기에 맥스웰의 전자기 이론으로 합쳐졌다. 지금은 전자기, 약작용을 같은 원리로 설명하여 전약(電弱) 작용이라 하며 강작용까지 포함한 세 종류의 힘을 통합된 형태로 기술하는 표준 모형이 알려져 있다. '모형'이라 해도 표준 이론이나 다름없다. 이론 물리학자들은 모든 종류의 힘을 통합하는 궁극적인 이론을 찾으려 한다.

소립자 물리학의 연구 방법은 비슷할 수 있어도 핵물리학과는 그 연구 대상이 다르다. 핵무기 제작과 관련되는 분야는 우라늄처럼 복잡한 원자핵을 연구하는 핵물리학이지 소립자 물리학이 아니다. 제2차 세계 대전 때 미국에서 맨해튼 계획으로 핵무기를 개발하던 당시에는 핵물리학과 소립자 물리학의 구분이 별로 없었으나 1950년대부터 이 두 분야는 엄연히 구별된다. 미국의 핵무기 개발 책임자인 오펜하이머가 프린스턴 고등 연구원 원장으로 있었고 이휘소는 거기서 연구 회원 생활을 한 적이 있다. 또한 핵분열을 최초로 성공시킨 페르미를 기리기 위해 세워진 페르미 국립 가속기 연구소의 이론 물리부장이어서 핵무기와 연관된 것처럼 보일 수 있다. 하지만 고등 연구원과 페르미 연구소는 핵무기와는 전혀 무관한 기관이다. 특히 페르미 연구소는 거대한 입자 가속기 시설 때문에 의심받을 만하다. 이휘소의 생존 시에는 연구소의 대부분 가속기 시설이 개방되어 있고 주간에는 연구소 입구의 경비도 없을 정도로 출입이 자유로웠다. 당시에 이 연구소의 중앙 연구동은 연구실의 문이 없기로 유명했다. 소장실을 비롯하여 칸막이로 사무실을 구분했다. 본부 연구동 앞에는 국제 공동 연구에 참여하는 나라의 국기가 게양되는데 태극기도 이 대열에 끼여 있다.

그렇다면 이휘소가 학위 논문으로 선택한 π, K 중간자란 어떤 것일까?

원자핵이 핵자들로 단단하게 뭉쳐 있는 것은 강한 핵력 때문이다. 그러나 이 핵력은 원자핵 크기 정도의 거리에서만 강하게 작용할 뿐 그보다 멀어지면 갑자기 약해진다. 즉 근거리 작용력이다. 일본 물리학자 유카와 히데키는 이것을 소립자의 교환 과정으로 설명했고, 그 질량은 전자보다 무겁고 양성자보다는 가벼워서 중간의 질량을 가진 중간자(中間子)라 했다. 유카와는 그 업적으로 1949년 노벨상을 수상했다.

쿼크들이 모이면 강입자가 된다. 세 개 모이면 중입자가 되고, 두 개가 결합하면 중간자가 된다. 단지 중입자의 경우에는 세 개 모두 쿼크거나 반대 쿼크이고, 중간자는 쿼크와 반대 쿼크가 결합한 입자이다. 앞의 보기에서 양성자와 중성자의 경우는 중입자이다. 한편 π 중간자는 u, d 쿼크 중에서 이들의 쿼크-반대 쿼크가 결합한 것이고 K 중간자는 u, d 쿼크 중 한 개와 s 쿼크가 쿼크-반대 쿼크로 결합한 것이다. 한편 c 쿼크가 포함한 강입자를 참(charm) 입자라고 한다. 후에 이휘소는 이 참 입자의 탐색 연구로 세계적 명성을 얻는다.

6.   상아탑 인간

1959년 4월 워싱턴에서 개최된 미국 물리학회 논문 발표회에 이휘소는 처음 공식적으로 참가했다. 요즈음은 대학원생들도 많이 참석하지만, 그 당시에는 교수들이나 참석할 정도였다. 연구비로 여행 경비를 지불하기 힘들어 학생 참가는 어렵던 시절이었다. 하지만 클라인의 배려로 이휘소는 워싱턴에 갈 수 있었다.

이 학회에서 이휘소는 와인버그의 강연에 깊은 감명을 받았다. 와인버그는 벌판 이론의 재규격화에 관해 강연하면서 나중에 전공 서적에서 많이 인용되는 중요한 기본 정리를 증명했다. 와인버그를 이때 처음으로 알게 된 이휘소는 그의 강연 내용을 모두 이해할 수는 없었으나 강한 인상을 받았다. 당시 이휘소는 대학원생이었고, 와인버그는 이름이 알려진 중견 물리학자였다. 이들은 수년 후 필라델피아의 오래된 유명한 레스토랑에서 우연히 만나는데, 그때쯤엔 이휘소도 촉망받는 소장 학자 대열에 들어서 있어 와인버그와 거의 대등하게 의견을 주고받을 수 있었고, 좀 더 후에는 서로가 존경하는 가운데 공동 연구를 함께 수행하는 데까지 발전하게 된다.

연말에는 겨울 방학을 맞아 멀리 뉴욕의 맨해튼까지 갔다. 그곳에서 열리는 재미 경기 중학교 동창회에 참석하기 위해서였다. 뉴욕에서 휘소는 옛 동창을 만나 오랜만에 회포를 풀고 브로드웨이 연극도 관람하는 등 모처럼 여유 있는 시간을 즐겼다.

하지만 이 나들이는 그를 조금 우울하게 만들었다. 옛 친구들과의 대화가 잘 통하지 않았던 것이다. 어릴 때 친구를 성인이 되어 만나면 그동안 관심사나 진로가 서로 달라져 공통의 화젯거리가 줄어드는 건 당연한 일이다. 그러나 이휘소가 친구들에게 거리감을 느낀 건 단지 그 때문만은 아니었다. 하고 있는 일이 달라도 친구들끼리는 큰 거리감 없이 즐겁게 어울렸다. 이휘소 역시 겉으로는 별 무리 없이 분위기를 따라갈 수 있었다. 그러나 아무리 유쾌하게 대화를 나누고 있어도 정작 마음속에는 흥겨움이 생기지 않았다. 그러지 않으려고 하는데도 자기도 모르게 자꾸 겉돌게 되는 것이었다.

전적으로 그것은 이휘소 자신의 문제였다. 물리학에 관계되지 않는 어떤 이야기에서도 그는 흥미를 느낄 수가 없었던 것이다. 상투적인 연애담이나 자기 과시용 이야기들은 그렇다 치고, 사회나 정치 문제에 대한 진지한 논쟁도 그의 관심을 끌지 못했다. 때문에 이휘소는 마음 한 부분이 텅 빈 채 내내 겉도는 위치에 머물러 있을 수밖에 없었다. 이러한 심정을 이휘소는 후에 강주상에게 말한 적이 있다.

"친한 고교 동창을 오랜만에 만났는데 관심사가 서로 다르니 재미가 없더군. 내 머리는 양자 전자기학으로 꽉 차 있는데, 그 친구는 스테레오 시스템은 어떤 상표의 어떤 모델이 좋고 하는 식으로 열을 올리고 있으니 말이야……."

이런 상황에서 가장 놀란 건 이휘소였다. 자신이 어느새 상아탑 인간이 돼 버렸다는 것, 실제 사회와는 거리가 먼 연구실의 학자가 되었다는 것에 스스로 놀랐다. 충격을 받았다고 할 정도까진 아니었으나 아무래도 씁쓸하기는 했다. 일반적인 삶과는 달리 한정된 세계에 갇혀 있다는 자괴감이 드는 것이었다.

뉴욕에서 돌아오면서 그는 이 점에 대해 곰곰이 생각해 보았다. 결론은 '어쩔 수 없다.'였다. 적당히 교수 생활이나 하고 살아갈 것이라면 지금의 성취만으로도 충분했다. 미국에서 박사 학위를 따고 고국에 돌아가면 대학 교수직 정도는 어렵지 않게 얻을 수 있을 것이었다. 그러나 근래 들어 그는 학문 자체에 깊이 빠져 있었다. 물리학계의 해결되지 않은 그 숱한 난제들, 이휘소는 자기 능력으로 그 미답지를 개척해 보고 싶었다. 그것은 명예나 명성의 추구와는 다른 순수한 학자적 욕망이었다.

그런데 그런 성취에 도달하려면 연구 이외의 것에 관심 가질 시간이 없었다. 연구 하나에만 몰두하기에도 머리에 쥐가 날 정도였다. 도무지 다른 것에 신경 쓸 마음의 여유도, 현실적인 시간도 없었다. 당장의 경제 문제와 고국의 가족에 대한 염려 정도만이 그의 머리를 차지할 수 있는 유일한 것들이었다.

어쩔 수 없지……. 몇 번이나 그렇게 중얼거리며 이휘소는 담담하게 마음을 추슬렀다. 그리고 이제는 가급적 사적인 만남은 줄여야겠다는 생각도 하게 된다. '갇혀 있는 것 같다.'는 쓸쓸함을 그는 '갇혀 있어야만 한다.'는 쪽으로 아예 마음을 굳혀 버렸다. 언젠간 이 감옥에서 나가게 될 것이다. 그때까지는 바깥세상을 잊도록 하자. 이것이 모처럼 옛 친구들을 만나고 돌아오면서 그가 내린 결론이었다.

뉴욕에서 돌아와서는 다시 연구에만 몰두했다. 그러나 연구는 생각처럼 순조롭게 진척되지 않았다. 동창생 모임의 후유증도 조금은 있었는데다, 잘 쓰려고 하는 의욕이 너무 앞선 나머지 거꾸로 조바심을 몰고 온 때문이기도 했다. 한번 맥을 놓쳐 버리자 논문은 도무지 다음 단계로 넘어가질 않았다. 논문은 논문대로 늦어지면서 그는 한동안 우울증에 빠져 지냈다.

예전에 읽었던 책의 한 대목이 역설적으로 그를 위안했다. 발명왕 에디슨이 좌절 상태에 빠졌을 때, 한 친구가 그를 책망하며 말했다.

"최근에는 자네 연구에 아무 진척도 없더군."

그러자 에디슨이 대답했다.

"천만에, 지금 나는 어떤 방법이 불가능하다는 건 분명히 안다네."

이휘소는 지금 자신이 처한 상태가 에디슨과 비슷하다고 생각했다. 무엇이 가능한지는 모르고 무엇이 불가능한가만 알고 있는 우스꽝스런 허탈 상태. 이휘소로서는 이것이 자기 재능의 한계가 아닌 일시적인 슬럼프이기만 바랄 따름이었다.

어느덧 해가 바뀌어 1960년이 되었다. 연구 논문은 여전히 진척을 보이지 않았다. 초조했다. 그게 아니라도 스물다섯이라는 나이만으로도 그는 심리적으로 충분히 무거웠다. 한 살 더 먹었을 뿐이지만 스물넷과 스물다섯은 달랐다. 벌써 20대의 반이 지나갔다고 생각하자 20대에 세계적인 이론을 발표했던 위대한 과학자들이 떠오르면서 마음의 갈증은 한층 심해졌다.

논문에 매달려 밤을 새우고 있던 어느 새벽, 이휘소는 머리가 지끈거려 책상에서 일어나 창가로 갔다. 창문을 열자 겨울의 찬 바람이 밀려들었다. 거리는 멀리 몇 개의 가로등만 드문드문 서 있을 뿐 캄캄한 어둠에 묻혀 있었다. 이휘소는 한참 동안 가만히 서 있었다. 얼굴이 시려와 코끝이 금세 벌게졌지만 그는 창을 닫지 않았다.

"어머니……."

자기도 모르게 어머니를 부르고 나자 이번엔 추위 때문이 아니라 다른 것 때문에 코끝이 매웠다. 이윽고 가슴에서 무언가가 올라왔다. 주문이라도 외우듯 그는 동생들의 이름도 하나하나 불러 보았다. 그러고도 다시 한참을 그대로 서 있었다. 지끈거리던 머리는 어느새 가라앉아 있었다. 그는 밤하늘의 별이라도 세듯 눈앞에 보이는 가로등의 숫자를 천천히 세어 본 다음 창을 닫고 돌아섰다.

책상 앞으로 돌아왔을 때 그의 머릿속은 말갛게 비어 있었다. 그 공허한 여백 속으로 몇 줄의 문장과 몇 개의 공식들이 떠올랐다. 논문의 다음 페이지에 들어갈 것들이었다. 이휘소는 날이 완전히 밝을 때까지 책상 앞에 앉아 있었다.

그로부터 2주일 후 논문이 완성되었다. 논문의 주제는 완벽하게 파악하고 있었으므로 막혔던 곳 하나가 풀리자 일사천리로 진행되었던 것이다. 논문을 읽어 본 클라인은 몹시 흡족해했다. 그리고 얼마 후 클라인은 이 논문을 학술지에 발표해 주었다.

논문은 바로 학계의 주목을 받았다. 물리학계의 중요한 관심사 중 하나인 중간자의 역학적 원리를 명쾌하게 규명한 것이 인정되었던 것이다. 동일 분야의 연구자들을 위해 긴급히 출판해야 한다는 의견도 나왔고, 얼마 후에는 미국의 권위 있는 물리학회지인 《피지컬 리뷰》에 게재되었다.

휴식을 취할 틈도 없이 이휘소는 바로 다음 논문에 착수했다. 「핵자와 K 중간자 산란 과정에서 2개 파이온 입자 교환 과정」이라는 제목의 이 글은 이전 논문에서 더 깊이 들어가 핵자의 운동 성격을 고찰한 논문이었다. 이휘소는 이 논문을 박사 학위 논문의 일부로도 써먹을 생각이었으므로 그에게는 가장 중요한 작업이었다.

논문을 쓰고 있는 중에 《뉴욕 타임스》에 이휘소를 깜짝 놀라게 하는 기사가 실렸다. 한국에서 일어난 4·19 학생 의거에 대한 기사였다. '피의 화요일'이라는 제목으로 보도된 이 기사는 한국 신문에는 실리지 못한 장면 총리의 남화를 비롯해 일촉즉발의 국내 상황을 상세히 보도하고 있었다. 뿐만 아니라 북한과 중공의 태도도 도쿄발 통신으로 연일 보도되었다. 하지만 아무리 상세한 보도라 한들 구체적으로 국내 상황이 어떻게 흘러가고 있는지는 알 길이 없었다.

이휘소는 가족이 걱정되어 잠을 이룰 수가 없었다. 다시 전쟁이라도 일어나는 건 아닌지, 막 대학에 입학했을 동생 철웅이 시위에 참가했다 불상사라도 일어나는 건 아닌지, 생각하기도 싫은 불길한 상상들이 머리를 어지럽혔다. 정신 집중이 되지 않아 논문도 쓸 수가 없었다. 다행히 며칠 후에 집에서 편지가 왔다. 향후 정치 상황이 어떻게 흘러갈지는 알 수 없지만 일반 시민에게는 아무 일 없으니 집안 걱정은 하지 말라고 적혀 있었다. 이휘소는 그제야 마음 놓고 논문에 매달릴 수 있었다.

이 무렵 그는 「π π 산란에서 p - 파동 공명 현상」이라는 논문을 《피지컬 리뷰 레터스》에 실었다. 이 학술지는 《피지컬 리뷰》의 속보 같은 것이어서 비중이 더 크다. 여기에 처음으로 게재되는 이휘소의 논문이었다. 이 논문이 실리면서 이휘소라는 이름은 펜실베이니아 대학을 넘어 물리학계 전반에 알려지게 되었다. 그렇다 해도 아직은 여러 명의 우수한 물리학자 중 하나일 뿐이었다. 정상급 학자로 인정받기 위해서는 아직도 넘어야 할 산이 많았다.

이휘소는 첫 논문의 성과에 들뜨지 않고 지금 쓰고 있는 새 논문 작업에만 몰두했다. 이 논문은 처음에 생각했던 이론에 몇 가지 허술한 점이 발견돼 새롭게 이론을 정리하느라 예정보다 늦어지고 있었다. 밤새우는 날들이 차츰 많아졌다.

마음이 안정되자 그동안 잘 풀리지 않던 이론 문제도 정리되어 논문은 빠른 진전을 보였다. 논문이 거의 완성돼 가던 7월 초에는 위스콘신 대학에서 열리는 하계 이론 물리 학교에 초청되어 일주일 동안 다녀왔다. 비록 클라인이 중개하긴 했지만 일반 대학원생으로서 그런 물리학교에 초청되는 건 흔한 일이 아니다. 지난번에 발표한 논문이 그만큼 우수성을 인정받았다는 이야기였다.

클라인은 이휘소가 지금 쓰고 있는 논문도 공식적인 자리를 통해 발표해 주겠다고 했다. 8월 중순에 뉴욕 주의 로체스터에서 개최되는 국제 고에너지 물리학회에 참석하는데, 그곳에서 이휘소 대신 직접 발표하겠다는 것이었다. 기간이 한 달밖에 안 남았기 때문에 이휘소는 잠자는 시간까지 줄여 가며 논문 완성에 더욱더 박차를 가했다.

그의 새 논문은 7월 말에 완성되어 클라인이 약속대로 로체스터 학회에서 발표해 주었다. 이휘소는 이 논문들을 비롯해 박사 논문 이전에 이미 분산 이론을 응용한 소립자 간의 산란 현상에 대한 다섯 편의 논문을 발표했다. 1960년대 초에는 산란 진폭 함수의 해석성에 근거한 분산 이론이 소립자 물리학을 이끌던 중요한 이론인지라 그가 이 분야에 손댄 것은 신진 학자로서는 당연한 일이었다.

클라인과의 공동 연구를 끝낸 이휘소는 바로 박사 학위 논문의 완성 작업에 착수했다. 박사 학위 논문은 앞서 쓴 두 개의 논문을 토대로 하는 것이었으므로 시간이 오래 걸리는 일은 아니었다. 하지만 당분간은 박사 학위 논문으로 그의 실력이 평가될 것이기에 그 비중은 앞의 두 논문과는 크게 차이 날 수밖에 없었다. 이휘소는 문장 하나까지 세심하게 신경 쓰면서 박사 학위 논문에 온 신경을 집중했다.

논문이 완성돼 갈 즈음에 고등 연구원의 프레이저로부터 제안이 들어왔다. 박사 과정으로 펜실베이니아 대학에 처음 왔을 때 프레이저와 만난 이후 두 사람은 친밀한 사이를 유지해 오고 있었다. 프레이저가 이휘소에게 제안한 것은, 박사 학위를 딴 후 캘리포니아 대학 라호야(LaJolla) 캠퍼스의 물리학과에 '박사 후 연구원(Research Associate)' 자리가 있는데 혹시 올 생각이 있는가 하는 것이었다. 이미 그곳에 운을 떼어 놓았으므로 이휘소가 결정만 한다면 언제라도 가능하다고 했다.

이휘소는 이 문제를 클라인과 상의했다. 그러자 클라인은 그렇지 않아도 생각하고 있었다며 그의 장래 진로에 대한 자신의 생각을 말해 주었다.

"학위도 받기 전에 그런 제안이 들어오는 건 일단 반가운 일이야. 그만큼 자네 능력이 인정받고 있다는 거지. 하지만 그 점은 시간을 두고 신중히 생각해 보도록 하세. 나대로 생각이 좀 있거든."

"어떤 생각이신지 물어봐도 되겠습니까?"

"프린스턴의 고등 연구원(Institute for Advanced Study) 알지? 원장인 오펜하이머를 비롯해 세계 최고의 두뇌들이 모인 연구소지. 나는 자네가 그곳에 갔으면 싶어. 금년은 신청 마감이 지나 당장은 힘들지만 내년 이맘때쯤엔 가능할 거라고 보네. 그렇게 되면 그동안 1년 가까이 펜실베이니아 대학에서 전임 강사로 있으면 될 테니까 말이야. 아니면 나의 모교인 하버드 대학에 가도록 주선해 주겠네. 하여튼 여러 가지로 생각하고 있으니까 나를 믿고 좀 기다려 보게."

고등 연구원에 간다는 것은 대단한 영광이었다. 더욱이 클라인이 적극 지원하겠다고 장담했으므로 이휘소는 캘리포니아 대학 건은 일단 접어 놓았다.

마침내 9월 초에 박사 학위 논문의 초고가 완성되었다. 퇴고 겸 타이핑 작업은 9월 말까지 끝낼 생각이었다. 논문이 완성되는 대로 심사에 들어가게 돼 있었다. 그리고 심사에 통과해 박사 학위를 받게 되면 물리과에서 전임 강사 대우를 받는 것도 이미 약속된 일이었다.

클라인이 국제 고에너지 물리학회에서 발표한 이휘소의 두 번째 논문

$$I(s,z) = \frac{1}{\pi^2} \int_{(m_N+\mu)^2}^{\infty} d\bar{s}' \int_{(2\mu)^2}^{\infty} dt' \frac{A_{33}(\bar{s}',t')}{(\bar{s}'-\bar{s})(t'-t)} , \quad (II,69)$$

where $\bar{s}$ and t are considered as functions of s and z,
$-1 \leq z \leq 1$. We may expand the denominators under the
integrals in the usual fashion:

$$\frac{1}{\bar{s}' - \bar{s} \mp i\eta} = P. \frac{1}{\bar{s}' - \bar{s}} \pm i\pi \delta(\bar{s}' - \bar{s})$$

$$\frac{1}{t' - t \mp i\eta} = P. \frac{1}{t' - t} \pm i\pi \delta(t' - t)$$

Using the above formulae, and remembering Eq. (II,66) we
obtain

$$\lim_{\epsilon \to 0_+} \frac{1}{2i}\left[I(s+i\epsilon) - I(s-i\epsilon)\right]$$

$$= - P.\frac{1}{\pi}\int_{(2\mu)^2}^{\infty} dt' \frac{A_{33}(\bar{s},t')}{t' - t} \qquad (II,70)$$

$$- \epsilon(s^2 - (m^2 - m_\pi^2)^2) P.\frac{1}{\pi}\int_{(m_N+\mu)^2}^{\infty} d\bar{s}' \frac{A_{33}(\bar{s}',t)}{\bar{s}' - \bar{s}} ,$$

where

$$\epsilon(x) = \pm 1 , \quad x \gtrless 0 .$$

With this caution in mind, one can correctly evaluate the
discontinuities on the unphysical cuts on the real axis.
For $s \leq s_2$, one finds

$$M_\ell^{(I)}(s) = \lim_{\epsilon \to 0_+} \frac{1}{2i}\left[A_\ell^{(I)'}(s+i\epsilon) - A_\ell^{(I)'}(s-i\epsilon)\right]$$

$$= - \int_{-1}^{1} dz\, P_\ell(z)\, Re\, Abs_{II}\, A^{(I)'}(s,z)$$

$$- \epsilon[s^2 - (m^2 - m_\pi^2)^2]\int_{-1}^{1} dz\, P_\ell(z)\, Re\, Abs_{III}\, A^{(I)'}(s,z)$$

이휘소 박사 학위 논문 내용 일부 　　　　　　　　　　　　제공 | 고려 대학교 과학 도서관

은 첫 논문 이상으로 학계의 호평을 받았다. 덕분에 얼마 후 브라운 대학 물리과에서는 이론 물리학 세미나에 와서 강연해 달라는 초청을 해 오기도 했다. 대학원생에게 물리학 세미나에서 강연을 해 달라는 것은 매우 이례적인 일이었다. 이휘소의 이름은 이제 물리학계에 널리 알려지기 시작했다.

1960년 11월 이휘소는 마침내 「K+ 중간자와 핵자 산란 현상의 이중 분산 관계(Study of K+N Scattering in the Double Dispersion Representation)」라는 논문으로 박사 학위를 받았다. 그의 나이 25세였다. 그러나 박사 학위증을 공식적으로 받은 것은 1961년 2월 4일이다.

이 시절에는 논문을 작성하려면 타자기를 사용해야 했다. 요즈음의 워드 프로세서처럼 편집이 자유롭지 못해 자구 수정할 곳이 몇 군데 있으면 그 페이지를 처음부터 다시 타자해야 했다. 때문에 학과 사무실에는 전문 타이피스트가 있었다. 하지만 방정식은 타자하기 힘들어 공란으로 남겨 놓은 후 나중에 손으로 그려 넣는 것이 예사였다. 그래서 대부분의 학생들은 학위 논문의 타자를 맡겼다. 그런데 공사(公私)가 분명한지라 같은 연구 결과의 타자라도 학술지에 발표하기 위해 타자시키면 공적 비용이므로 연구비에서 지출되지만 학위 논문으로 타자하면 사적 행위이므로 학생이 직접 지불해야 했다. 이휘소 역시 박사 논문 타자비를 자기 돈으로 지불했는데, 그러고 나니 은행에 남은 잔액은 10달러가 전부였다. 그래도 박사 학위를 받는 기쁨에 마음만은 조금도 가난하지 않았다.

Ph. D. 학위 논문 심사가 끝난 11월부터 스물여섯 살이 되는 이듬해 1961년 8월까지 이휘소는 펜실베이니아 대학의 박사 후 연구원이자 전임 강사로 임명되었다. 대학원생 말년에 잠시 지긋지긋하게 생각했던 학생 신분에서 벗어나 드디어 교수진에 합류하게 된 것이다. 무엇보다 이제야말로 본격적인 학자의 길이 시작되었다고 할 수 있었다. 그의 박사 학위 논문은 《피지컬 리뷰》 학술지에 게재되었다.

그러나 공부가 끝난 것은 아니었다. 아니, 이제부터가 진정한 시작이었다. 그리고 직장도 심각하게 생각해야 했다. 지금의 지위는 한시적인 것이었다. 이휘소는 클라인의 의중을 따라 고등 연구원의 연구 회원(멤버)직을 신청했다.

배울 것들은 여전히 많았다. 배우는 일은 죽을 때까지 계속될 일이었다. 이휘소는 스스로도 자신이 꽤 비상한 두뇌를 갖고 태어났다는 것은 알고 있었다. 결코 자만이 아니었다. 학생 시절 함께 공부하던 학생들과의 비교를 통해 그것은 저절로 알게 돼 있었다. 아니, 혼자서도 알 수 있었다.

공부를 전투에 비교하는 게 적절할지 모르겠으나 작심하고 공부하는 사람에겐 공부가 전투처럼 치열하고 피 말리는 한판 대결인 것이 분명하다. 책 속에 있는 모든 문제는 저마다 하나의 굳건한 성이다. 그것들은 난공불락의 요새처럼 우뚝 서서 자신에게 다가오는 도전자를 무심한 눈길로 내려다보고 있다. 하나의 요새를 허물면 또 다른 요새가, 그것을 넘어서면 또 다른 요새가, 공부는 그처럼 끝없는 도전의 연속이다.

이휘소는 그 도전에서 거의 매번 승리를 해 왔다. 어느 땐 도저히 이기지 못할 것 같은 무력감이 들 때도 있었다. 그러나 결국엔 넘고 말았다. 그렇게 하나씩 문제를 정복할 때마다 이휘소는 자기 재능에 스스로 감탄했다. 이 문제의 본질을 나만큼 정확히 이해한 사람이 있을까? 이휘소가 스스로 그렇게 말할 때, 그건 어설픈 오만이 아니라 자신이 도달한 수준에 대한 담백한 긍정이요 자신감이었다. 적어도 책에 제시된 문제, 즉 누군가 이미 답을 알고 있는 문제라면 시간이 문제일 뿐 자신도 결국엔 알게 되리라는 그런 자기 믿음이 있었다.

하지만 그건 이제까지의 공부에 해당되는 일이었다. 지금부터 이휘소가 상대해야 할 문제들은 이전과는 차원이 다른 세계였다. 아무도 열어 보지 못한 문, 문이 있는지 없는지조차 아직 아무도 모르는 것들을 그는 상대해야 했다. 문제를 푸는 게 아니라 문제를 발견하는 것, 더 나아가 스스로 문제를 제기하는 것. 그랬다, 이휘소가 앞으로 배워야 할 것은 '의문하는' 법이었다.

지금 이휘소에게 필요한 것은 기존의 관념을 훌훌 넘어 이 세계에 실재하는 모든 현상에 의문을 품는 일이었다. 그것은 무한한 상상력과 창의력이 밑바탕되어야 하는 일이다. 자신과의 싸움이라는 단순한 도전 의식을 넘어, 조물주의 비밀을 알고 싶다는 강렬한 열망이 있어야 가능한 일이었다.

1960학년도의 나머지 기간 동안 펜실베이니아 대학 생활은 무난히 흘러갔다. 강의에 충실하면서도 새로운 연구는 여유 있게 진행할 수 있기에 하루 일과는 비교적 단조로웠다.

아침에 연구실에 출근하면 조용히 커피를 마시면서 강의할 내용을 대략 훑어보고, 강의가 끝나면 연구할 주제와 내용을 구상했다. 집에 돌아오는 시간은 저녁 8시에서 9시였다. 혹은 해가 지기도 전에 돌아와 집에서 저녁 식사를 하기도 했다. 집에서는 독서를 하거나 음악을 들으며 물리학의 최근 과제들을 머릿속으로만 가볍게 점검해 보곤 했다.

미국에 온 지 6년 만에 처음으로 누리는 안정된 생활이었다. 고정 월급을 받기 시작했으므로, 이제는 거꾸로 한국에 계시는 어머니에게 돈을 보낼 수 있었다. 많은 돈은 아니었으나 어머니의 짐을 조금이라도 덜어 드린다는 점에서 이제야 비로소 맏아들 노릇을 하는 기분이었다.

자동차도 샀다. 필라델피아는 큰 도시이므로 차가 꼭 필요하지는 않았지만 있으면 활동 반경이 커져 편리하다. 스포츠카를 좋아했던 이휘소는 빨간색의 작은 중고차 한 대를 구입했다.

시간 여유가 있었지만 학교 동료들 이외의 개인적인 교제는 별로 없었다. 고교 동창회에 다녀오고 난 뒤의 결심이 여전히 지속되고 있기 때문이었다. 박사 학위를 받고 직장도 얻었지만 이휘소의 꿈은 이제 시작이었다. 세계 최고의 학자가 되기 전까지는 자기 자신에 대한 통제를 조금도 멈출 수가 없었다.

피츠버그와 필라델피아는 옥스퍼드보다 훨씬 큰 도시여서 대학도 여럿 있고 한국 학생들도 많았다. 그러나 이휘소는 주로 물리학을 전공하는 학생들하고만 가깝게 지냈는데 그중 하나가 김영서였다. 이들은 동년배로 넓은 미국에서 5, 6년 정도 가까운 거리에서 교류한 사이였다. 둘 다 소립자 물리 이론을 전공했고 배경도 비슷했다.

이휘소는 1952년 검정고시로 서울대에 입학하여 1955년 마이애미 대학으로 전학, 1956년 피츠버그 대학원에 입학하여 석사 학위를 취득한 후 1958년에 펜실베이니아 대학원에 입학, 1960년에 박사 학위를 취득하고 1961년 고등 연구원 연구 회원으로 활동했다. 김영서는 1954년 서울대에 입학하여 바로 미국의 피츠버그에 있는 카네기-멜론 대학에 유학, 1958년 프린스턴 대학원에 가서 1961년 박사 학위를 땄으며 1962년 메릴랜드 대학의 교수가 될 때까지 1년간 프린스턴에서 박사 후 연구원 생활을 했다. 두 사람이 함께한 시간만 해도 피츠버그에서 2년, 프린스턴에서 1년이 겹친다.

5월에 한국에서 또다시 좋지 않은 소식이 들려왔다. 박정희를 중심으로 군사 쿠데타가 일어나 4·19 의거로 세운 장면 내각을 몰아냈다는 소식이었다.

이휘소는 한국의 정치 상황에 절망감을 느꼈다. 4·19를 통해 그나마 민주적인 정부가 세워지나 싶었는데 1년 만에 군인들에 의해 뒤집히고 말았던 것이다. 미국에 살면서 민주주의의 참된 가치를 절실하게 느껴온 이휘소는 해방된 지 15년이 되도록 혼란을 거듭하고 있는 한국의 정치 상황이 안타깝기만 했다. 더욱이 중남미의 어수선한 나라들에서나 벌어지는 군사 쿠데타가 한국에서도 일어났다는 사실에 그는 말할 수 없는 수치심을 느꼈다. 동료 교수들이 한국 상황을 화제에 올리면 이휘소는 아무 말도 하지 못했다.

박사 학위를 받으면 고국에 돌아가겠다는 계획도 이 무렵에 접어 버렸다. 정치도 경제도 안정되지 않은 한국에서는 제대로 된 물리학 연구를 할 수 없을 게 분명했다. 연구 환경이 미국보다 열악하리라는 건 이미 알고 있는 사실이지만 그래도 웬만하면 조국에 돌아가 한국의 과학 발전에 이바지하고 싶었다. 변변한 연구소 하나 없는 한국에 과학의 산실을 만들고 싶다는 건 이휘소가 마이애미 대학에 있을 때부터 갖고 있던 꿈이었다. 그런데 정치 상황이 이렇게 혼란스럽다면 정부의 어느 누가 과학 따위에 신경 쓸 것인가. 월급쟁이 교수로 만족할 게 아니라면 한국에 돌아가 봐야 갈등만 더 커질 것 같았다.

여전히 풀리지 않고 있는 여권 연장 문제도 이휘소의 또 한 가지 고민이었다. 군사 정부가 들어서면 법령이 정비되는 시간이 더 지체될 게 분명했다. 수년 내에 귀국할 것이 아닌 이상, 미국 영주권을 빨리 취득하는 쪽으로 방향을 잡아야 할 것 같았다. 이래저래 한동안은 이휘소의 심경도 어수선했다.

그러나 이때 고등 연구원으로부터 연구 회원 제안이 왔다. 클라인이 힘써준 덕분이었다. 그 이전에 이를 암시하는 듯한 대화가 오간 상태였다.

"원한다면 하버드 대학 쪽도 알아볼 수 있네. 자네라면 거기에서도 어렵지 않게 조교수 정도는 얻을 수 있을 걸세."

이휘소는 클라인의 말에 뭉클했다. 아버지를 일찍 여읜 이휘소는 일상 생활까지 자상히 배려해 온 클라인에게 어느덧 부친의 정을 느끼고 있었다. 학업 쪽으로만 보면 아버지 이상의 지대한 도움을 주고 있기도 했다.

이휘소는 잠시 생각한 후 클라인의 말에 대답했다.

"하버드보다는 고등 연구원이 좋을 것 같습니다. 강의도 의미 있지만 연구 활동에 좀 더 주력하고 싶습니다."

"알았네. 나도 그럴 거라 생각해 고등 연구원에 이미 추천서를 보냈어. 아마 곧 좋은 소식이 올 거라 기대하고 있네."

"고맙습니다."

몇 마디 더 진심으로 감사의 말을 하고 싶었으나 이휘소는 그렇게만 말했다.

지난번에 이러한 대화를 나눈 후 클라인과 헤어져 돌아오면서 이휘소는 지금까지 거쳐 온 교수들을 하나하나 떠올렸다. 모든 사람이 호의적이진 않았지만 대부분의 교수들이 성심성의껏 그를 밀어 주었다. 우수한 학생에게 호감을 갖는 건 모든 교수들의 공통된 태도이지만, 몇몇의 적극적인 배려는 눈물이 날 만큼 감동스러웠다. 특히 자기 곁을 떠나보내면서까지 그의 장래를 생각해 주었던 교수들에게서는 인간적인 고마움뿐만 아니라 학자로서의 자세에 대한 깊은 존경심을 느꼈다.

피츠버그 대학의 거조이는 이휘소를 아끼면서도 더 좋은 학교로 전학 가라는 제안을 해 주었다. 메슈코프는 이휘소도 모르게 펜실베이니아 대학에 입학 허가를 얻게 해 주었다. 그리고 지금 클라인은 펜실베이니아 대학 정도에 머무르지 말고 더 좋은 연구 환경을 찾아가라고 권유하고 있다.

인간적인 정만으로는 이런 태도를 이해할 수 없다. 뛰어난 인재를 자기 곁에, 자기 대학에 잡아두고 싶은 건 누구나 비슷한 마음이다. 그렇다면 스스로 나서서 다른 곳으로 보내려는 마음은 어떤 것일까? 이휘소의 재능에 대한 진정한 애정이 없으면 쉽지 않은 일이었다. 그리고 그런 태도야말로 사사로운 감정을 넘어선 학자적 양심일 것이었다.

이런 것들이 미국 사회가 가지고 있는 보편적인 합리성인지, 아니면 그 사람 자신의 인격에서 비롯되는 것인지는 뭐라 말할 수 없지만 대단히 고상한 태도인 것만은 분명했다. 그것에 보답하는 길 또한 오직 자신의 학문적 성취일 뿐이라는 걸 이휘소는 알고 있었다. 클라인 앞에서 은혜가 어떠니 하는 감상적인 말을 덧붙이지 않은 건 그 때문이었다.

고등 연구원의 연구 회원으로 가면 연구 분위기야 더없이 좋겠지만 고등 연구원의 교수로 고용 보장을 받는 것은 그야말로 하늘의 별 따기였다. 실제로 이미 다른 대학에서 정년 보장을 받은 교수급들이 이곳 연구 회원으로 초빙되는 것이 보통이었다.

고등 연구원의 연구 회원 제안 소식을 들은 클라인은 기뻐했다. 그러나 그 이후의 이휘소 직장을 벌써 걱정하듯 클라인이 덧붙였다.

"고등 연구원에 가더라도 1년 후의 직장을 생각해야 할 테고, 우리 대학도 자네 같은 훌륭한 인재를 놓칠 수 없으니 프린스턴에 가 있는 기간을 포함한 1961학년도부터 조교수로 임명되도록 해 주겠네."

뜻밖의 제안이었다.

"프린스턴에 가면 이곳 강의를 못 할 텐데, 어떻게 조교수가 되겠습니까?"

"방법이 있지. 자네가 펜실베이니아 대학 조교수로 고등 연구원의 방문 연구를 하는 것으로 하면 되네. 그러면 우리 대학에서는 자네 봉급을 지불할 필요가 없고 자네는 고등 연구원에서 받으면 될 테니까……. 결국 자네는 안정된 직장이 보장되고, 대학은 우수한 교수를 확보하는 셈이지."

"저야 나쁠 게 없지만 그래도 괜찮겠습니까?"

"이건 제안이 아니라 부탁이라네. 비록 내가 추진한 일이긴 하지만, 자네 같은 인재를 아주 떠나보내는 건 솔직히 말해 좀 아쉽거든. 자네가 펜실베이니아 대학의 교수라는 건 학교로서도 영광이니까 말이야."

"영광이라니, 무슨 그런 말씀을……."

이휘소가 계면쩍어하자 클라인은 조용히 미소 지었다.

"알지 않나. 어느 대학이든 학교의 전통과 명성을 키우기 위해 세계 각국으로부터 우수한 학생을 끌어들이려고 노력하지. 그 점에서 마이애미 대학은 행운이었어. 자네가 그곳을 졸업했다는 건 앞으로 그 대학의 자랑이 될 걸세."

"과찬입니다."

"결코 과찬이 아니야. 아무튼, 우수한 학생을 받으려면 학교 자체가 그만한 자격을 갖고 있어야 돼. 연구 시설이나 장학 제도 이런 게 잘 돼 있어야만 하지. 그 다음엔, 아니 그보다 더 중요한 게 뭐겠나? 교수진이 어떻게 구성돼 있는가 하는 점 아닌가? 내가 밀어붙이긴 했지만, 학교로서도 자네를 놓치고 싶어하지 않아."

"알겠습니다. 교수님 말씀대로 하겠습니다."

펜실베이니아 대학에서 이휘소의 비중이 높다는 클라인의 말은 의례적인 칭찬이 아니었다. 나중에 이휘소는 고등 연구원 방문 기간을 경력으로 인정받아 대학으로 돌아오자마자 1963년 부교수로 승진, 또 그 후 2년이 지나자 1965년 정교수로 고속 승진하여 만 30세에 펜실베이니아 대학의 정교수가 되었다. 이휘소는 1964년에도 1년간 고등 연구원 연구 회원으로 있었는데, 이것도 경력에 포함시켜 정교수가 되었던 것이다.

학교를 떠나기 전인 1961년 여름에 이휘소는 물리학계에 두각을 나타내는 논문을 하나 쓴다. 같은 연배의 친구들이 새 학기에는 모두 미국 각지의 대학 조교수로 떠나기 때문에 펜실베이니아 대학 재학 기념으로 공동 논문을 쓰기로 한 것이었다. 이들은 매일 밤 늦게까지 정열적으로 토론을 벌이고 2, 3일간은 철야하다시피 하면서 130여 쪽이나 되는 장문의 논문을 완성했다. 이휘소 스스로 '거작(巨作)'이라 부를 정도의 방대하고도 폭넓은 주제를 담은 역작이었다.

이휘소를 포함해 네 명의 동료가 쓴 논문은 「단순군과 소립자 강작용의 대칭성(Simple Group and Strong Interaction Symmetry)」이라는 제목의, 반은 수학, 반은 물리학적인 논문으로서 물리 학술지《리뷰 오브 모던 피직스》에 게재되었다. 이 학술지는 미국 물리학회가 발행하는 학술지로서 물리 주제별로 가장 해박한 지식을 가진 사람들이 그 분야를 체계 있게 정리하여 다른 과학자들로 하여금 쉽게 그 주제의 발전 상황을 파악할 수 있도록 도움이 되는 논문들로 채워진다.

이 논문은 그의 박사 논문과 크게 대조된다. 그의 학위 논문은 물론 훌륭했고《피지컬 리뷰》학술지에도 게재되어 호평을 받았으나 이런 성과는 미국에서 종종 있는 현상이다. 시대가 한참 차이 나긴 하지만 요즈음은 우리나라 학계에서도 이런 풍조가 확산되어 박사 학위 논문으로 국제 저명 학술지에 게재할 정도의 수준을 요구하는 대학이 늘어나고 있다. 아무튼 이휘소의 학위 논문에 비하면 이때 완성한 논문은 현저하게 우수한 것이었다. 이휘소를 알고 소립자 물리학을 이해하는 사람이라면 누구나 그의 개인적 발전에 깜짝 놀랄 정도였다. 먼 곳을 빨리 가는 사람을 보고 흔히 축지법을 쓴다는 표현이 있는데, 이휘소는 남들이 오랜 시간에 걸쳐 터득할 내용을 단시간에 소화하는 축시법(縮時法)을 지니고 있지 않나 의문이 들 정도였다. 이러한 논문을 쓰려면 물리학 지식 이외에도 깊은 수학 지식이 필요한데 마이애미 대학에서 받은 스내퍼 교수의 현대 대수학 강의가 큰 도움이 되었을 것이다. 그때 마지막까지 포기하지 않은 학생은 이휘소 한 사람뿐이었다.

논문이 완성되자 송별회가 열렸다. 이휘소는 홀가분한 마음으로 친구들과의 송별회에 참석했다.

"자넨 반드시 노벨상을 타게 될 거야."

"고등 연구원이 또 한 명의 천재를 얻었군."

친구들은 너나없이 아쉬워하며 이휘소의 성공을 빌어 주었다. 이휘소 역시 큰 보람과 뿌듯한 마음으로 모처럼의 여흥을 즐겼다.

고등 연구원
시절

7.   팬티가 썩은 사람

고등 연구원(Institute for Advanced Study)은 미국 뉴저지 주 프린스턴 대학 근처에 있는 연구원으로서 순수 기초 연구를 수행하는 기관이다. 1930년에 설립되었는데, 아인슈타인이 미국으로 망명해 와 타계할 때까지 몸 담고 있던 연구소로 유명하다. 뿐만 아니라 괴델, 오펜하이머, 파노프스키, 폰 노이만, 바일 등 거장의 학자들이 거쳐간 곳이기도 하다. 역사, 수학, 자연 과학 및 사회 과학의 4학부로 구성되어 있고 자연 과학부에는 물리학, 천체 물리학, 생물학과 이와 관련된 전산학이 포함된다.

고등 연구원의 구성과 연구 활동은 다른 연구소와 크게 구별된다. 일반 대학과 달리 학생이 없고 작은 규모의 명망 있는 교수진이 있으며 대부분의 활동은 6개월 내지 3년 정도 임기로 방문하는 연구 회원(멤버)들로 이루어진다. 그러나 이들 연구 회원들도 그 분야에서는 저마다 권위자

고등 연구원의 풀드 회관과 오펜하이머

들이다. 지난 70여 년간 고등 연구원을 거쳐간 연구 회원들 가운데 노벨상을 받은 사람이 20명 이상이며 수학 분야의 노벨상이라는 필드 메달 (Field Medal) 수상자 중 70퍼센트가량이 이곳 멤버였다.

연구 분야에서의 독립성도 특이하다. 일반 대학이나 연구소는 소속 그룹의 연구 지원을 받으며 연구소에서 수행하는 계획에 따라 연구하는 것이 관례인데, 이곳은 그런 제한이 없고 그저 연구 회원들끼리 협력해서 연구하기를 권장할 뿐이다. 반드시 연구 회원끼리만 할 필요도 없다. 인근 대학이나, 나아가 세계 어느 기관의 과학자들과 공동으로 연구해도 좋다. 그리고 연구 주제의 특징은 당장 응용성이 있는 실용적 연구가 아니라 창의성 있는 기초 연구로서 장래의 과학 발전이나 삶의 질 향상에 기여할 수 있는 기초 연구이다. 노이만은 여기에서 컴퓨터 소프트웨어의 기본 개념을 개발하였고, 게임 이론은 후에 경제학에 응용되었다. 아인슈타인은 다른 사람들이 별로 관심을 보이지 않은 통일장 이론을 연구했는데, 현재는 그 대안으로 부상한 끈 이론(string theory)의 연구가 활발하다.

이휘소는 한국인으로는 고등 연구원 자연 과학부의 첫 번째 연구 회원이 되었으며, 그 후 조용민·리수종을 비롯하여 국내에서 끈 이론을 활발히 연구하는 학자들이 연구 회원으로 방문했다.

연구원의 캠퍼스는 마을 남쪽에 위치한 올든 레인(Olden Lane) 도로 옆 약 8제곱킬로미터 정도의 넓은 공간과 숲에 자리하고 있다. 연구원은 주 건물인 풀드 회관(Fuld Hall)을 비롯해 그 양쪽에 위치한 몇 개의 건물들과 주거 단지로 이루어져 있다. 이곳은 프린스턴 시 교외의 한적한 곳에 자리해 있어 마을 사람들이 프린스턴 대학은 알아도 고등 연구원이 어디 있는지는 잘 모를 정도이지만 고등 연구원의 명성은 오히려 프린스턴 밖에서 더 잘 알려져 있었다. 연구원은 같은 지역에 있는 프린스턴 대학과는 전혀 관계없는 독립된 기관이나 상호 세미나 및 강의 참가, 도서관 이용 등에서는 서로 밀접한 협력 관계를 유지하고 있었다.

프린스턴 고등 연구원에는 학생이 없으므로 당연히 학위 수여 같은 것도 없다. 연구 회원들은 자신이 하고 싶은 일을 자기 자신만의 시간표에 따라 행하고 있으며 아무런 의무나 책임도 없고 보고서도 제출해야 할 필요가 없다. 이처럼 가장 이상적인 연구 환경이 보장돼 있기에 당시의 원장인 오펜하이머는 고등 연구원을 '지식인 호텔'이라 부르곤 했다. 레지스가 자신의 저서에서 묘사한 다음과 같은 표현이 연구원의 특성을 잘 말해 주고 있다.

"이 연구원의 과학자들은 자연의 산등성이에 진을 치고 가장 높은 창조의 산봉우리에서, 볼 수도 만질 수도 없는 추상적 원리를 사유하는 사람들이다. 순수하고 아주 고상한 이들은 형태를 가진 제품을 만드는 게 아니며 실험도 하지 않는다. 생애의 목적은 단지 이해하는 것, 그뿐이다."

이휘소가 고등 연구원에 간 당시에도 세계적인 물리학자들과 수학자들이 교수진으로 활약하고 있었는데, 몇 해 전에 노벨상을 받은 중국인 양전닝과 리정다오 두 사람도 연구원 교수로 재직하고 있었다.

풀드 회관은 조지아 양식의 빨간 벽돌로 이루어진 3층 건물인데, 이곳에 연구원의 교수 및 회원들의 사무실이 있다. 이 건물은 고등 연구원의 상징으로 캠퍼스 전경의 중앙에 위치하고, 그 주변에 행정 사무실, 수학 도서관, 휴게실 등이 있다. 아인슈타인도 이 풀드 회관의 1층 한 쪽에 반원형 사무실을 가지고 있었다.

연구원에서는 회원과 방문 연구자들을 위해 기숙 아파트도 운영하고 있었다. 아파트 단지는 풀드 회관에서 도보로 3분 정도의 거리에 나지막한 1~2층 건물들로 이루어져 있는데, 사슴들이 뛰노는 울창한 숲과 호젓한 오솔길로 둘러싸여 매우 쾌적했다.

이휘소가 입주한 미혼자용 아파트는 아인슈타인을 기념해 이름을 붙인 아인슈타인 길(Einstein Drive) 31번지에 위치하고 있었다. 숲과 잔디밭으로 둘러싸인 이 아파트는 온갖 편의 시설이 갖춰져 있는 최신식 건물이었다. 주변 풍경이 아름다운 데다 조용하고 공기도 맑아 공부하기에는 더없이 좋은 환경이었다.

이휘소는 연구원에 출근한 첫날 원장인 오펜하이머를 방문해 많은 대화를 나누었다. 이휘소보다 서른 살이나 많은 오펜하이머는 클라인의 추천서를 통해 이미 이휘소를 잘 알고 있었다. 뿐만 아니라 이휘소의 박사 논문도 읽어 보았다면서 매우 훌륭한 논문이라고 칭찬해 주었다. 헤어질 때에는 문밖까지 따라 나와 부디 좋은 성과가 있기를 바란다며 손을 꼭 잡아 주었다.

오펜하이머는 뉴욕 출신의 이론 물리학자로 젊었을 때 유럽에 유학하여 양자 역학 이론이 한창 꽃필 때 주역급 물리학자들과 교류했다. 귀국 후에는 버클리에서 활발하게 연구를 계속했고 교육에도 심혈을 기울였다. 양자 벌판 이론을 비롯해 핵물리학 특히 천체 물리학의 중성자 별, 블랙홀에 관한 연구를 했다. 그러나 그는 워낙 다방면에 관심이 많았고 재주도 특출하여 한 주제에 오래 머물러 집착하는 편이 아니어서 노벨상을 받을 정도의 특별한 업적은 없는 것으로 알려졌다.

그는 버클리 대학 교수 시절에 좌익의 정치 성향을 가지고 있어 공산당에 가입하지는 않았지만 공산당에 동조하는 행동을 했다. 때문에 맨해튼 사업을 맡을 때 문제가 제기되었으나 그처럼 다양한 지식을 가지고 과학의 응용에 박식한 사람이 없는 까닭에 맨해튼 사업의 연구 책임자가 되었다. 핵무기가 개발된 후 인지도가 제일 높은 과학자가 되었으나 정적이 많아 상원 청문회 등을 겪으면서 사상 검증을 받아야 했다. 혐의가 풀린 후에는 프린스턴의 고등 연구원장직을 맡으면서 세계적 석학들의 메카가 되도록 연구원을 육성하다가, 1967년 후두암으로 세상을 떠났다.

자기 연구실로 돌아온 이휘소는 푸른 잔디밭이 펼쳐진 창밖을 내다보며 잠시 감상에 젖었다. 추운 겨울날 가족의 배웅을 받으며 혼자 비행기에 올라 한국을 떠난 게 엊그제만 같았다. 6년이라면 그리 긴 세월이 아니지만 그동안의 변화는 하늘과 땅 차이였다. 막막하기만 하던 외국 유학생 입장에서 이제는 세계 최고의 연구원 대열에 당당하게 들어와 있다.

감회가 없을 리 없었다. 마당에 오가는 낯선 얼굴들을 보면서도 새삼 같은 길을 걷는 학자로서 짙은 애정을 느꼈다.

책상으로 돌아온 이휘소는 크게 한 번 심호흡을 하고는 연구 노트를 펼쳤다. 며칠 전에 이미 새로운 연구 주제 하나를 결정해 놓은 상태였다. 노트를 펼친 지 10분 만에 복잡한 물리 공식들이 노트 몇 장을 가득히 메웠다. 그리고 다시 10분가량 지난 후 이휘소는 자신이 지금 어디에 있는지조차 까맣게 잊어버렸다. 조용하고 쾌적한 환경이 그를 평소보다 더 몰입하게 만들었던 것이다. 동료 연구원이 찾아와 함께 식사하자고 말하지 않았더라면 점심 시간도 놓칠 뻔했다.

식당은 본관 건물 바로 옆에 아담하게 자리 잡고 있었다. 연구원의 모든 사람들이 이곳에서 식사하게 돼 있었다. 이휘소가 들어갔을 때는 이미 사람들로 가득 차 음식을 앞에 놓고 쾌활하게 담소하는 모습이 보였다. 어떤 테이블에서는 한창 진지한 토론을 벌이고 있기도 했다. 전반적으로 자유롭고 활동적인 분위기였다.

음식 수준은 연구원의 권위에 걸맞게 꽤 좋은 편이었다. 식사 중에 몇 사람이 다가와 인사를 청했다. 그중에는 학회에서 보았던 낯익은 얼굴도 있고 모르는 얼굴도 있었다. 인사를 나눈 사람들은 대개 그의 박사 논문이나 그전의 논문들을 화제에 올렸다. 이휘소는 자기 이름이 꽤 많이 알려져 있다는 것에 내심 조금 놀랐다.

점심 식사 후에는 산책 겸 연구원 곳곳을 둘러보았다. 가장 자주 이용하게 될 도서관은 본관 건물 중앙 홀에 있었다. 꽤 넓은 공간인데도 수만 권의 책들이 개가식으로 천장 높이까지 빽빽이 들어차 있어 조금 좁다는 느낌이었다. 아인슈타인의 방이었다는 연구실도 일부러 찾아가 보았다. 방 자체는 시설이나 크기가 여느 연구실과 별로 다르지 않았다. 이곳에 오는 사람들은 학문 수준의 우열과 상관없이 모두 동등한 연구 자격을 갖고 있기 때문일 것이었다.

자기 연구실로 돌아온 이휘소는 다시 연구 노트에 집중했다. 잠시 화장실에 가는 것 빼고는 한 번도 책상에서 일어나지 않았다. 퇴근은 정시에 했다. 첫날부터 너무 무리하지 말자는 생각에서였다. 그래서 숙소로 돌아와서도 가벼운 독서만 하다가 일찍 잠자리에 들었다.

연구원 생활은 바쁘면서도 단조로웠다. 연구원들은 각자 자기 연구에 몰두할 뿐 워크숍 등 큰 행사나 공식적인 행사는 많이 벌이지 않았다. 그러나 늘 연구원 안에서 함께 생활하기 때문에 점심 식사나 티타임 등의 자리에서 비공식적으로 토론하거나 공동 연구를 할 수 있는 기회는 아주 많았다.

상주 연구원들보다는 한시적으로 연구원을 방문하는 사람들이 자주 세미나나 강연을 갖곤 했다. 보통 폴드 회관 1층의 40~50명 정도 들어가는 허름한 강의실에서 매일 한두 번 정도 그런 세미나가 열렸다. 또한 연구원과 프린스턴 대학을 오가는 셔틀버스가 있어 프린스턴 대학 교수들과 연구원 회원들이 서로 세미나와 다과 시간에 참석하고 도서관을 이용하기도 하면서 밀접한 교류를 유지했다.

해가 바뀌어 1962년이 되었다. 어느덧 프린스턴에 온 지도 4개월이 되었다. 연구원 풍토에 완전히 적응하면서 학자로서의 생활도 크게 달라졌다. 이휘소는 2주에 한 번 정도 데이트하는 것 빼고는 거의 모든 시간을 연구에 바쳤다. 연구원들은 기본적으로 일주일에 5일, 금요일까지만 출근하도록 돼 있었다. 그러나 이휘소는 토요일과 일요일에도 연구원에 나왔다. 평일에도 그의 방은 가장 늦게까지 불이 켜져 있었다. 연구원에 온 이후 이미 두 편의 중요한 논문을 발표해 이름이 더 크게 알려졌지만, 스스로의 기대에는 아직 미치지 못한 터였다.

전문 분야인 소립자 이론 물리학은 깊이 파고들면 파고들수록 숱한 미로와 마주쳐야 하는 어려운 학문이었다. 물론 어려운 만큼 재미와 의욕을 불러일으켰다. 모든 학문이 마찬가지겠지만 물리학을 연구한다는 건 일종의 탐험과도 같았다. 아직 아무도 발을 들여놓지 못한 영역을 개척해 가며 스스로 길을 만들고, 그 길의 지도를 만들어 세상에 알리는 일, 그 것이 학계 선두에 서 있는 사람의 외로움인 동시에 희열이었다.

차츰 이휘소 주위로 사람들이 모여들기 시작했다. 문제의 핵심을 짚어 내고 그것을 명쾌하게 분석하는 데 누구보다 탁월하다는 것이 인정되었기 때문이었다.

점심 시간이나 오후의 티타임엔 언제나 대여섯 명의 연구원들이 그의 주변에 모였다. 이휘소의 최근 논문에 대해 묻거나 자기 연구 주제에 조언을 듣기 위해서였다. 이휘소는 그때마다 문제의 맥을 정확히 파악하여 '역시!' 하는 감탄을 불러일으켰다. 특히 복잡한 수학 계산에서 비상한 능력을 보여 주었다. 남들이 며칠씩 끙끙대는 문제를 그는 식탁에 앉아 몇 분간 종이에 끼적거리는 것만으로 답을 계산해 냈다. 저마다 내로라 하는 학자들이었지만 이휘소의 빠르고 정확한 계산 능력과 날카로운 직관력에는 혀를 내둘렀다.

연구원들 사이에서 이휘소는 '팬티가 썩은 사람'으로 통했다. 저녁 식사나 술자리 같은 사적 모임에 일절 참석하지 않고 밤낮없이 연구실에만 붙어 있어 생긴 별명이었다. 정말 팬티도 갈아입을 시간이 없을 만큼 이 무렵의 이휘소는 오로지 연구에만 몰두했다.

오펜하이머도 이휘소를 총애했다. 나이 차이가 많음에도 오펜하이머는 이휘소와 물리학 이야기로 대화 나누는 것을 좋아했다. 늘 한발 앞서 가며 새로운 방법론을 제안하는 그와의 대화는 오펜하이머에게도 지적

수소 원자에 대한 참고 문헌을 이휘소에게 알려 주는 오펜하이머의 메모

인 긴장과 활력을 불어넣었다. 따로 약속하지 않아도 매주 수요일에는 함께 점심 식사를 하자고 말할 정도였으니, 오펜하이머가 그와의 대화를 얼마나 귀하게 여겼는지 짐작할 수 있다.

양전닝도 잘 돌보아 주었다. 이휘소는 양전닝에게서 클라인과 비슷한 느낌을 받았다. 형처럼 아버지처럼 모든 면에 세심한 관심을 기울여 주는 것도 비슷했고, 나이를 따지지 않고 친구처럼 격의 없이 대해 주는 것도 똑같았다. 그가 사귀는 심만청이 중국계라는 점도 양전닝에게 친근감을 주는 것 같았다. 그러나 같은 동양인이기에 이휘소는 아무래도 어른에 대한 어려움이 있었다.

고등 연구원에 간 후 이휘소는 양-밀스 게이지 벌판 이론에 매료되어 열심히 공부했다. 특히 양자화에 관심이 컸는데 공부할수록 어렵기만 했다. 바로 위층에 양전닝의 연구실이 있는데도 감히 용기를 내어 질문하기가 두려웠다. 당시 양전닝은 노벨상을 수상한 후 명성이 자자했으며, 이휘소는 햇내기 박사여서 함부로 토론을 신청하기 어려웠다. 그러나 시간이 지나면서 어려움도 해소되고 특히 스토니 브룩으로 옮긴 후에는 양전닝의 영감이 이휘소의 물리학 연구에 지대한 영향을 미쳤다.

2월 초에는 뉴욕의 컬럼비아 대학 물리과 주임인 라비가 이휘소에게 직접 전화를 걸어왔다. 그를 컬럼비아 대학의 조교수로 채용하고 싶다는 것이었다. 라비는 1944년 「공명법에 의한 원자핵 자기 모멘트 측정」으로 노벨상을 수상한 저명한 물리학자로서 이휘소와도 전부터 안면이 있는 사이였다. 뿐만 아니라 컬럼비아 대학은 세계의 유명한 학자들이 많이 모여 있는 물리학 연구의 중심지 가운데 하나였다.

이휘소는 바로 대답하지 못하고 망설였다. 호의적인 제안이기는 했으나 고등 연구원에 온 지 얼마 되지 않은 데다 펜실베이니아 대학에 조교수직을 갖고 있기 때문이었다. 클라인은 이런 상황을 예측하고 벌써 자기 학교에 발령해 둔 것이다. 그러니 아무리 관심 있는 제안이라도 당장 대답할 사안이 아니었다. 이휘소는 프랑스에 교환 교수로 가 있는 클라인에게 편지를 보내 이 문제를 상의했다.

클라인은 차라리 펜실베이니아 대학으로 돌아오라는 답장을 보내왔다. 다음 학기에 맞춰 돌아오면 프린스턴에 있었던 기간을 재직 기간으로 인정하여 부교수로 승진할 수 있도록 하겠다는 것이었다.

대학에서 부교수 승진은 조교수가 된 이후 최소 3년은 걸리는 게 관례였다. 프린스턴 경력을 인정해 주면 조교수 취임 2년 만에 승진하는 셈이었다. 게다가 프린스턴으로 온 이후에는 한 학기에 몇 차례만 특강 형식으로 펜실베이니아 대학에서 강의했을 뿐 실질적인 근무는 거의 하지 못했는데도 승진시켜 준다는 건 파격적인 일이었다. 다른 대학에서 이휘소에게 계속 교수직 제안이 들어오자 그를 확실히 잡아 놓기 위해서인 듯했다.

펜실베이니아로 돌아가는 건 연구원의 상황을 봐서 결정할 일이지만 이휘소는 일단 컬럼비아 대학 건은 마음에서 접었다. 가기 힘들 것 같다는 그의 전화를 받은 라비는 무척 아쉬워했다.

8.   연애와 결혼

공부하기 바빠서 여자 사귈 틈이 없다는 것은 공연한 말이다. 이휘소도 다른 학생처럼 데이트를 했고, 또 어머니의 독촉으로 결혼을 심각하게 생각해야 했다. 그러나 미국 생활에 익숙해지면서 현실적으로 적당한 상대를 만나기가 어려웠다. 가끔 미국 친구 집에서 열리는 파티에 초대받으면 여자친구와 동행하는 것이 관례인데, 친구들과 모인 자리에서 모두 교수급인 외국인들과 어울릴 수 있을 만큼 사교적이고 지성적인 파트너를 구하기가 힘들었다. 당시에는 한국 유학생들이 많지 않았고 여학생은 더욱 드물었다. 또한 이러한 사람들도 유학생이므로 자기 진로에 따라 다른 지방으로 가 버리는 일이 흔했다.

어머니에게 편지로 소개할 정도의 여성이라면 이휘소도 상당히 관심이 있었던 사람일 것이다. 그는 피츠버그에 있을 때 사회 사업학을 전공하는 한 여학생을 말씀드렸고, 필라델피아에 온 후에는 태국 태생의 안과 의사와 친하게 지냈는데 다른 곳으로 직장을 옮기면서 끝났다.

프린스턴에선 여자 상대를 구하기 힘들어 이휘소는 필라델피아를 떠날 때 사귀었던 심만청과 가까워졌다. 심만청은 말레이시아 출신의 중국인이고 이휘소와 동갑의 나이였다. 그는 당시 머크(Merck) 사 연구소의 세균학자로 근무하면서 여자 의과 대학 입학 준비를 하고 있었다. 그녀는 이휘소를 존경하며 동양 여자답게 대했다. 특히 이휘소의 가정 환경을 이해하고 생활 방식 등에서 한국 사람이나 별다름이 없었다. 두 사람은 많이 떨어져 있었지만 프린스턴은 필라델피아에서 기차로 한 시간 정도의 거리였으므로 주말마다 만났다.

이휘소는 한 달에 한두 번 정도 주말에 필라델피아로 가서 심만청을 만났다. 심만청은 순종과 헌신의 미덕을 아는 전형적인 동양 여성이었다. 게다가 미국에서 오래 생활한 유학생답게 타인을 불편하게 하지 않는 반듯한 예의와 합리적인 가치관도 갖고 있었다. 심만청은 보통 때는 다소곳이 말수가 적었지만 이휘소를 만나면 활달해졌다. 함께 본 영화나 문학 작품에 대한 이야기를 나눌 때면 두 사람은 서로 비슷한 정서를 갖고 있다는 것을 느낄 수 있었다. 중국 음식을 사주며 많이 먹으라고 권하는가 하면 살짝 애교를 부리기도 하는 그녀에게서 이휘소는 문득문득 어머니를 떠올렸다. 어딘지 어머니와 비슷한 느낌을 주는 여자였다.

먼 거리를 일부러 찾아가 만날 정도로 심만청과는 매우 친밀한 사이가 되었다. 처음에는 우정이었으나 어느 땐가부터 두 사람은 애인 사이로 발전했다. 이휘소는 내심 심만청과의 결혼을 생각하고 있었다. 심만청도 원하는 것 같았다. 다만 어머니가 놀랄 것이 조금 걱정스러웠다. 그래서 이휘소는 아직 마음을 결정하지 않았지만 어머니에게 보내는 편지에 심만청 이야기를 자주 적고 함께 찍은 사진도 보내면서 어머니의 반응을 살펴보곤 했다.

그러다가 마침내 11월 초에 이르러서는 결혼을 암시하는 다음과 같은 내용의 편지를 보내게 된다.

참, 이곳에 '걸프렌드'가 있냐고 하셨지요? 연구원에 총각은 아주 드물고, 현재 물리 분야에는 여자가 없습니다. 또 프린스턴 대학은 남자 대학이라 여자가 없습니다. 연구원의 수학과와 역사과에는 여성 학자가 있습니다만, 노처녀들이라 흥미가 없습니다.

전번에 말씀드린 중국 여학생과 주말에는 만납니다. 이번 주말(오늘)에는 프린스턴에 놀러 왔습니다. 프린스턴은 필라델피아와 뉴욕의 중간 지점으로 기차 여행을 합니다. 퍽 마음씨 좋고, 나를 잘 이해합니다. 대학을 졸업하고 현재는 머크사 연구실에서 세균 검사를 하고 있는데, 내년 여의대 본과 입학 준비를 하고 있습니다. 마음씨가 동양적이고 저에게는 퍽 존경하고 헌신적으로 대합니다. 어머님을 모셔오자고 그 애가 말을 냈습니다. 저의 가정환경도 이해하고 있고, 생활 방식 등은 한국 사람과 별차이가 없습니다. 여름 동안 찍은 사진을 동봉합니다.

만청이랑 오늘 찍은 사진은 다음에 보내 드리지요.

이휘소는 12월 초에 메릴랜드 대학의 초청을 받아 며칠간 강연을 하고 돌아왔다. 프린스턴으로 돌아오니 어머니의 편지가 도착해 있었다.

어머니의 답장을 받은 이휘소는 우울했다. 어머니는 그가 사전에 한 마디 언급도 없이 심만청과 결혼을 준비하고 있는 것을 은근히 책망했다. 상대가 한국 여성이 아니라는 점도 많이 아쉬워하는 듯했다. 노골적인 꾸지람은 없었다. 오히려 "네가 잘 알아서 하리라 믿는다. 우리 아들이 선택한 여자라면 분명 좋은 여자겠지."라고 이해의 말을 붙이기는 했으나 편지 곳곳에는 어쩔 수 없는 어머니의 서운함이 짙게 깔려 있었다.

이휘소는 어머니의 서운한 표정이 눈에 보이는 듯하여 몸둘 바를 몰랐다. 어머니의 마음은 충분히 이해되었다. 한국 정서로 보아, 아들이 외국 여성과 결혼한다는 게 왠지 꺼림칙할 게 분명했다. 게다가 자기 혼자 이미 다 결정한 듯한 편지를 받게 되니 당연히 마음이 상하셨을 것 같았다.

하지만 이휘소의 생각은 굳어 있었다. 어머니를 설득하면서 용서를 비는 수밖에 없다는 생각이 들었다. 이휘소는 즉시 편지를 썼다. 심만청의 생활 방식이나 정서가 한국 사람과 비슷하고, 자기를 무척 위해 주고 있으니 크게 걱정하지 않아도 좋다는 내용이었다. 그리고 편지 말미에는 심려를 끼쳐 드려 죄송하다는 말과 함께 결코 어머니의 기대를 저버리지 않는 아들이 되겠다는 말을 덧붙였다.

다음 주에 다시 어머니의 편지를 받았다. 너를 위해 주는 여자면 됐다. 주 내용은 그것이었다. 저번 편지보다는 자상했지만 걱정과 서운함이 여전하다는 것을 느낄 수 있었다. 안타까웠지만 어쩔 수 없었다. 나중에 직접 심만청을 보면 좋아하시게 될 거라고 스스로 위안하는 수밖에 없었다.

1962년 3월에 이휘소는 심만청과 약혼을 했다. 약혼 예물로는 작은 다이아몬드 반지를 준비했다. 그동안 물심양면으로 자기를 도와준 것에 보답하기 위해 제법 큰 돈을 들여 마련한 예물이었는데, 심만청은 뜻밖의 큰 선물을 받고 좋아했다. 약혼한 사이가 되자 심만청은 이휘소의 아파트에 드나들며 음식을 만들고 내의도 빨아 주는 등 아내로서의 역할을 하기 시작했다.

이휘소는 영주권이 나오는 대로 심만청과 결혼할 생각이었다. 심만청은 교환 비자(J-1비자)로 미국에 왔기 때문에 체류 기간이 2년으로 한정돼 있었다. 이휘소에게 영주권이 나오면 배우자도 자동으로 거주 허가가 나오기 때문에 그때로 잡아 놓았다. 이휘소가 중국계 여성과 결혼한다는 소식은 필라델피아 지역에 있는 한국 여학생들의 원망과 부러움을 샀다.

심만청은 의대에 입학 허가를 받았다. 이휘소의 어머니는 심만청이 의대에 다니는 것을 반대하는 입장이었다. 자신도 의사인 까닭에 의대 공부가 얼마나 어렵고 시간을 많이 뺏기는지 알기 때문이었다. 어머니로서는 당신이 함께 살지도 못하는 터에 며느리나마 아들의 성공을 위해 내조를 잘해 주기를 바라는 마음인데 며느리마저 의학 공부를 한다면 아무래도 소홀해질 것이라 염려되었던 것이다.

자기 자식 잘되기만 바라는 어머니의 마음을 이휘소는 충분히 이해했다. 그러나 심만청이 의대에 들어가기 위해 얼마나 애썼는지 아는 이휘소로서는 심만청의 학업을 막을 수가 없었다. 또한 내조 잘하고 자식들 잘 보살피는 어머니를 지극히 존경하면서도 자기 아내에게까지 무조건 그런 자세를 요구하는 건 가부장적인 태도라는 게 그의 생각이었다.

다만 의대를 졸업한 후 개업하는 문제는 이휘소가 자주 해외 출장을 다니는 데다 심만청도 꼭 직업 의사가 될 생각까지는 갖고 있지 않기에 서로 의논한 결과 개업은 하지 않기로 정했다.

이때 어머니에게 보낸 편지에는 이러한 내용이 담겨 있었다.

> 결혼은 영주권이 나온 후 여름 방학에 할 예정입니다만, 이민국에서 소식이 없어 걱정입니다. 돈도 절약할 겸 결혼은 간단히 약식으로 할 생각입니다. 만청이가 결혼하고 여러 가지 살림살이를 장만하려면 돈이 많이 드니 내년 1년 더 일하고, 경제적으로 여유가 좀 생기면 그때 의대에 가겠다고 해 고맙게 생각하고 있습니다. 어머니께서 선물을 보내시겠다는 데는 감사합니다만, 만청이가 넉넉지 않으신데 무리하신다고 마음만으로도 충분하다고 합니다.
>
> 이곳 연구원은 이번 주말로 정식 휴가가 됩니다만, 연구원들은 대개가 6~7월까지 그냥 머물러 연구를 계속합니다. 그동안 많이 배우고, 또 자기 능력을 판단하는 데 참으로 좋은 기회가 되었습니다. 내년부터는 학생을 상대로 가르치는 입장이 되는 것을 즐겁게 기다리고, 또 한편 자신의 연구에 시간이 줄어드는 것이 유감입니다.
>
> 영주권이 빨리 나오면, 금년 여름에 노르웨이에서 열리는 국제 물리학회에 참가할까 합니다. 여비는 미국 정부에서 지출할 가능성이 있고, 그곳에서의 체재 비용은 회의 주최 측에서 지불하겠다고 합니다. 그 외에는 여름에 콜로라도의 산중에 피서 겸 가서 연구할 예정입니다. 펜실베이니아 대학의 동료가 교섭해 산중 피서지를 빌려 물리학자촌을 운영할 예정이라 그곳에 청을 받았습니다. 신혼 여행 겸해서 좋을 것 같습니다.

이휘소와 심만청의 결혼식(1962년) 제공 | 이철웅

이해 5월 7일에 이휘소는 워싱턴에서 심만청과 결혼했다. 이휘소의 나이 27세였다. 아직 영주권은 안 나왔지만 이민국에서 절차가 진행 중이라 올해 안에는 확실히 나올 것으로 예상했기 때문이다.

영주권 말고도 살림집 장만 등 결혼에 들어가는 비용 문제도 결혼식을 늦게 잡은 이유 중 하나였는데, 그런 이유로 두 사람의 돈을 합쳐 최대한 저렴하게 치렀다. 이렇게 결혼을 서둔 건 두 사람 다 오랜 타국 생활에 많이 지치고 외로웠기 때문이었다. 두 사람은 결혼식 전에 필라델피아에 작은 아파트 하나를 월세로 얻어 신접살림을 위한 집을 마련했다.

여러 해 동안 자취와 하숙으로 지내오던 이휘소는 결혼을 통해 처음으로 안정된 생활을 갖게 되었다. 전에는 늘 연구실에서 밤 늦게까지 일하거나 아예 밤을 새우는 경우도 많았지만 이제는 특별한 일이 없는 한 퇴근 시간에 바로 일어났다.

퇴근해 돌아올 때면 불이 켜진 집 안을 멀리서 올려다보는 것만으로도 입가에 미소가 어렸다. 사랑하는 아내가 저기에 있구나 하고 생각하면 문득 가슴이 뭉클해지곤 했다. 그럴 때면 동시에 어머니도 떠올랐다. 어쩔 수 없는 사정 때문이었지만 어머니도 모시지 못하고 결혼식을 치른 게 늘 마음에 걸렸다.

그동안 조금 야위었던 몸도 두어 달 사이에 금방 살이 올랐다. 결혼 전에는 빵과 우유 한 잔으로 저녁 식사를 때우기 일쑤였었다. 연구에 몰두할 때면 생각에 맥이 끊길까 봐 일부러 식사를 거르기도 했었다. 그러나 이제는 아내가 꼬박꼬박 식사를 챙겨 주었다. 데이트할 때에는 주로 중국 식당을 이용했는데 결혼하고 나자 심만청은 김치찌개, 불고기, 닭찜 등 한국 요리를 열심히 배웠다. 이렇게 제때에 식사하고 마음도 편안해지자 이휘소는 금세 몸이 불었다.

연구원에서 정시 퇴근하던 것은 결혼한 지 한 달도 안 되어 다시 예전으로 돌아갔다. 자신의 연구만이 아니라 이휘소가 관여할 일들이 너무 많았기 때문이었다. 그가 늘 시간에 쫓긴다는 것은 심만청도 잘 알고 있었으므로 그 점 때문에 섭섭해하는 일은 없었다.

6월 초에 이휘소는 다음 달 이탈리아의 트리에스테(Trieste)에서 개최하는 국제 고에너지 물리학 회의에 참석할 미국 대표단에 선정되었다. 이는 대단한 영광에 속하는 일이었다. 미국을 대표하는 만큼 이 원자력 위원회에는 당시 미국에서 연구 활동이 활발한 최고 수준의 물리학자들이 선정돼 있었다. 노벨상급의 학자들 명단에 이휘소가 포함돼 있었던 것이다. 특히 이휘소의 경우, 아직 국적상으로는 미국인이 아니었다. 그런데 공식적인 미국 대표단에 미국인이 아닌 사람을 선발한 것이다. 이 또한 미국 물리학계에서 이휘소가 차지하는 비중을 말해주는 것이라 할 수 있겠다.

회의는 두 달 후인 7월 15일부터 약 6주간 열렸다. 그런데 7월은 아내 심만청의 휴가 기간이었다. 일이 너무 바빠 결혼식을 하고도 신혼 여행을 가지 못했던 이휘소는 아내의 휴가 기간에 콜로라도로 피서 겸 신혼 여행을 떠날 계획이었기에 그게 좀 문제였다. 이탈리아 회의에 아내를 동반하는 것도 생각해 보았지만 심만청은 임시 여권을 갖고 있어 영주권 문제가 해결될 때까지 미국 이외에는 여행을 할 수가 없었다. 이야기를 들은 심만청은 단호하게 말했다.

"우리 여행은 아무 때나 가도 되잖아요. 이런 영예를 거절할 순 없어요. 저는 조금도 걱정하지 마시고 혼자 회의에 다녀오세요."

그러나 문제가 또 있었다. 한국 정부가 여권을 내줄지 하는 것이었다. 정치 상황이 안정되지 않았기 때문이기도 하지만 유학생 신분에 대해 어떤 법적인 지침도 없는 정부의 태도가 답답하기만 했다. 미국인도 아닌데, 미국 대표단으로 선발한 미국처럼 한국 정부도 학자의 입장을 고려해 주었으면 하는 마음이었으나 어떻게 될지는 알 수 없는 노릇이었다.

한 가지 다행스러운 일은 그가 미국 원자력 위원회 위원에 선발되었다는 소식이 한국 신문에 보도되었다는 점이었다. 이휘소에 대한 기사가 신문에 난 것은 이때가 처음이었다.

이 일은 이휘소보다 어머니에게 더 기쁜 일이었다. 그동안 이휘소의 신변 문제로 여러 번 외무부를 드나들며 애썼는데 그의 업적이 자연스레 알려졌기 때문이다. 그게 아니어도 아들에 관한 기사가 국내 신문에 실렸다는 것만으로도 어머니로서는 당연히 감격스러웠다.

그래서 어머니는 이때 신문에 난 기사들을 오려내 이휘소에게 부쳐 주기도 했다. 아래의 기사는 그중 하나이다.

> 국제 물리학회에 미국 대표로 추천 — 약관의 이 박사
>
> 미국에서 원자핵 물리학 박사를 받은 한국인이 동양인으로는 처음으로 국제 물리학회에 미국 대표단의 일원으로 추천을 받았다. 1955년 서울 공대 재학 중 도미한 이휘소(27세, 동대문구 보문동1가 3, 박순희 여사의 장남) 군은 60년 12월 펜실베이니아 대학원에서 「K 이론 중간자와 핵자 현상의 이중 분산 표시식에 의한 분석」이라는 논문으로 원자 물리학 박사를 받은 후, 프린스턴 고등 연구원(고 아인슈타인 박사가 일하던 곳)에 연구원으로 재직 중, 미 원자력 위원회(AEC)로부터 올여름 이탈리아의 트리에스테에서 열리는 '국제 고(高)에너지 물리회의'에 미 대표단(10명)의 일원으로 추천받았다.
>
> 《조선일보》 1962년 6월 4일)

국제 고에너지 물리학 회의는 기본적으로 원자력의 평화적 이용을 위한 협의 기구였지만 회의 주제는 물리학계의 현안에 따라 그때그때 달랐다. 이때의 주제는 핵력의 성격에 대한 이론적 고찰이 주 의제였는데, 이

는 이휘소가 고등 연구원에서 꾸준히 연구해 오던 분야였다.

회의 참석자 중 가장 어린 축에 드는 이휘소는 다른 참석자들과 마찬가지로 주제 강연 하나를 요청받았다. 이휘소는 자신이 이미 발표한 논문 중 하나를 선택해 강의했다.

강의에 대한 반응은 뜨거웠다. 양전닝을 비롯해 대부분의 참석자들이 호평을 아끼지 않았다. 강의 이후의 질의응답과 토론회도 그 어느 때보다 열기가 높았다. 어찌 보면 강의 자체보다 이후의 토론을 통해 이휘소의 인기가 더 높아졌다고 볼 수도 있다.

강의 내용은 이미 발표되었던 논문을 통해 대강 알려져 있지만 참석자들이 이휘소로부터 직접 설명을 들은 건 이때가 처음이었다. 이휘소는 우선 관련 이론들을 간결하게 정리한 다음, 현재 이론적으로 해결된 것과 해결되지 못한 것, 해결될 가능성이 있는 것과 그 이유까지를 하나하나 명료하게 집어냈다. 참석자들은 이휘소의 정밀한 분석력과 확신에 찬 어조를 통해 그의 연구가 얼마만큼 심도 있게 진행되고 있는가를 분명히 느낄 수 있었다.

회의 기간 중에도 이휘소는 프린스턴 고등 연구원에서처럼 많은 사람들에게 둘러싸여 지냈다. 그보다 나이가 많고 명성이 더 높은 사람들까지도 기꺼이 그에게 다가와 대화를 나누고 싶어 했다. 6주간의 학회가 끝났을 때 이휘소의 이름은 이제 소립자 이론 물리학을 연구하기 위해서는 반드시 알고 지나가야 할 이름으로 모두에게 각인되었다.

국제 회의에서 돌아온 후부터 이휘소의 생활도 달라졌다. 그동안 여러 번 국제 물리학회에 참석했지만 이번처럼 전 세계의 유명한 물리학 연구자들을 한꺼번에 많이 만나 본 것은 처음이었다. 다른 사람들이 이휘소에게 놀란 것 이상으로 그 역시 많은 점에서 새삼스레 충격을 받았다.

천재적인 연구자들이 자기 말고도 많다는 점, 개척해야 할 연구 분야 또한 수없이 많다는 점, 그런 것들이었다. 그동안 우물 안 개구리로 지내 온 것은 결코 아니었지만 다양한 이론을 놓고 세계의 석학들과 생생한 토론을 하고 나니 자신의 실력만큼이나 자신의 현재 한계 또한 여실히 느낄 수 있었다. 자신은 생각조차 해 보지 못한 문제를 누군가 지적할 때면 가슴이 서늘하기까지 했다.

그때마다 이휘소는 당장이라도 연구원으로 달려가고 싶었다.

'남이 아는 것은 나도 알아야 한다. 내가 모르는 것은 남도 몰라야 한다.'

이것은 이휘소가 물리학에 어느 정도 자신감이 붙기 시작하던 대학원 시절부터 남모르게 가슴에 지녀 온 좌우명이었다. 그것은 단순히 남에게 뒤떨어지고 싶지 않다는 자존심의 문제가 아니었다. 남이 알아낸 것을 뒤쫓아가는 연구가 아니라 스스로 물리학의 새로운 화두를 제공하는 선두 연구자가 되고 싶다. 이것이 학자로서의 그의 욕망이고 꿈이었다. 그리고 이런 욕망은 아마도 정상급 학자라면 누구나 가지고 있을 욕망일 것이리라.

이휘소는 이번 물리학회 경험을 통해 그것이 얼마나 어려운 목표인가를 새삼 확인할 수 있었다. 더 치열해야만 했고, 더 끈질겨야만 했다. 설사 자신이 뉴턴이나 아인슈타인보다 더 뛰어난 머리를 가졌다 할지라도 그것은 타고난 머리만으로 될 일이 아니었다. 더 치열해야 한다는 건 자신을 더 혹사해야 한다는 뜻이고, 더 끈질겨야 한다는 건 더 버텨야 한다는 뜻이었다. 그것은 휴식을 버리고, 만족을 버리고, 사소한 즐거움을 버리는 것이었다.

이휘소는 결혼 후 필라델피아 쪽으로 집을 옮겼다. 연구와 강의로 늘 바빴지만 결혼 이후 이휘소의 생활은 확실히 전보다는 안정되었다. 첫아이 천(제프리)이 태어나면서 아이 키우는 재미도 그를 기쁘게 했다. 제프리에게 이가 하나 둘 생기고 걸음마를 시작하고 할 때마다 이휘소는 흐뭇해했다.

이휘소의 가족은 같은 유학생 출신인 이원용의 가족과 친밀하게 지냈다. 이원용은 1961년 버클리에서 입자 물리학 실험으로 박사 학위를 취득하고 1962년 컬럼비아 대학의 박사 후 연구원이 되었다. 이휘소가 전화를 걸고 펜실베이니아 대학에서 세미나를 부탁하여 두 사람은 처음 만났다. 이원용은 부인과 함께 필라델피아로 가서 세미나를 가진 후 이휘소의 아파트로 가서 가족들을 만났다. 알고 보니 이휘소의 부인 심만청과 이원용의 부인은 모두 중국계 말레이시아 출신이었다. 당시 아들 제프리가 태어난 지 불과 몇 주일이 안 되어 이휘소 내외는 갓난아이에게 온 정신이 쏠려 있었다. 그 후 양쪽 집안은 가까워졌는데 7년 후 프랑스에서 같은 시기에 연구년을 근접한 곳에서 보내게 되어 아주 가깝게 되었다. 이휘소의 딸 아이린은 이원용의 아들보다 몇 달 생일이 빨랐는데, 이때 제프리와 아이린은 모두 초등학교를 다니고 있었다. 이휘소의 가족은 어느 면으로 보나 모범 가정이었다. 아이들은 똑똑했고, 이휘소 가족들과 어울리는 것은 항상 즐거웠다고 이원용은 회상한다.

이원용은 이휘소에게 가장 가까웠던 한국인이라 할 수 있다. 나이는 이원용이 세 살 위였고, 부인끼리도 동향인 데다, 이휘소는 소립자 물리 이론 분야에서 이원용은 고에너지 실험 분야에서 한국인으로서는 외국에서 가장 두각을 나타내고 있었기 때문이었다. 이 두 사람은 자신의 전문 지식을 상대방과 서로 교환하고 공동 연구도 수행하면서 학문적으로 매우 가까워졌다.

9.   연구 그리고 또 연구

고등 연구원으로 돌아온 이휘소는 다시 '팬티가 썩은 사람'으로 돌아갔다. 이휘소의 펜실베이니아 대학 교수직 근무 공식 기록은 1961년부터 1966년까지 5년간이지만 중간에 고등 연구원에서 1년씩 두 번을 보냈고 방학 때마다 여행을 통해 다른 대학이나 연구소를 방문했으므로 필라델피아와 프린스턴에서의 생활이 구분되지 않고 서로 얽혀있다. 경력이 얼마 정도 쌓인 후에는 필라델피아 부근에서 연구를 수행하는 데 한계를 느낄 정도로 지적 교류를 할 수 있는 동료를 찾기 힘들었다. 이것이 후에 그가 스토니 브룩으로 자리를 옮기는 원인 중의 하나였을 수 있다.

그는 물리학에 관련된 사람이 아니면 어느 누구도 만나려 하지 않았다. 동료 학자들과 어울리는 자리에서도 오직 물리에 관한 이야기만 나누었다. 일부러 다른 이야기를 하지 않는 건 아니었다. 그의 관심이 오직 물리에만 있고 물리 이야기가 가장 재미있다 보니 저절로 그렇게 되었던 것이다. 그래서 물리학자들끼리 모인 저녁 식사 같은 자리에서도 그는 식사만 끝나면 곧바로 일어나 연구실로 돌아가곤 했다.

이 무렵 이휘소는 《피지컬 리뷰》, 《피지컬 리뷰 레터스》 등 저명한 물리학 국제 학술지에 거의 매달 새로운 글을 발표하다시피 했다. 그리고 발표하는 글마다 사람들의 주목을 끌었다. 이 시기 물리학계의 가장 중요한 관심사인 핵력의 상호 작용에 대해 날카롭고도 깊이 있는 방법론들을 지속적으로 제공해 주었기 때문이다. 이러한 그의 왕성한 연구 활동으로 인하여 이휘소는 유명한 이론 물리학자가 되었다. 그러나 일부 소설에서 주장하듯 "1960년대 중반에 이미 노벨상을 주었어야 했다."라든가 "내 밑에 아인슈타인도 있었지만 이휘소가 더 뛰어났다."라고 평할 정도로 학문 업적을 쌓은 것은 아니다. 그의 학문적 공헌은 1970년대에 집중되었는데 이들을 감안하더라도 이러한 표현들은 상당히 과장된 것이다.

물리 말고 그가 유일하게 애정을 주는 것이 있다면 바로 가족이었다. 한국의 어머니와 동생들, 그리고 아내였다. 어머니에게는 여전히 수시로 안부 편지를 보냈고, 바다 건너 머나먼 타국에 있으면서도 동생들의 학업과 진로 문제를 늘 물어보며 그때그때 구체적인 조언을 해 주었다. 그리고 아내 만청에게는 한 달에 두 번 정도는 어떻게든 시간을 내어 외식도 하고 가까운 바닷가로 놀러 가기도 했다.

이휘소가 아내에게 얼마나 자상했는지는 외부에서 물리학회가 있을 때마다 거의 매번 부부 동반으로 가곤 했던 것으로 미루어 충분히 짐작할 수 있다.

일주일 이내의 기간이면 혼자 다녀왔지만 한 달 이상 걸리는 학회나 해외 강연 같은 자리에는 늘 아내와 함께 움직였다. 그런 기회를 통해서나마 아내에게 여행을 시켜 주고 싶어서였다. 그리고 출장을 가면 아무래도 연구원에 있을 때보다는 여가 시간이 남게 마련이어서 둘만의 오붓한 시간을 즐길 수 있었다.

그러나 이렇게 사랑하는 가족에게조차 소홀할 때가 없지 않았다. 새로운 연구에 착수했거나 연구에 진척이 없어 초조할 때면 그런 가족도 눈에 들어오지 않았다. 가족에 대한 소홀함은 언제라도 다시 만회할 수 있지만 연구는 나중으로 미룰 수 없기 때문이었다.

복잡하게 얽혀 있는 이론 문제는 한번 맥을 놓치면 회복하기 쉽지 않다. 한 가지 예로 중학생이 초보적인 1차 방정식을 풀더라도 중간에 밥이라도 먹게 된다면 처음부터 다시 시작해야 한다. 아까 계산하던 숫자가 종이에 남아 있어도 그 부분부터 다시 시작하면 오히려 헷갈릴 수 있다. 그전까지 풀었다는 건 단지 행위에 대한 기억일 뿐, 문제를 풀던 당시의 집중력이나 반짝이던 영감은 이미 사라져 있기 십상이다.

그러니 일주일, 한 달씩 걸리는 고등 수학 계산이나 수수께끼로 가득한 이론 작업의 경우엔 말할 것도 없다. 팽팽하게 긴장해 있는 신경에 다른 생각이 끼어들면 금방 맥을 놓친다. 맥을 놓치면 그 지점까지 다시 이르기 위해, 개념과 영감을 회복하기 위해 몇 날 며칠을 다시 고생해야만 한다.

간단히 말해, 그것은 미로 찾기와 같다. 지나온 길을 생생하게 기억하고 있어야 다음에 가야 할 길을 결정할 수 있다. 자신이 어디쯤에 와 있는

가를 잊어버리는 순간, 그때부터는 되돌아갈 수도, 앞으로 나아갈 수도 없는 난감한 상황에 처하게 된다.

풀리지 않는 문제가 있을 때에는 사실 일부러 생각을 한쪽으로 몰지 않아도 저절로 한 가지 생각에만 빠져 있게 되는 법이다. 한창 바둑을 두다가 밥상에 앉으면 상에 놓인 그릇들이 모두 행마로 보이는 것과 같은 이치다. 밥 안 먹고 뭐 하냐고 누가 옆에서 툭 치기라도 하면 그제야 비로소 반찬 그릇에서 수읽기를 하고 있던 자신을 문득 발견하는 것이다.

이 시절의 이휘소가 그랬다. 그는 종종 주변에 아무도 없는 듯 자기만의 깊은 생각에 빠져 있곤 했다. 그럴 때 그의 표정은 준엄하면서 한편으론 실낱처럼 위태로워 보였다. 그리고 몸 전체에 자기 안의 무엇과 힘겹게 줄다리기를 벌이고 있는 듯한 극도의 고통이 서려 있어 누구도 함부로 말을 걸 수 없었다.

조금 나중의 일이지만, 2년 후 1965년에 어머니가 처음으로 미국에 왔을 때도 그의 이런 모습은 변하지 않았다. 그때 첫아이인 천과 둘째 아이 안(아이린)은 한창 재롱을 부리는 시기였다.

얼마나 그리워했던 어머니였던가. 또한 존경하고 사랑했던 마음만큼이나 죄송스러운 마음을 금할 수 없는 어머니였다. 그런 어머니가 10년 만에 그를 찾아왔다. 약관 스무 살의 나이에 고국을 떠나 이제 어엿한 교수요 박사에다 손자까지 안겨 드리게 되었지만, 그가 자랑스러운 기분에 앞서 그사이 훌쩍 늙어 버린 어머니를 보며 가슴이 먼저 아팠을 것은 쉽게 짐작할 만하다.

어머니는 여생을 큰아들과 보내기 위해 국내 살림을 정리하고 도미했다. 어머니에게도 이휘소가 처음 도미했을 때처럼 미국은 신기한 나라였다. 필라델피아에서 이휘소는 조용한 주택가에 살았는데, 어머니는 미국 여성에 대해 자신이 잘못 알고 있었다는 것을 느꼈다. 일반적으로 미국 여성은 버릇없고 개방적이며 문란한 편이라고 믿었는데, 실제로 미국에 와서 보니 친절하고 예의 바르고 단정하고 다소곳했던 것이다.

그런데 이런 극적인 상봉을 하고서도 이휘소는 첫날부터 어머니를 살뜰히 대해 드리지 못했다. 도착 다음날 아침에도 평시처럼 연구실에 출근했던 것이다. 보통 사람이라면 하루 정도 짬을 내어 어머니를 모시고 다니면서 시내 구경도 시켜 드릴 만한데 좁은 아파트에 언어도 안 통하는 며느리와 함께 있도록 한 것이다. 어머니가 미국에 머무는 동안 어머니를 모시고 나들이를 한 것도 몇 번뿐이었다. 그 밖에는 집에서 함께 식사하는 경우조차 많지 않았다. 평일은 물론 휴일에도 연구원에 나가 밤이 늦어서야 돌아오기 때문이었다.

집에서 어머니와 함께 있는 시간에도 이휘소는 항상 무언가 골똘한 생각에 잠겨 있었다. 어머니가 말을 걸어도 못 들을 때가 많았다. 큰아들 집에 머무는 동안 어머니가 가장 많이 본 그의 모습은 우두커니 벽을 바라보거나 이마에 손을 댄 채 찡그리고 있는 모습이었다. 이휘소는 그렇게 혼자만의 세계에 빠져 있다가 갑자기 벌떡 일어나 노트에 무언가를 급히 써내려 가곤 하는 것이었다. 유레카! 그것은 부력의 원리를 깨달은 아르키메데스가 목욕탕에서 벌거벗은 채 뛰어나오는 모습과 흡사했다.

심만청은 남편의 이런 모습에 익숙했지만 어머니는 당연히 생소했다. 중고등학교 시절, 밥 먹는 것도 잊은 채 공부에 몰두하는 건 많이 봐 왔지만 그렇듯 정신 놓고 있는 모습은 어머니에게도 낯설었다.

아들의 그런 모습이 학문 연구 때문이라는 것을 어머니도 어렴풋이 알 수 있었다. 그렇다 해도 어머니로서는 서운할 수밖에 없었다. 궁금한 것도 많고 해 주고 싶은 말도 많았으며, 마주 앉아 도란도란 긴 이야기를 나누고 싶은 게 어머니의 마음이었다. 그런데 어머니조차 말을 붙이기 어려울 만큼 그의 표정은 늘 무겁기만 했다. 편지에 적혀 있던 그 숱한 그리움의 표현들은 아들이 아닌 다른 누군가가 써 보낸 것만 같은 기분이었다.

결국 1년 반이 지난 후, 어머니는 미국 생활에 적응하지 못하고 한국에 돌아와 다시 자애 의원을 운영하게 된다. 그때 어머니는 동생들에게 이휘소의 모습을 이렇게 표현했다.

"넋이 나간 애 같더라. 무슨 생각을 그리 하는지, 공부 때문인 건 알겠는데 꼭 딴 세상에서 혼자 살고 있는 아이 같았어."

그와 비슷한 이야기는 이 무렵 이휘소를 만났던 지인들 대부분에게서 들을 수 있다. 1960년대에 개인적으로 알고 지낸 한국인 물리학자는 얼마 되지 않는다. 그중에는 컬럼비아 대학 교수인 이원용, 고등 연구원에 같이 있었던 진영선, 존스홉킨스 대학 교수인 김정욱, 브라운 대학 교수인 강경식, 스토니 브룩에서 박사 학위 논문을 지도한 강주상 등이 있다.

이휘소와 이원용은 특히 가까운 사이였다. 이원용은 서울대 수학과 재학 중 6·25전쟁이 발발하자 통역 장교로 복무하다 도미 유학하여 캘리포니아 공대에서 학부를 졸업하고 버클리에서 박사 학위를 취득한 후 컬럼비아 대학 교수로서, 학문적으로나 인간적으로 이휘소와 가장 가까웠던 사람 중 하나이다. 입자 물리학 실험이 전공인 이원용은 입자 물리학 이론의 이휘소와 1960~1970년대에 한국 고에너지 물리학자 중에서 쌍벽을 이루었으며 특히 두 사람의 부인들이 함께 중국계 말레이시아인이기에 두 가족은 친하게 지냈다. 두 사람은 만나기 전부터 서로의 명성을 들어 오던 중 이휘소가 먼저 "저도 한국인입니다."라는 메모와 함께 자기 박사 학위 논문 사본을 보내면서 가까워졌다.

김정욱은 서울대를 졸업하고 인디애나 대학에서 박사 학위를 취득한 후 1963~1966년 기간 펜실베이니아 대학에서 박사 후 연구원으로 있는 동안 이휘소와 가깝게 되었다. 그는 그 후 존스홉킨스 대학의 교수를 역임하고 한국 고등 과학원장을 지낸 바 있다.

강경식은 서울대를 졸업하고 인디애나 대학에서 박사 학위를 취득한 후 브라운 대학 교수를 역임했다. 재미과협 회장을 역임하는 등 국내 물리학계 발전에 큰 기여를 했으며 2006년 타계했다.

그 외에는 중고등학교 동창이나 같은 유학생 출신 친구 등 예전부터 친하던 사람조차 거의 만나지 않고 지냈다. 피할 수 없는 자리에서 우연히 만난다 해도 형식적인 인사 몇 마디만 건넬 뿐 친밀한 태도를 보이지 않았다.

작정하고 거리를 두었다고 할 수 있다. 친밀하게 대하다 보면 기분도 맞춰 줘야 되고 상황에 따라 자기 시간을 많이 뺏길 수도 있다. 관계 유지를 위해 관심도 없는 이야기를 들어 주면서 금 같은 시간을 낭비하는 게 그로서는 너무 아까웠다. 사람이 변했다는 소리를 듣더라도 아예 처음부터 거리를 두는 게 낫다고 생각했던 것이다. 그리고 실제로 몇몇 옛 친구들은 그에 대해 좋지 않은 인상을 갖고 돌아서곤 했다.

이런 일이 있었다. 어느 날 한국에서 한 친구가 김정욱을 찾아왔다. 대화 도중 이휘소에 대한 이야기가 나왔다. 당시 김정욱은 세미나 등에서 가끔 이휘소를 만나는 정도였다. 때문에 이휘소가 사적인 만남을 일절 피한다는 것을 잘 알고 있었다. 그런데 알고 보니 그 친구는 휘소와 화공과 동창이었다. 그가 휘소를 보고 싶다면서 함께 가자고 했다. 연구에 바빠 최근엔 거의 아무도 만나지 않는다는 김정욱의 만류에도 불구하고 그 친구는 대학교 때 절친하였기에 다른 사람은 몰라도 자기는 반가워할 거라고 고집했다.

할 수 없이 김정욱은 그와 함께 이휘소의 집으로 갔다. 두 사람은 이휘소의 아파트 현관 앞에 도착했다. 사전 연락도 없이 온 것이 마음에 걸렸는데, 그 친구는 벌써 초인종을 누르고 있었다. 잠시 후 문이 열렸다. 친구는 휘소를 보자 큰 소리로 이름을 부르며 손을 내밀었다.

"이야, 반갑다! 휘소야, 너를 여기서 보는구나."

그 친구는 당장이라도 휘소를 껴안을 기세였다. 휘소는 어떤 반응을 보였을까?

"Hi!"

딱 그 한마디뿐이었다. 얼굴엔 아무 표정도 없었다. 하이, 그 한마디만 던지고는 현관 앞에 가만히 서 있기만 했다. 반갑다는 말도, 들어오라는 말도 없었다.

"야, 나야 나, 나 몰라?"

휘소는 알고 있다는 표정으로 고개를 한 번 끄덕였다. 그뿐이었다. 더 이상 아무 말도 하지 않는 것으로 보아 집 안에 들일 태도가 아니었다.

그렇게 시간이 좀 흘렀다. 화공과 친구는 귀신 앞에라도 서 있는 듯 멍한 표정이었다. 무슨 말인가를 좀 더 하고 싶은지 입술이 달싹거렸지만 이휘소의 태도에 질려 아무 말도 하지 못했다.

"갑시다."

김정욱이 그의 팔을 잡아끌었다. 그 친구는 못 이기는 척 김정욱을 따라 돌아섰다. 두 사람이 돌아서자 곧바로 문이 닫혔다. 아파트 계단을 내려오면서 화공과 친구는 내내 "허, 허어 참." 하며 어이없어했다. 그리고 이휘소에 대한 욕이 시작되었다. 어떻게 보면 그 친구는 휘소가 반갑게 맞아 주지 않는 것보다도 영어로 "Hi."라고 말한 게 더 기분 나쁜 모양이었다.

영어 사용에 관하여 이휘소에게 어떤 의도도 없다는 걸 김정욱은 알고 있었다. 김정욱과 이휘소도 늘 영어로 대화를 나누었다. 그건 다른 사람을 만날 때도 마찬가지였다. 같은 한국 사람끼리라도 학자들 간에는 서로 영어를 쓰는 게 일종의 관례였다.

대부분 외국인 학자들과 함께 만나는 경우가 많다는 것이 그 첫째 이유였다. 국제 회의나 세미나는 말할 것도 없지만 식사 자리 같은 사석에도 외국인 몇 명은 있게 마련이다. 한 사람이라도 외국인이 있으면 모두 알아들을 수 있는 말로 하는 게 예의이고, 그게 당연하다. 그건 필리핀 학자도, 일본 학자도 마찬가지였다.

두 번째 이유는 대화에서 주로 사용하는 단어나 표현이 물리학 전문 용어이다 보니 영어로 말하는 게 서로 편하다는 점 때문이었다. 용어에 대한 개념 자체가 머릿속에서부터 영문으로 숙지돼 있다 보니 같은 한국인끼리라도 영어로 대화하는 게 이해가 더 빠르고 쉽게 넘어갔다. 물론 대화를 나누다 보면 화제가 물리학에만 국한되진 않는다. 중간중간 집안 이야기나 정치 이야기도 나오게 마련이다. 그렇다고 화제가 바뀔 때마다 같은 자리에서 영어를 썼다 한국어를 썼다 하는 건 오히려 이상하다. 그래서 아예 처음부터 영어로 대화를 하게 된다.

또 하나 이유를 든다면, 다른 외국인들에게 조금이라도 불필요한 거리감을 안 주려는 배려 때문이기도 했다. 누군가 옆을 지나가면서 그냥 우연히 듣는 경우라 할지라도 자기는 모르는 그들 나라의 언어로 이야기하는 걸 보면 그들이 다른 나라 사람이라는 걸 새삼 느끼게 된다. 그런 걸 느낀다고 해서 무슨 문제가 되는 건 아니지만 국적을 따지지 않고 학문으로 만나는 관계에서 새삼 상대의 국적을 느끼게 만들 일은 굳이 할 필요가 없는 것이다.

그러다 보니 김정욱이나 이휘소 모두 영어로 말하는 게 습관이었다. 더욱이 아내가 중국인인 이휘소의 경우는 부부 사이에도 영어로만 대화를 하고 있으므로 영어 사용이 굳어 있을 터였다. 이휘소가 화공과 친구에게 영어로 인사한 것 역시 다소 무심한 행동이었겠지만 그를 무시하기 위해 일부러 그런 건 아니었다. 김정욱은 그걸 알았다.

아무튼 이것이 1960년대 초에서 중반까지의 이휘소의 모습이었다. 재미과협에 소속된 한국인 학자 중에서도 이휘소를 거만하고 잘난 체하는 것으로 보는 일부 사람들이 있었다. 협회 모임에 거의 참석하지 않았고, 어쩌다 참석해도 의례적인 인사만 몇 마디 건넬 뿐 혼자 묵묵히 앉아 있다 홀쩍 떠나곤 했기 때문이었다.

이휘소의 재미 한국 과학 기술자 협회 참여 활동은 겉보기처럼 활발한 것은 아니었다. 그는 재미과협 창립 발기위원 열 명 중 한 사람이었고 창립 회원 69인 중 하나였으며 초대 본부 평의원과 2대 부회장을 역임했으나 실제 활동이나 기여는 미미했다. 매년 정기적으로 열리는 미국 물리학회 총회는 재미 한국인 물리학자들이 모처럼 자리를 함께할 수 있는 좋은 기회이다. 같은 전공 분야의 사람들이 만나서 회포도 풀고 미국 생활에 대한 정보도 교환하며 친분을 넓힐 수 있다. 그런데 이휘소는 거의 참석하는 일이 없어 일부 한인 물리학자 사이에는 유아독존적이라고 보는 시각도 있었다. 이휘소에게는 항상 물리학이 최우선이었다. 그에게는 국적을 불문하고 학회에 참석하는 석학들과 물리학에 관한 지적 대화를 나누는 일이 무엇보다 중요했다.

김정욱은 이휘소의 그런 점을 오히려 대단하게 여겼다. 김정욱도 누구 못지않게 바쁘고 늘 시간이 부족해 허덕였지만 이휘소처럼 야멸치게 주변 정리를 하진 못했다. 김정욱만이 아니라 대개의 사람들이 그럴 것이었다. 욕을 먹으면서까지 그렇게 노골적으로 거리를 둘 수 있다는 게 김정욱에겐 일종의 천재다운 면모로 여겨졌다. 바탕은 온순할지라도 어느 구석엔가는 괴팍하고 고집스러운 면이 있다는 것, 따지고 보면 그건 모든 천재들의 일반적인 특성 아니던가.

10.

나도 당신에게 놀랐소!

1963년 이휘소는 고등 연구원의 연구 회원 방문 기간이 끝나면서 펜실베이니아 대학교의 부교수로 승진하여 필라델피아로 돌아온다. 조교수에서 부교수로의 승진은 대개 3년 이상 걸리지만 이휘소는 2년 만의 고속 승진이었다. 오펜하이머가 매우 아쉬워하였으나, 지도 교수로서 그를 계속 지원해온 클라인의 호의에 보답해야 했다.

학교로 돌아오게 돼 연구에만 전념할 수 없게 된 건 아쉬운 일이었다. 대학에서도 연구는 계속되겠지만 한 가지에 집중할 시간은 아무래도 줄어들 수밖에 없었다. 그러나 이휘소는 다시 학생들을 가르치게 된 것을 즐겁게 받아들였다. 학생을 가르친다는 것도 연구와는 또 다른 재미와 보람이 있는 일이었다. 강의를 오래 쉬었기 때문에 그로서는 약간 설레는 마음까지도 생겼다.

이 무렵 그의 가정과 직장 생활이 어떤 식으로 흘러갔는지는 어머니에게 보낸 편지에서 생생히 엿볼 수 있다. 1963년 6월 11일자 편지다.

저희들은 태평양 해안에서 어느덧 1개월간 지냈답니다. 제프리도 꽤 커서, 이제는 우유 외에도 유아용 식품을 잘 먹고, 또 이가 앞에 둘이나 나고 있습니다. 어미 아범도 알아보고, 퍽 재미있습니다.

저는 이곳 연구원에서 연구와 강의로 매일 정진하고 있습니다. 이곳은 태평양 해류로 여름은 시원하고 겨울은 비가 많고, 따뜻합니다(黑潮). 작년에는 이곳에서 세계 박람회가 있어 아직도 시설이 남아 있습니다. 서울의 고려정이 박람회의 한국 음식점으로 왔다가 이곳에서 개업해, 만청이를 데리고 몇 번 갔습니다. 만청이가 김치, 갈비, 불고기, 닭찜, 신선로 등을 퍽 좋아하고, 집에서도 자주 한국 요리를 합니다.

약 일주일 후에 저희들은 캐나다를 통해 위스콘신 대학의 하계 이론 물리 연구소에 갈 예정입니다. 그곳에서 약 1개월 반쯤 있다가 필라델피아로 돌아갈 것입니다. 미국의 대서양 해안은 하기에 기온이 높고, 습기가 높아 냉방 장치 없이는 지내기 어렵습니다.

영자 결혼은 어떻게 되는지요? 저희들은 어머님께서 오시는 날을 고대하고 있습니다. 미국 입국 사증은 발행 후 약 반년간 유효하니, 빨리 받으시는 게 좋지 않을까요?

철웅이 취직 축하한다고 전해 주십시오. 일에 정진하기 바랍니다. 무언이 도미 건은 알아보셨는지요? 어떻게든 도와주고 싶습니다만, 본인이 우선 서둘러야만 되는 일이니까요.

전번 편지에 동봉하신 묘지의 사진은 감읍하고 받아 보았습니다. 저는 아무것도 못하여 퍽 낯이 없습니다.

그러면 '위스콘신'에서 편지 올리겠습니다.

편지에서 보듯 이휘소는 항상 어머니와 동생들에 대한 걱정을 놓지 않고 지냈다. 어머니가 처음으로 미국에 오는 일에 대해서는 부부가 함께 들뜬 마음으로 기다렸다. 물리학 쪽으로는 잠시도 쉴 틈 없이 바빴다. 프린스턴 고등 연구원과 펜실베이니아 대학 말고도 여러 연구원과 대학에서 초청이 끊이지 않아 선별해서 응해야만 할 정도였다.

앞서 말했듯, 이휘소는 한 달 이상 걸리는 행사에는 꼭 가족과 함께 움직였다. 그러다 보니 집이 아닌 타지에서 보내는 생활이 1년에 절반 가까이 혹은 그 이상 되곤 했다. 고정된 집과 직장이 있으면서도 실생활은 수시로 새로운 거처를 찾아 떠나는 집시처럼 땅에서 얼마간 붕 떠 있었다.

이해 1963년은 케네디의 죽음으로 마감되었다. 11월 22일, 미국 대통령은 텍사스 주 댈러스에서 카퍼레이드 중 저격범의 총탄을 맞고 숨졌다. 미국뿐만 아니라 세계 전체가 충격을 받은 엄청난 사건이었다. 텔레비전에서는 연일 암살 장면이 방영되었고, 온갖 음모론이 꼬리를 이었다. 어머니의 도미 건으로 서류를 준비하는 데도 관공서 업무가 잘 돌아가지 않아 어려움을 겪을 정도였다.

그러나 이휘소의 관심은 미국보다는 역시 한국에 더 가 있었다. 영주권을 받아 비자 연장이나 여권 갱신 문제는 없었지만 어머니와 형제들이 모두 한국에 있고, 이휘소 또한 언젠가는 영구 귀국하리라는 마음을 여전히 버리지 않고 있었다. 때문에 한국의 정치와 사회 상황에 늘 관심을 가질 수밖에 없었다.

이 해에는 한국에도 큰 변화가 있었다. 5·16 군사 혁명을 일으킨 박정희는 군사 혁명 위원회를 '국가 재건 최고 회의'로 이름을 바꾸어 3년간 군사 통치를 해 왔다. 그러다가 케네디가 암살된 지 얼마 지나지 않은 이 해 말에 대통령 선거를 실시하여 대통령에 당선됨으로써 제3공화국이 출범하였다. 이 와중에 많은 정치인과 재야 인사들이 구속되었고, 대학가에는 시위가 그치질 않았다.

고국에서 들려오는 이런 우울한 소식을 접하며 이휘소는 한국 사회에 절망감을 느꼈다. 해외에 거주하는 교포 지식인들이 대개 그러하듯, 이휘소도 이때부터 한국 정부에 대해 비판적인 태도를 취하게 된다. 그나마 이휘소에게 기쁜 일이라면 이듬해에 둘째 아이인 딸 아이린이 태어났다는 것이다. 활발하게 뛰어다니는 제프리 옆에서 옹알이를 하고 있는 갓난 딸아이를 보는 건 가정적인 그에게 새로운 즐거움이었다.

펜실베이니아 대학에서도 이휘소의 연구는 계속되었다. 또한 교수로서 대학원생의 학위 논문도 지도해야 했다. 첫 번째 학생은 조 아무개라는 한국 학생이었다. 이휘소보다 나이가 많고 거의 같은 시기에 펜실베이니아에 학생으로 왔으나 이휘소가 빨리 학위를 끝내고 교수가 되는 바람에 이제는 사제 관계가 되었다. 성격이 원만치 못한 조 아무개는 지도 교수와 충돌이 잦았고, 결국 학위는 마쳤어도 "자네는 내 학생으로 생각하지 않겠네."라고 이휘소가 공언할 정도로 관계가 악화되었다. 주위에서 이를 지켜본 사람에 의하면, 이를 계기로 가급적 한국인 만나는 것을 피하게 된 것 같다고 한다. 이휘소는 이후 스위프트라는 미국 학생을 박사로 배출했다. 그 후에 마줌다라는 인도 학생을 지도했는데, 이휘소가 스토니 브룩으로 옮기자 마줌다도 전학하여 계속 지도를 받고 졸업했다.

이휘소는 어느 물리학자보다 넓고 해박한 지식을 지녀 소립자 물리학 전반에 걸쳐 광범위한 연구를 진행했으나, 기본적으로는 대칭 원리와 약작용의 연구가 중심이었다. 그는 1960년대 초·중반인 이 시기에 SU(6)라는 하나 대칭 및 관련 대칭 그룹을 연구하여 이들 대칭 관계가 흐름의 대수학으로 자연스럽게 표현 가능하다는 것을 가장 먼저 제안한 사람 중 하나였다.

1964년에 발표한 「SU(6) 대칭과 소립자의 전자기 작용」이라는 제목의 논문은 핵자들의 고유 자성을 이론적으로 계산하여 이 분야에서 대칭 이론의 커다란 개가를 올렸다. 단순하게 보아 입자가 자성을 갖는 이유는 그 입자가 전하를 띠기 때문이다. 양자 이론을 좀 다듬으면 전자의 자성을 매우 정밀하게 계산할 수 있고 또 실험으로 확인할 수 있다. 그런데 양성자나 중성자 같은 강입자에서는 사정이 다르다. 중성자는 대전되지 않은 중성 입자임에도 자성이 있으며 양성자는 예상외로 큰 자성을 지니고 있다. 결국 핵자들은 내부 구조를 가지며 이들의 강작용을 표현하는 내부 대칭의 결과로 핵자들의 자성을 이해하면 된다. 전자의 경우처럼 정밀 계산은 못 해도 도저히 이해하기 힘들었던 핵자의 자성을 설명할 수 있고 하나 대칭이 설득력을 얻게 되었다.

이 논문과 관련하여 이휘소의 천재성을 다시 한번 엿볼 수 있다. 이 문제를 다른 두 물리학자들이 연구하고 있다는 소문을 듣고 영감을 얻은 이휘소는 즉시 문제에 착수하였다. 당시 동료 교수에 의하면, 이휘소는 이틀 동안 자신의 연구실에서 일절 나오지 않고 핵자의 자성 문제만 골똘히 파헤쳐서 자성의 비가 '양성자 : 중성자 = 3 : -2'임을 증명하였다.

펜실베이니아 대학에 적을 두고 있기는 해도 이휘소는 1년에 절반 이상은 학교를 떠나 지냈다. 세계 각국에서 열리는 중요한 물리학회를 비롯해 여러 대학과 연구소에서 강연 초청이 줄을 이었기 때문이었다. 유명한 학자들이 대거 모이는 학회 등에서도 이휘소는 늘 토론의 중심에 있었다. 물리학계의 중요한 현안 과제 대부분을 누구보다 날카롭게 꿰고 있던 그였으므로 사람들은 그와의 대화를 통해 자기 연구의 영감을 얻으려고 했다.

이제 물리에 관한 이야기라면 이휘소는 세계의 어떤 유명한 학자와도 대등한 토론을 펼칠 수 있었다. 물리의 새로운 개념을 이해하고 적용하는 것에서 그는 언제나 남보다 한두 발짝 앞서 있었다. 때문에 웬만한 학자들은 그와 깊이 있는 대화를 나누는 것 자체가 불가능했다. 이휘소와 자주 학문적인 대화를 나누었다는 어떤 외국인 학자는 "이 박사와 5분 대화를 하고 나면 집에 돌아와 두 시간은 생각해 봐야 했다."라고 말할 정도이다.

이휘소가 물리학의 대가들 사이에서 어떤 위상에 있었는지를 보여 주는 일화가 있다. 1963년 펜실베이니아 물리학과의 세미나 때 생긴 일이다.

세미나 연사는 하버드 대학의 콜먼이라는 유명한 물리학자였다. 콜먼의 강연이 끝난 다음 질의응답 시간으로 넘어갔을 때였다. 참석한 교수 중 하나가 콜먼이 예전에 발표한 논문에 제시한 방법으로 자기 분야의 문제를 6개월 걸려 계산해 이런 결과를 얻었는데 어떻게 생각하는가 하고 질문했다. 콜먼은 즉시 돌아서서 연단 칠판에 계산을 하기 시작했다. 그리고 약 5분 정도 지난 후, 계산을 마친 콜먼은 "당신 결과가 맞다." 하고 대답했다. 남이 6개월이나 걸려 계산한 것을 즉석에서 단 5분 만에 계산해 내는 능력에 모든 사람이 감탄했다.

세미나가 끝난 후, 저녁을 함께하는 자리에서 이휘소가 콜먼에게 그 이야기를 꺼냈다.

"시드니, 아까는 정말 놀랐습니다. 대단하더군요."

그러자 콜먼이 씩 웃으면서 말했다.

"벤, 나도 당신에게 놀란 적이 한두 번이 아닙니다."

이 자리에 참석하여 두 사람의 대화를 들었던 김정욱은 그때의 상황을 아련하게 회상하면서 말했다.

"콜먼에 관해 벤 리(이휘소)가 이런 말을 하더군요. 콜먼은 어떤 주제든 빠르게 앞서 나가기 때문에 그와 대화하려면 무척 힘들다는 겁니다. 그런데 우리가 보기엔 콜먼이나 벤 리나 똑같았어요. 아마 콜먼도 벤 리에게 같은 기분을 느꼈을 겁니다. 벤 리하고 물리 대화를 하려면 늘 긴장하게 돼요. 개념이 워낙 깊고 논리가 많이 앞서 있기에 극도로 집중해서 들어야만 되거든요. 그래서 벤 리와 10분 정도 대화를 나누고 나면 심한 운동이라도 한 것처럼 피곤을 느끼지요."

이휘소가 비슷한 수준의 고급 물리학자들 사이에서도 특히 남다르다고 인정받는 부분은 뛰어난 계산 능력과 명쾌한 해석력이었다. 계산 능력이 뛰어나다는 것은 이론 물리학에서 매우 중요했다.

이론 물리학은 책상에 앉아 계산과 직관만으로 우주의 비밀을 추적해

가는 학문이다. 아인슈타인의 상대성 이론이 초기에 물리학자들에게조차 잘 이해되지 않았던 것은 일차적으로는 그것이 뉴턴의 고전 물리학과는 판이하게 다른 혁신적인 상상력을 깔고 있어 사고의 일대 전환을 요하기 때문이었지만, 더불어 그 이론을 증명해 가는 수학 계산이 너무도 복잡하고 방대했기 때문이라는 이유도 빼놓을 수 없다.

이휘소는 복잡한 계산을 중간에 놓치는 법 없이 끝까지 정밀하게 파고드는 인내심과 비상한 머리를 지녔고, 이런 능력은 이론 물리학의 현안 과제들을 남보다 한발 앞서 접근할 수 있도록 해 주었다. 또한 나중에 게이지 이론의 증명에서 극명하게 드러나듯, 그는 공식적으로 증명되지 않은 가설의 이론적 근거를 누구보다 명료하게 해석함으로써 동료 학자들의 연구에 문을 열어 주는 역할을 했다. 이휘소 주변에 대화를 나누고 싶어하는 사람들이 끊이지 않는 것도 그 때문이었다.

물리학은 이론과 실험으로 대강 크게 구분하지만 이들의 연결 고리인 현상론이 있다. 물리학은 자연 현상을 이해하려는 과학이므로 실험적으로 입증하지 못하면 아무 의미가 없다. 이것이 수학과 구별되는 것이다. 그러나 마구잡이 시행착오로 원리를 알아내는 데에는 너무나도 비체계적이고, 노력과 시간과 비용이 많이 드는 까닭에 실험 방향을 선도하는 이론적 가이드가 필요하다. 어떤 친구에게 전화를 건다고 하자. 상대방의 번호를 알면(확립된 이론) 곧바로 걸 수 있다. 그러나 정보가 없으면(이론의 부재) 아무 번호나 걸면서 시행착오를 겪어야 하니 얼마나 힘들겠는가? 다행히 상대방의 거주지를 알면 지역 번호가 정해지므로 시도할 번호의 수도 적어진다. 등록된 이름을 알면 선택의 여지는 더 좁아진다. 이런 식으로 이론의 도움을 받아 가장 타당한 실험을 수행하고 또 실험 사실에 근거하여 더욱 체계적인 이론이 확립되도록 중간에서 매개 역할을 하는 것이 현상 이론이다.

실험들의 진행과 성과를 숙달하고 있는 것도 이론 물리학자들에게서는 드문 이휘소만의 장점이었다. 중학생 때부터 실험에 재능을 보여 왔던 그는 이론 연구를 하면서도 물리 실험에 꾸준한 관심을 보여 실험 물리학자들과 대화를 나누어도 크게 막히는 일이 없었다. 게이지 이론처럼 추상적인 순수 이론에서도 세계적인 권위를 보여 주었지만 고에너지 현상론에도 밝아 페르미 연구소 같은 곳에서는 반드시 필요한 인재였다.

이휘소의 연구 발표에 실험 물리학자가 질문하면 실험에 연관하여 대답해 줄 실력이 있었고, 실험 물리학자들의 발표가 있을 때 그 과정의 세부적인 관련성을 꼼꼼히 질문할 수 있는 이론 물리학자도 이휘소뿐일 정도였다.

"아, 그 유명한 실험 물리학자 있잖아!"

이건 이휘소의 동료 이론가들이 그를 가리킬 때 농담으로 자주 하던 말이었다. 물리에 관한 이야기를 나누다가 실험에 관련된 문제가 나오면 동료들은 "벤 리에게 물어봐." "벤 리라면 이렇게 하겠지." 등의 말을 하면서 이휘소를 준(準) 실험 물리학자로 인정해 주었던 것이다.

이런 면에서 이휘소는 페르미에 비유될 수 있다. 물론 페르미는 직접 실험을 수행한 실험 물리학자인 동시에 추상적인 이론 물리학에서도 두각을 나타냈지만 이휘소는 페르미를 연상시킬 정도로 이론과 실험에 밝았다.

스토니 브룩 시절

11. 스토니 브룩 시절

1965년 가을에 프린스턴 고등 연구원에서 교수로 있는 양전닝이 이휘소를 찾아왔다. 뉴욕 주립 대학의 스토니 브룩(Stony Brook) 캠퍼스로 함께 가자는 권유를 하기 위해서였다.

이휘소의 경력에 큰 영향을 미친 양전닝은 누구인가? 그는 중국 출신의 이론 물리학자로, 시카고 대학에서 박사 학위를 받았다. 처음엔 페르미의 지도를 받으려 했으나 뜻대로 안 되었던 것으로 알려져 있다. 그는 1949년부터 1966년까지 프린스턴의 고등 연구원에서 처음에는 연구 회원으로 있었으나 1955년부터는 고등 연구원 교수로 17년간 봉직했다. 이 기간 동안 그는 반전 대칭(패리티)의 깨짐에 관한 연구로 35세의 나이에 같은 중국 출신의 리정다오와 함께 노벨상을 수상했다.

하지만 그가 이룬 업적은 물리학의 대칭성에 그치지 않고 통계 역학이나 소립자 이론의 다른 영역에까지 넓게 퍼져 있다. 특히 그가 밀스와 함께 제안한 양-밀스 이론은 비가환 게이지 이론의 원조로서, 나중에 이 이론의 재규격화로 이휘소는 세계적 명성을 얻게 된다. 오펜하이머가 고등 연구원장에서 물러날 때 양전닝을 후임 원장으로 지명하려 했으나 양전닝은 "원장직을 잘 해낼지는 불확실하지만 원장 생활을 즐기지 못할 것은 확실하다."라면서 완곡하게 사양했다.

그 무렵 양전닝은 스토니 브룩 소재 뉴욕 주립 대학교(SUNY at Stony Brook)의 아인슈타인 석좌 교수로 옮긴다. 대학의 정식 명칭은 이렇게 길지만 지금은 간단히 '스토니 브룩 대학'으로 불린다. 당시 미국 동부의 주정부들은 늘어나는 대학 교육 수요에 발맞추어 주립 대학을 확장하고 있었다. 스토니 브룩 캠퍼스는 과학 진흥 육성을 위한 센터로 정책이 수립되었고 톨을 총장으로 임명했다. 톨은 그 이전에 메릴랜드 대학의 물리학과장이었는데 재임 기간 중 물리학과를 눈부시게 발전시켰다. 그가 스토니 브룩에 온 후 학교는 총장의 방침대로 활발하게 움직였다. 양전닝의 스토니 브룩 부임은 큰 화젯거리여서 《타임》,《뉴스위크》등에 크게 보도되었다. 아인슈타인 석좌 교수에 그치지 않고 이론 물리 연구소를 설치하여 양전닝의 포부대로 물리학과를 육성하도록 지원을 아끼지 않은 대학 당국의 후원도 대단했다. 그 결과 스토니 브룩은 단기간 내에 미국에서 일류 대학의 반열에 오를 수 있었다. 그런 양전닝이 자리를 옮기면서 이휘소와 함께 가고 싶어했던 것이다.

우연이겠지만, 양전닝과 이휘소는 둘 다 벤저민 프랭클린을 존경했다. 미국 이름을 이휘소는 '벤저민 리'로 양전닝은 '프랭클린 양'으로 지은 것은 흥미로운 비교이다.

　양전닝의 제안을 받은 이휘소는 갈등

했다. 박사 학위 과정 때부터 자신에게
온갖 호의를 베풀어 준 펜실베이니아 대
학을 떠난다는 건 쉽게 결정할 일이 아
니었다. 하지만 그는 최근에 자신의 연구
생활을 위해 활동 무대를 좀 더 넓혀야
할 필요를 느꼈다. 실제로 펜실베이니아

양전닝　　　　제공 | 미국 물리학회

대학 교수 재직 기간 6년 중에도 대부분의 시간을 고등 연구원에서 보내
지 않았던가. 한편으로는 고마우면서도 다른 한편으로는 학자로서의 성

Jan. 24, 1966

Dear Ben,

　　Just a note to say that I
am delighted by your decision.

Sincerely

Frank

이휘소가 스토니 브룩 대학으로 직장을 옮기기로 결정하여 기쁘다는 양전닝의 메모

스토니 브룩 물리학과 연례 기념사진. 앞줄 왼쪽 세 번째부터 오른쪽으로 톨 총장, 양전닝, 디랙이 앉아 있고 이휘소는 여덟 번째이다. (1967년)

제공 | 스토니 브룩 대학

장 한계를 느끼고 있던 게 사실이었다. 양전닝의 제안을 받았다는 소식을 들은 대학 측은 그가 남아 주기를 간곡히 부탁했으나, 클라인만은 그의 마음이 끌리는 대로 하라고 편안한 대답을 해 주었다. 지도 교수였던 클라인은 이휘소가 더 넓은 물에서 놀아야 할 물고기라 생각했던 것이다.

이휘소는 한동안 고민했다. 프린스턴 연구원에서 양전닝이 그에게 잘 대해 준 것을 생각하면 거절하기 어려웠다.

당시 스토니 브룩 교수진의 연구는 그리 활발하지 않았다. 스토니 브룩이 양전닝을 아인슈타인 석좌 교수로 초빙한 것도 대학의 위상을 높여 보고자 하는 이유 때문이었다. 이휘소는 스토니 브룩에 이론 물리학 연구 센터를 설립하여 젊은 학자들의 참신한 연구 분위기를 마련해 주겠노라는 제안에 고무되었다.

뉴욕 주립 대학의 학문적 명성이 그리 높지 않다는 것은 개의치 않았다. 객관적으로는 펜실베이니아 대학이 훨씬 지명도가 높았다. 스토니 브

이휘소 가족

제공 | 이철웅

룩으로 가는 것은 마치 서울의 일류 대학 교수가 지방의 신흥 대학으로 자리를 옮기는 것과 같다. 어찌 보면 이미 다른 사람들이 쌓아 놓은 업적으로 명문이 된 대학보다는 신흥 대학을 명문으로 만드는 것이 보람 있는 일이다. 한국에서 명문고와 명문대를 다녔어도 이휘소는 일류병에 사로잡히지 않았다. 그에게는 물리학의 탐구만이 가장 중요한 요소이고 다른 것들은 모두 부수적이었다.

펜실베이니아 대학이 이휘소의 정교수 승진을 놓고 몇 달 동안 내부 논의를 하였으나 이휘소는 결국 양전닝의 권유를 받아들인다. 이왕 영입한 이상 하루라도 빨리 초빙하려고 1966년 여름에는 방문 교수로, 가을 학기부터는 정규직으로 스토니 브룩 이론 물리학 연구 센터에 정교수로 부임한다.

이휘소의 이러한 학문적 자세는 7년 후 그가 스토니 브룩에서 페르미 국립 가속기 연구소로 직장을 옮길 때 다시 한번 엿볼 수 있다.

스토니 브룩으로 옮기면서 이휘소 개인의 생활은 좀 더 안정되었다. 필라델피아에서는 연구차 여행이 많아 월세 아파트에서 살았는데 이제는 정착했으므로 단독 주택을 구입했다. 그렇다 해도 목돈을 현금으로 지불하는 것이 아니라 은행에서 주택 자금을 대출받아 사는 것이었다. 미국에서 서민들이 주택을 마련하는 전형적인 수단이다. 이휘소에게는 처음으로 마련한 자기 집이었다. 자택은 연구실에서 차로 10분 정도의 거리로 대학에 바로 접한 신흥 마을이었고, 중산층의 전형적인 주택이었다. 스토니 브룩은 맨해튼 옆의 롱아일랜드에 위치해 있어 15분 정도만 운전하면 대서양에 이른다. 또 한 시간 정도 운전하면 맨해튼에 갈 수도 있다.

이처럼 유명한 양전닝과 이휘소가 함께 스토니 브룩에 오게 되고 이론 물리학 연구 센터가 설립되자 그때까지 이름이 별로 없던 스토니 브룩 캠퍼스는 활기를 띠면서 일약 물리학의 중추적인 대학으로 부상했다. 많은 학자들이 이 대학을 방문했고, 미국에 유학 오는 학생들도 두 사람의 명성에 이끌려 스토니 브룩을 선호하였다. 한국 유학생으로는 물리학과에 김의철, 강주상, 피서영, 박해용 등이 있었고 그 외에도 오명, 윤옥영, 이상옥, 정선호 등이 이휘소의 재직 기간에 유학을 왔다.

프린스턴이나 필라델피아에서와는 달리 스토니 브룩에 온 이후에 이휘소는 유학생들과 자주 어울렸다. 봄가을마다 부근의 주립 공원에서 한국 유학생들이 피크닉을 가졌는데 외국 여행 중이 아니면 가족들과 참여하여 소프트볼을 즐겼고 또 자기 집에 초대하여 뒤뜰에서 피크닉을 하기도 했다. 만청이 한국 음식을 만들어도 어머니의 된장찌개 만드는 방법을 몰랐다. 그래서 수학과에 유학 중이던 윤옥영은 이휘소에게 된장찌개 만드는 법을 '전수'하기도 했다. 오윤용, 이영용 등과 낚시를 가기도 했다. 당시에 오윤용은 수학과, 이영용은 물리학과 교수였다.

이휘소는 1968년 미국 시민이 된 후 1970년 공산권에서 개최되는 국제 고에너지 물리학 회의에 처음으로 참석했다. 소련의 키예프에서 열렸는데 학기 중이라 부부만 여행을 떠났다. 제프리와 아이린은 유학생 중 고교 후배이자 동생 철웅의 동기동창인 오명 부부에게 돌보아 줄 것을 부탁하였다. 아이린은 35년이 지난 후에도 부모가 외국 여행 중 두 주간 돌보아 준 항상 웃는 얼굴의 온화한 오명과 뜨개질을 가르쳐 준 부인을 기억하고 있다. 오명은 박사 학위를 딴 후 귀국하여 한국의 정보화 사회를 이끌었고 부총리 겸 과학 기술부 장관을 역임한 바 있다.

한번은 윤옥영이 이휘소에게 이론 물리를 공부하려면 수학을 많이 알아야 할 텐데 어떤 수학을 주로 쓰는가 물었다. 이휘소는 리군(Lie group)을 많이 쓴다 하였고 윤옥영은 깜짝 놀랐다. 한국에서는 대학원 수학과에서 우수한 학생들이나 택하는 주제이기 때문이다. 이휘소는 마이애미 대학에서 배운 현대 대수학이 큰 도움이 되었노라고 했다. 윤옥영은 박사 학위를 딴 후 귀국하여 정부의 고위직을 지낸 바 있다.

스토니 브룩에서 이휘소는 마치 게이지 이론의 대가가 될 지름길을 미리 알고 달려가듯이 연구 주제를 선택했고, 또한 성과를 이루었다. 대개 연구 과제 설정에서는 시행착오를 경험하면서 어떤 결과를 얻는데 이 점에서 행운이 따랐고, 이휘소 역시 부단한 노력으로 이 기회를 놓치지 않았다. 프린스턴에서 연구하던 흐름 대수학에 대한 관심은 여전하여 군론의 입자에서 역학적 구조를 추구하고 또 복소 회전량과 산란 진폭의 고에너지 형태를 연구했다.

프린스턴 시절부터 이휘소는 대칭의 자연 파괴(spontaneous symmetry breaking) 현상에 관심이 깊었다. 어떤 대칭을 가진 이론의 물리 현상을 기술하려고 가장 에너지가 낮은 바닥 상태를 찾아보면 대칭이 깨져 있는 것을 자연 파괴 대칭이라 한다. 그러나 이때 질량도 스핀도 없는 무질량, 무스핀 입자를 꼭 수반하는데 골드스톤 보손 입자라 불린다. 한편 같은 논리로 설명하는 전도체 이론에서는 이런 현상이 없었다. 무질량 입자를 제거하는 방법은 자연 파괴하는 대칭이 게이지 대칭이라면 가능하다는 것이 알려졌다. 이를 힉스(Higgs) 현상이라 한다. 요약하면 일반 대칭이 자연 파괴될 때에는 무질량 무스핀의 골드스톤 입자가 생기지만, 게이지 대칭이 자연 파괴될 경우에는 골드스톤 입자 대신 게이지 입자가 질량을 얻게 된다.

1968년도에 이휘소는 프랑스에서 가족과 함께 연구년을 보냈다. 그리고 이후에도 자주 여행을 했다. 파리에서 그는 겔만-레비의 소위 선형 시그마 모형을 연구했다. 이것은 카이랄 대칭을 가진 강입자 상호 작용의 한 모형 이론으로서 대칭이 자연 파괴될 때 골드스톤 입자를 파이 중간자로 해석한다. 카이랄 대칭은 공간 반전 대칭을 반영하여 편리하고 시그마 모형은 현실성 있는 강입자 이론의 출발점이 되었다. 이휘소는 시그마 모형의 재규격화를 소화하고 숙달했다. 프랑스에서 돌아온 그는 이를 정리하여 『카이랄 역학(*Chiral Dynamics*)』이라는 단행본을 발간했는데, 이때 강주상이 저서의 교정을 보았다.

이휘소는 연구 실적이나 교육 능력 평가에 비해 지도 학생이 비교적 적은 편이었다. 펜실베이니아 시절, 조 아무개 때문에 애를 먹은 후 주립 대학으로 직장을 옮길 때 인도인 학생 마줌다를 데리고 왔다. 스토니 브룩에서는 한국인 강주상, 중국인 차오, 일본인 하기와라 인도인 조글레커의 박사 논문을 지도했다. 이휘소가 연구차 떠나 있는 동안 학교에 남아 있던 지도 학생들은 거의 독자적으로 논문 연구를 했다. 강주상, 차오, 하기와라는 같은 동양인이라 서로 잘 이해하였고, 지도 교수가 외부에 나가 있을 때가 많으므로 서로 가까워졌다. 인터넷은 물론 존재하지 않았고 다른 통신 수단도 마땅치 않아 특히 외국에 가 있으면 연락조차 힘들었다. 1971년 전반기에 이휘소는 객원 교수로서 캘리포니아 공대(칼텍)를 방문하였다. 당시 칼텍 물리학과에는 파인만, 겔만 등이 있어 입자 물리학의 메카라 불릴 정도였다. 그때 강주상은 지도 교수를 따라 한 학기 동안 칼텍에서 지도를 받았다. 그의 지도 학생들은 박사 학위 취득 후 연구 생활을 하던 중, 차오는 컴퓨터 과학으로 전공을 바꾸었고, 하기와라는 석유 회사의 연구 부서에 직장을 얻었다. 그리고 강주상은 귀국하여 고려대에서 후진 양성과 한국의 고에너지 실험 물리학 발전에 힘을 기울였다. 조글레커도 인도에 돌아가서 연구 생활을 계속하고 있다.

스토니 브룩 시절 바딘은 이휘소의 박사 연구원이었는데 물리학을 분명하게 이해하는 과학자로서 이휘소를 기억하고 있다. 이휘소는 누구든 따라 하기 힘든 완벽한 프리프린트(preprint) 모음집을 가지고 있었다. 그리고 프랑스, 스위스, 일본은 물론 미국 내에서 자주 여행을 하며 세계의 석학들과 교류하고 공동 연구를 수행하여 많은 지식을 쌓았다고 바딘은 회상한다. 인터넷이 없던 시절의 이야기이다. 바딘은 트랜지스터로 노벨상을 받은 바딘의 아들로서 스토니 브룩은 물론 페르미 연구소에서의 연구 기간이 이휘소와 많이 겹치고, 또 아이들의 나이가 비슷하여 두 가족은 서로 가깝게 어울렸다. 1968년 미국 시민권을 취득할 때 바딘은 이휘소의 인성(人性) 증언을 하기도 했다.

이 시절 인연을 맺은 또 한 명의 주요 인사는 조교수였던 퀴그이다. 이휘소는 나중에 스토니 브룩에서 페르미 연구소로 자리를 옮길 때 퀴그에게 함께 움직일 것을 권유했다. 퀴그는 입자 현상론에 강한 이론 물리학자로서 매우 효율적이었다. 일단 결심을 굳힌 후에는 페르미 연구소를 방문하여 필요한 행정 조치는 물론 매입할 주택까지 당일에 계약할 정도였다. 시카고로 이사할 때에는 같은 이삿짐 차에 두 가구의 세간을 싣고 올 정도로 두 사람은 가까웠고, 또 검소했다. 그는 이휘소가 교통 사고로 타계한 후 와인버그와 함께 미국 물리학회 학술지에 조사(obituary)를 썼다. 퀴그는 이휘소에 이어 페르미 연구소의 두 번째 이론 물리부장이 되었다.

이듬해인 1967년에 이휘소는 두 번의 슬픈 부음을 듣게 된다. 첫 번째는 프린스턴 고등 연구원에서 처음 만나 친하게 지내오던 진영선 박사의 갑작스러운 사망 소식이었다.

서울대 물리학과를 졸업한 진영선은 경북대 교수로 재직 중 스위스 연방 공과 대학에 유학 가서 양자 역학의 선구자인 파울리 밑에서 공부했다. 그는 박사 학위 취득 후 1963년에 미국으로 건너가 프린스턴 고등 연구원에서 당대 물리학계의 석학들과 함께 연구했다. 그리고 오펜하이머의 추천으로 브라운 대학 교수가 되어 창의적인 활동을 막 시작하려던 차에 동맥 파열증으로 이해 6월, 40세의 아까운 나이로 세상을 떠났다.

진영선은 1967년에 스토니 브룩을 1년간 방문하여 이휘소와 공동 연구를 할 계획이었다. 이휘소는 진영선의 타계를 슬퍼하여 마침 그때 스토니 브룩을 방문 중이던 김정욱과 함께 브라운 대학 근처에서 거행되는 장례식에 참석했다. 자동차를 운전하면 제시간에 도착할 수 없어 두 사람은 개인용 경비행기를 대절하여 프로비던스로 날아갔다.

한국 과학자 중 촉망받던 진영선이 타계한 후 이휘소는 진영선 추모 논문집 발간을 제안했다. 지금은 경제 수준도 놀랄 정도로 신장되고 컴퓨터의 발달로 편집이 한결 쉬우나 당시의 한국 물리학회 재정은 어려웠다. 『새물리 증보판』을 발간하는 데도 여러 가지 어려움이 많았고 그중 출판 경비 문제가 가장 큰 걸림돌이었는데, 이는 이휘소를 비롯해 평소 가깝던 사람들이 부담했다.

두 번째 부음은 프린스턴 고등 연구원장이었던 오펜하이머였다. '원자 폭탄의 아버지'라 불리던 오펜하이머는 2차 대전 중 미국의 핵무기 개발을 위한 맨해튼 사업의 연구 책임자였다. 한때 매카시즘의 광기에 휘말려 공산주의자로 비난받으며 어려운 시절을 보내기도 했지만, 그는 천체 물리학 분야는 물론 여러 물리 분야에서 훌륭한 연구 업적을 남겼다.

이휘소는 오펜하이머의 죽음에 깊은 슬픔을 느꼈다. 늘 격의 없이 대해주고 자신의 실력을 크게 인정해 주었던 오펜하이머는 그가 존경의 마음을 가졌던 몇 명의 물리학 선배 중 한 사람이었다.

주변에서 이런 슬픈 소식을 접할 때마다 이휘소의 연구열은 더 높아졌다. 앞서 말했지만, 이휘소는 관리하기 힘들 정도로 완벽한 프리프린트 모음집을 가지고 있었다. 당시에는 논문 원고를 제출하여 심사가 끝나 학술지에 게재될 때까지는 최소 6개월 정도의 기간이 걸렸다.《피지컬 리뷰 레터스》같은 속보라도 한 달 이상 걸렸다. 더욱이 입자 물리학은 연구 템포가 빠른 학문이라 학술지에 게재될 때쯤에는 누군가 반론을 제기하거나 이를 인용한 논문을 이미 썼을 가능성이 높다. 또는 그릇된 논문으로 판명될 수도 있다. 따라서 정식으로 학술지에 실리기 전에 관심 있는 학자들에게 연구 내용을 알릴 필요가 있다. 그래서 입자 물리학 분야에서는 프리프린트 형태로 최신 연구 결과가 유통되었다. 저자가 논문을 쓰면 학술지에 제출하는 동시에 스탠퍼드 대학의 SLAC 연구소에 있는 프리프린트 도서실에 사본을 보내 '등록'을 한다. 입자 물리학자들은 프리프린트

와인버그　　제공 | 미국 물리학회

목록을 보고 관심 있는 논문이 있으면 저자에게 엽서를 보내 사본을 보내달라고 요청한다. 그러면 저자의 호의에 따라 논문 사본을 보내 준다. 규모가 큰 대학에서는 프리프린터만 다루는 부서를 별도로 설치하는 곳도 많았다. 인터넷이 없던 시절에 고안된 신속한 정보 교환 수단이었다. 지금은 디지털 매체로 상당히 자동화되어 필요하면 쉽게 다운로드받

아 즉시 읽을 수 있다.

1967년에는 또 이휘소와 관계된 중요한 논문 한 편이 와인버그에 의해 발표된다. 제목은 "경입자의 모형"이라고 하여 언뜻 소박하게 보이지만, 이 논문은 후에 '표준 모형'으로 발전하여 입자 물리학의 표준 잣대가 되는 이론으로 발전한다.

이해를 돕기 위해 뉴턴 이후의 물리학 발전 과정을 간략하게 살펴본다. 뉴턴은 하늘의 천체 운동(케플러의 법칙)과 지상의 물체 운동(갈릴레오 법칙)을 통합해 운동 법칙과 중력의 법칙을 알아냈고, 19세기 영국의 물리학자 맥스웰은 전기, 자기, 빛의 세 가지 성질(쿨롱 법칙, 암페어 법칙, 패러데이 법칙 등)을 하나의 통합된 원리로 설명하여 뉴턴과 함께 쌍벽을 이루었다.

20세기에 들어와서는 미시 세계를 기술할 수 있는 양자 이론이 보어, 슈뢰딩거, 하이젠베르크 등에 의해 확립되었다. 물론 아인슈타인의 상대성 이론도 같은 시대의 산물이다.

양자 역학의 틀이 세워진 후 1930년대에는 전자기장을 양자화하려는 양자 전자기학에서 난제들이 있었는데 파인만, 슈윙거, 도모나가 등이 전자기 벌판을 재규격화함으로써 양자 전자기장 이론을 확립한다. 재규격화된 양자 전자기 이론은 소수점 이하 12자리까지의 정밀도 이내에서 실험 측정과 이론 예측이 일치하는데, 이는 서울과 부산 간의 거리를 종이 한 장 두께의 100분의 1 정도까지 이론적으로 예측하는 것에 견줄 수 있다. 이들 세 사람은 이 업적으로 1965년 노벨상을 수상했다.

뉴턴이나 맥스웰처럼 여러 종류의 힘들을 한 가지로 통합하여 설명할 수 있다면 우리는 자연을 더욱 심도 있게 이해할 수 있을 것이다. 우주의 모든 현상을 보편적인 하나의 원리로 이해하려는 것이 물리학도의 궁극적인 목표이다. 이러한 노력을 통합 이론 또는 통일장 이론이라고 한다. 아인슈타인은 말년에 중력과 전자기력을 통합해 하나로 설명하려는 연구를 하였지만 성공하지 못했다.

이 통합 이론의 돌파구를 마련해 준 것이 와인버그 이론이다. 여기서는 전자기력과 중력을 통합하는 것이 아니라, 전자기력과 약작용력을 통합하여 전약(電弱) 이론을 개발한 것이다. 이 이론은 곧 강작용까지 포함하여 네 가지 힘 중 세 가지는 같은 원리로 설명 가능한 '표준 모형'에 이르게 되었다.

그러나 전약 이론이 받아들여지려면 반드시 재규격화 문제가 선결되어야 한다. 후에 이휘소는 이 방면에 결정적 기여를 한다.

이휘소는 소립자 물리학에서 발표되는 중요한 논문들을 저자들이 보내는 프리프린트로 다른 사람보다 빨리 접할 수 있었다. 그리고 이들을 체계적으로 정리해 놓았기에 개인 도서관을 가진 것이나 다름없었다. 그런데 와인버그의 경입자 논문은 프리프린트로 알게 된 것이 아니라 학술지 편집자가 보낸 게재 여부 심사 의뢰로 알게 되었다.

와인버그의 논문을 읽은 이휘소는 그 중요성을 직감했다. 그전에도 비슷한 논문들을 다른 유명한 사람들이 썼지만 게이지 입자의 질량을 다루는 과정이 인위적이어서 만족스럽지 못했는데, 와인버그는 게이지 대칭의 자연 파괴 기교를 접합하여 해결한 것이었다. 더욱이 와인버그는 비록 증명하지는 못했어도 자기 이론이 재규격화가 가능하리라는 그럴듯한 이유를 제시했다.

12.   게이지 이론

한마디로 게이지 이론이라 말하지만 좀 더 정확히 표현하면 '게이지 대칭 이론의 양자화'에 관한 이론이다. 우선 대칭부터 살펴보자. 대칭이란 어떤 변환에 대해 물리계가 지니고 있는 보존성을 뜻한다. 보기로 일정한 온도로 유지되는 커다란 방 안에서는 온도계의 위치를 옮겨도 온도가 같으므로 병진(竝進) 대칭이 있다고 한다. 또한 지구가 완전한 구라면 지표면상에 어느 위치에 있거나 중력의 크기는 같고 지구 중심 방향을 가리킨다. 이를 구면 대칭 또는 회전 대칭이라 한다. 그리고 거울을 통해 손바닥을 보면 왼손과 오른손의 좌우가 바뀌는데 이것이 '공간 반전' 대칭이다. 시간은 어떤 시각을 원점으로 미래를 플러스, 과거를 마이너스 방향으로 정할 수 있으나 반대로 과거를 플러스, 미래를 마이너스로 볼 수도 있다. 이는 시간 반전이다.

물리계가 대칭성을 가지면 보통 어떤 물리량이 보존된다. 즉 시간이 지나도 변하지 않는다. 공간 병진에 관한 대칭성으로 운동량이 보존되고, 시간 병진으로 에너지가 보존된다. 회전 대칭으로 보존되는 것은 회전 운동량이다. 우리가 자연 현상을 기술하려면 기준 좌표축들을 선정해야 되는데 이러한 대칭성이 있다면 시공간에서 언제, 어느 지점을 원점으로 정해도 좋고 어떤 방향을 향한 좌표계라도 괜찮다. 이렇듯 대칭성은 물리계의 보존량과 깊은 관계가 있고 대칭은 당연한 현상이라 여겨진다. 그러나 물리학은 실험의 학문이다. 아무리 이론적으로 매끈하더라도 자연 현상을 제대로 기술하지 못하면 물리학 이론으로서 받아들일 수 없다. 실제로 1950년대에 양전닝과 리정다오는 베타 붕괴 같은 약한 상호 작용에서 공간 반전 대칭(P 대칭)이 깨짐을 제안하여 이내 실험으로 확인되었다. 그 결과, 오른손과 왼손은 단지 거울에 비쳐 보듯 대칭 관계에 있는 것이 아니라 본질적으로 구분될 것이라는 것을 알게 되었다. 한편 모든 물질이 반대 물질로(C 대칭) 바뀌어도 자연 현상의 기술에는 변함이 없다고 믿어왔으나 C대칭도 깨짐이 알려졌다. 그러나 CP 대칭은 보존되는 것 같았다. 즉 물질 세계의 오른손과 반대 물질 세계의 왼손은 구별이 안 된다는 것이었다. 그러던 중 1960년대에 CP 대칭도 깨어짐이 발견되었고, 우주의 진화 과정을 이해하는 데 큰 영향을 미쳤다.

현재 우리가 이해하는 우주는 약 150억 년 전에 천지개벽(대폭발)이 일어났고, 태초에는 온도도 지극히 높고 모든 소립자들이 분리되어 가장 기본적인 입자들의 형태로만 존재했다. 그동안 우주가 팽창하면서 온도는 내려가고 기본 입자들은 결합되어 핵자 등이 형성되고, 오늘의 우주로 진화해 온 것이다. 우주 생성 초기에는 입자와 반대 입자가 같은 양으로 생겼지만 우주의 진화 과정에서 반대 입자로 구성된 우주는 사라지고 현재의 우주는 물질로만 되어 있다. 이것을 CP 대칭의 파괴 현상으로 설명한다.

대칭은 물리계의 성격을 근본적으로 이해하도록 도와준다. 그리고 대칭에는 여러 가지가 있다. 앞서 말한 병진, 회전, 반전 대칭뿐만 아니라 입자-반입자 대칭, 똑같은 입자의 교환 대칭 등을 생각할 수 있다. 게이지 대칭도 그중 하나이다. 게이지 대칭은 전자기학에서 먼저 인식되었으나 양자 벌판(quantum field) 이론에서 더욱 근본적으로 이해되었다. 게이지란 어떤 측정의 척도를 말하는데, 이론의 발달 초기에 척도의 변환에 따른 물리 법칙의 불변성과 관련 있으리라 생각되어 그렇게 불린 것이다. 게이지 변환에는 포괄적(global) 변환과 국소적(local) 변환이 있다. 포괄적 변환은 시공간에 관계없이 일률적으로 변하는 것이다. 한 예로, 두 전극 사이에 전압을 걸어 둘 때 물리 현상에서 중요한 것은 전위 차이지 전극의 전위가 아니다. 시공간의 모든 점에서 일정한 전위만큼 바뀌어도 똑같은 현상이 일어난다. 때문에 고압선에 앉아 있는 새는 감전되지 않는 것이다. 따라서 일정한 값만큼 전체의 시공간에서 전위가 변하는 것은 포괄적 변환이다. 한편 때와 장소에 따라 변하는 값이 다르면 국소적 변환이 된다.

다음에는 양자화 현상을 살펴본다. 뉴턴 이론은 자연 현상을 잘 설명하지만 원자처럼 작은 미시 세계에서는 통하지 않는다. 미시 세계의 입자는 거시 세계의 입자와 파동성을 동시에 지니고 있으며 물리계는 파동

함수로 기술된다. 그리고 자연 현상은 확률적으로 발생한다. 한편 뉴턴 이론에서는 필연적으로 발생하는 것이다. 정해진 위치에서 정해진 방향으로 정해진 속도로 던진 물체는 항상 똑같은 궤도로 날아간다. 하지만 미시 세계에서는 다르다. 비록 확률이 크거나 작을 수는 있어도 여러 가지 가능성이 있다. 그 결과 뉴턴 역학에서 볼 수 없는 현상들이 나타나는데, 에너지의 양자화 현상이 대표적이다. 용수철에 연결된 추는 잡아당겼다 놓으면 왕복으로 진동하는데 그 에너지는 당긴 거리에 관계되고 거리는 임의로 조절할 수 있으므로 에너지는 0부터 무한대까지 어느 값이든 가질 수 있다. 즉 진동체의 에너지는 연속적이다. 그러나 양자 세계에서는 다르다. 특정한 에너지 값만 가질 수 있고 이들은 번호로 헤아릴 수 있다.

흔히 거시 세계에서는 뉴턴 역학이, 미시 세계에서는 양자 역학이 적용된다고 생각하는데 양자 역학은 거시 세계에서도 성립하므로 뉴턴 이론을 내포한다. 양자화된 에너지가 거시 세계에서는 워낙 촘촘히 나열되어 있기에 마치 연속인 것처럼 보일 뿐이다. 양자 현상은 항상 존재하지만 거시적으로는 관찰하기 힘들고 미시 세계의 특징이 나타날 때에만 알 수 있다. 원자들은 각각 고유한 에너지 값들을 갖는데 전자가 낮은 에너지 준위로 옮길 때 에너지 차이에 해당하는 빛을 발생한다. 이것은 네온사인의 동작 원리인데, 방전 기체가 정해지면 에너지 준위도 결정되므로 빛의 색깔도 확정된다.

양자 세계에서 국소적 게이지 대칭이 존재하려면 게이지 벌판이 존재해야 하고 양자화된 게이지 입자가 있어야 한다. 광자(빛 알갱이)는 바로 전자기 벌판의 게이지 입자인 것이다. "빛이 생겨라."라는 성경의 창세기 구절은 게이지 대칭성이 존재해야 한다는 것과 같다.

양자 세계에서는 입자 간에 가상적인 입자를 교환함으로써 온갖 작용이 일어난다고 해석한다. 따라서 대전된 두 입자가 있을 때 이들이 가상의 광자를 교환하면 전기 작용이 일어나고 같은 개념을 약작용에도 적용할 수 있다.

그러나 전자기 작용을 양자화한 양자 전자기학에서 전자의 자성처럼 어떤 물리량을 계산하면 뜻하지 않게 무한대가 되어 물리학자들을 난감하게 만들고 물리 이론으로서의 예측 가능성이 없어진다. 이 문제를 해결하기 위해 체계적으로 무한대의 발생을 제거할 수 있는 새로운 이론이 알려졌는데, 바로 재규격화(renormalization) 이론이다. 재규격화란 양자 현상에서 생기는 무한대를 없애 주고 측정으로 확인 가능한, 즉 예측 가능한 결과를 얻게 하는 것이다. 따라서 어떤 물리 이론을 우리가 받아들이기 위해 재규격화는 필요 조건이 되었다. 양자 전자기학은 재규격화가 가능함을 이미 앞장에서 기술하였고, 놀랄 만큼 자세하게 이론과 실험이 일치한다.

그런데 약작용에서 재규격화는 문제이다. 게이지 대칭은 게이지 입자의 질량이 0임을 요구하는데 양자 전자기에서는 괜찮지만 약작용의 게이지 입자인 W 입자는 수소 원자보다 100배 정도 무거운 것으로 알려져 있다. 그래서 질량 때문에 게이지 대칭이 깨지고 이대로는 재규격화가 안 된다.

와인버그는 게이지 대칭이 처음부터 파괴되는 것이 아니라 자연 파괴하는 대칭이라는 교묘한 방법을 도입했다. 질량이 있는 게이지 입자를 인위적으로 도입하면 게이지 대칭이 깨지고 재규격화도 안 된다. 하지만 처음에는 질량이 없는 게이지 벌판을 써서 대칭을 유지하며 재규격화를 시킨 후 바닥 상태가 게이지 대칭을 스스로 파괴하여 게이지 입자가 질량을 얻게 하는 것이다. 와인버그는 자신의 논문에서 자연 파괴하는 게이지 대칭 이론은 재규격화가 가능할 것이라고 제의했다. 즉 자신의 이론은 전자기 작용과 약작용을 통합할 수 있고 예측 가능한 계산 결과를 주어 실험과 비교가 가능하리라는 것이다. 그러나 그 이론이 실제로 재규격화가 증명되지 못했으므로 일반 학계에서는 받아들여지지 않은 상태였다. 여기까지가 1972년 토프트, 펠트만, 이휘소의 이론이 등장하기 전까지의 상황이었다.

이휘소는 1968~1969년에 파리에서 연구년을 보내는 동안 네덜란드 출신 이론 물리학자 펠트만으로부터 미국에서는 볼 수 없는 두 소련 학자들의 논문과 파인만의 폴란드 강연 내용을 접하게 되었는데, 그의 게이지 이론에서 중요한 역할을 한다.

1970년 여름, 지중해 코르시카 섬에 있는 카쥐스라는 작은 마을에서 개최된 하계 입자 물리 학교에 이휘소는 강연자로 초대받았다. 이 하계 학교의 주관자는 프랑스의 레비로서 겔만과 함께 시그마 모형을 제창했는데, 이휘소는 이 모형 이론의 자연 대칭 파괴와 재규격화에 관해 강의하였다.

한편 펠트만의 논문 지도를 받는 대학원생 토프트는 카쥐스 하계 학교에 참석했는데 강의실 한쪽에 앉아 항상 사색에 잠겨 있는 모습이 강연자인 이휘소에게 강한 인상을 주었다. 토프트는 하계 학교에 오기 전

이미 이 모형 이론을 자세히 공부해 둔
상태였다. 그는 지도 교수인 펠트만과 함
께 양-밀스 게이지 이론을 연구하고 있
었는데, 이 연구에 겔만-레비 모형 이론
을 적용할 수 있을지도 모른다는 생각을
했다. 하지만 막연한 생각일 뿐 실제로
큰 도움은 안 되리라 믿었다. 지도 교수
가 이 모형 이론과 전혀 다른 수학적 방
법을 제자인 그에게 공부해 보라고 제안

토프트

제공 | 미국 물리학회

했기에 토프트도 스승의 관점을 따르고 있었던 것이다.

그런데 이휘소의 강연을 들은 토프트는 펠트만의 방법보다 이휘소가
시도하고 있는 접근 방법이 자기 연구에 보다 적절하겠다는 생각을 하게
되었다.

그래서 강연이 끝난 후 이휘소에게 다음과 같은 질문을 던졌다.

"선생님이 강의하신 겔만-레비 모형 이론에 대한 양자 현상 접근 방법
을 양-밀스 게이지 벌판 이론에 적용해 볼 수도 있을까요?"

이휘소의 대답은 명쾌했다.

"좋은 아이디어입니다. 당신의 지도 교수인 펠트만 박사가 양-밀스 게
이지 이론의 전문가입니다. 그와 상의하여 자문을 얻어보세요."

토프트는 카쥐스 하계 학교에서 돌아온 후 펠트만에게 이휘소의 강연
을 설명하면서 그의 접근 방법을 양-밀스 게이지 이론에 적용해 보자고
건의했다. 하지만 펠트만은 자기 나름대로의 방법론이 있는 터라 시들한

반응을 보였다.

당시 펠트만은 까다롭고 지루한 계산을 수행할 수 있는 '스쿤십'이라는 컴퓨터 프로그램을 개발해 사용하고 있었다. 펠트만은 자신이 생각하는 수학적 방식을 이 프로그램을 이용해 계산하고 있었지만 여러 차례의 시도에도 불구하고 원하는 결과를 얻지 못했다. 스승인지라 펠트만의 방법을 따라 연구하면서도 토프트는 이휘소에게서 배워 응용한 자신의 계산 방법이 펠트만이 시도하고 있는 방법보다 더 우수할 것이라는 신념을 가졌다.

토프트의 오랜 설득 끝에 펠트만은 제자의 계산 방법을 자신의 컴퓨터 프로그램에 적용해 보기로 했다. 그리고 결국, 수치를 잘못 입력해 계산을 반복하는 우여곡절은 있었지만 모든 계산이 예상한 결과대로 나오는 것을 확인할 수 있었다. 펠트만이 수년 동안 매달려 온 양-밀스 게이지장 이론의 양자 현상 계산 방법이 해결되는 순간이었다. 펠트만이 모든 방법을 시도해 봐도 안 되던 것을 토프트가 결정적으로 지원해 준 것인데, 토프트의 방법은 바로 이휘소의 강의에서 영감을 얻었던 것이다.

1972년 여름에 네덜란드 암스테르담에서 대규모 입자 물리학 국제 학회가 개최되었다. 펠트만은 학회 주관자 중 한 사람이었다. 이 학회의 양자장 이론을 다루는 분과 발표 회의에서 펠트만은 여러 유명한 학자들에게 양-밀스 게이지 벌판 이론에 대한 연구 결과를 발표하도록 먼저 순서를 배정했다. 이들의 발표가 끝난 후 펠트만은 토프트에게 기회를 주었다. 여느 유명한 학자들과 달리 토프트는 대학원생에 불과했기 때문에 발표 시간이 10분밖에 주어지지 않았다.

짧은 시간이었지만 펠트만-토프트의 방법론은 물리학자들의 주목을 끌었다. 그것은 전혀 생각지 못한 새로운 방향의 접근이었던 것이다. 하지만 그런 주목에도 불구하고 이들의 이론을 인정하려는 학자들은 많지 않았다. 이들의 이론이 모든 경우에 적용되는 것이 아닌 데다 계산 과정이 너무 복잡해 이해하기가 쉽지 않았던 까닭이다.

이에 앞서 펠트만은 이휘소에게 토프트가 쓴 두 편의 프리프린트를 주며 자기 제자가 이휘소에게서 배운 겔만-레비 모형의 자연 대칭 파괴와 자기에게서 배운 양-밀스 이론을 종합해 자연 파괴하는 게이지 대칭을 가진 이론의 재규격화에 성공했다고 귀띔해 주었다.

이때 이휘소가 토프트의 지원자로 나섰다. 물론 이휘소가 학회에서 토프트의 발표를 들은 것은 그 자신에게도 큰 소득이었다. 이휘소는 토프트가 제안한 방법론이 중요하다는 것을 누구보다 먼저 인식했다. 그리하여 당시 진행 중인 연구 과제들을 모두 중지하고 펠트만과 토프트가 개발한 양-밀스 게이지장 이론의 재규격화 방법론을 확실하게 규명하는 데 모든 심혈을 기울였다.

1972년 여름은 아직 다 지나지 않았다. 암스테르담 국제 회의에서 돌아온 이휘소는 페르미 연구소를 방문하도록 일정이 잡혀 있었다. 오랜 외국 여행의 여독이 풀리기도 전에 이휘소는 밤을 새우다시피 해가며 재규격화를 연구했다. 무언가 조각 그림이 일사천리로 맞아 들어가는 느낌이었다. 개학에 맞추어 스토니 브룩으로 다시 오는 것은 이틀 정도의 운전 거리인데 심만청이 운전하고 이휘소는 뒷좌석에서 재규격화 문제 해결에 골몰해 있었다.

명석한 이휘소는 이들의 방법론을 정확히 이해하는 데 오랜 시간이 걸리지 않았다. 뿐만 아니라 이들을 보다 조직적이고 이해하기 쉽도록 재구성하는 다른 방법론까지 찾아냈다. 그는 이미 겔만-레비 모형을 범함수 방법으로 재규격화될 수 있음을 증명한 후 일반적으로 보편화된 연산자 방법으로도 입증했다. 범함수란 함수를 변수로 하는 함수이다. 일례로 운동 에너지는 속도의 제곱에 비례하므로 속도를 변수로 하는 함수라 할 수 있다. 그러나 속도는 일반적으로 시간이나 공간의 함수이므로 운동 에너지는 속도의 범함수이다. 이휘소는 이 방법을 활용했으며, 이후 이론가들은 범함수 방법을 애용했다.

이휘소가 게이지 이론의 재규격화에 몰두하고 있다는 소문을 와인버그도 알게 되었다. 그는 이휘소에게 전화를 걸어 각자의 연구 노트를 비교해 보자고 제안했다. 이때부터 두 사람 간의 친밀한 관계가 유지되고 공동 연구도 진행되었다.

결국 학자들은 이휘소의 논문을 통해 펠트만-토프트의 방법론이 옳다는 것을 알게 되었다. 무명의 대학원생이 계산한 결과에 대해 많은 사람들이 갖고 있던 의구심을 이휘소의 연구가 잠재울 수 있었던 것이다.

이휘소는 1972년 가을 학기에 스토니 브룩에서 '게이지 이론'에 관한 대학원 강의를 했는데, 교실은 대학원생보다 이론 물리 전공 교수와 박사 연구원들로 꽉 찰 지경이었다. 이 강의록은 에이버스가 정리하여《피직스 리포트(*Physics Report*)》라는 학술지에 단행본 형식으로 발표했는데 대부분의 물리학자들은 이 논문으로 양-밀스 게이지 이론의 양자화를 공부할 정도로 즐겨 찾는 지침서이다.

토프트는 1999년 노벨상을 수상한 후 이휘소의 인간적인 면과 학자적 성실성을 이렇게 추억하고 있다.

이휘소 박사는 명성에 걸맞게 아주 정직한 학자였다. 그는 자신이 이 분야에서 보탠 업적이 정직하고 공정하게 평가되도록 항상 노력했다. 그는 전혀 반대의 스타일로 살아가는 많은 미국의 물리학자들과는 달리 그 자신에 합당한 학문적 기여도 이상을 만들려고 노력하지 않았다.

하지만 이휘소와 오랜 친구인 펠트만은, 이후 학회에서마다 그의 불같은 성미를 이기지 못하고 이휘소에게 이 박사의 논문들이 자신의 업적에 새로운 것이라곤 아무것도 보태지 못했으며, 따라서 이 문제의 해결에 관한 한 아무런 공로도 인정할 수 없다고 소리 지르기 시작했다.

이럴 때마다 이휘소 박사는 내게 개인적으로 다가와, 펠트만 교수가 왜 그러는지 모르겠다며 푸념을 늘어놓았다. 내가 보기에는 이휘소가 모두 옳았다. 그가 우리의 계산 이후, 이 문제에 관해 발표한 논문들은 모두 상당한 가치가 있는 일들이었으며, 그에 관한 업적은 충분히 인정받아야만 했다.

이휘소는 당시 에이버스라는 젊은 연구원과 함께, 양-밀스 게이지 벌판 이론의 양자 현상 계산 방법에 관한 긴 보고 논문을 완성했다. 이 논문은 이후 엄청나게 많이 인용되었는데, 그 이유는 당시 이 분야에 관심을 가지고 연구를 시작한 많은 학자들이 이휘소가 개발한 방법이 펠트만과 내가 원래 개발하였던 파인만 도형을 이용한 증명 방법보다 훨씬 직관적으로 이해하기 쉬웠기 때문이었다. 따라서 객관적인 입장에서 공평하게 이야기하자면, 이휘소의 논문들은 우리의 것들과 상보적인 관계에 있었다고 본다. 결론적으로, 이휘소의 논문들로 인해 국제 학계에서 많은 동료 학자들이 우리가 개발했던 방법론이야말로 제대로 완성된 방법임을 인정하는 계기가 마련되었다.

이후 70년대 초 수년간 이휘소는 양-밀스 게이지 이론을 바탕으로 구성된 전자기-약력에 관련된 제반 문제들을 해결하는 데 가장 중추적인 역할을 수행하였다. 되돌아보건대, 이때가 가장 즐겁고 흥분된 시기가 아니었나 생각된다. 여러 가지 이론적 착안뿐만 아니라 실험적으로도 여러 가지 많은 발견이 이루어졌다.

이런 사연으로 토프트는 자신의 지도 교수 이상으로 이휘소를 존경하게 되었다. 이휘소 또한 토프트의 명석한 재능과 성실한 자세에 감탄하여 친구처럼 대해 주었다.

1972년 가을에 이휘소는 토프트를 스토니 브룩에 세미나 연사로 초대했다. 연사 소개에 나선 이휘소는 웃으면서 "오늘의 연사는 토프트 씨(Mr. 't Hooft)입니다. 강연 제목은……" 하면서 세미나를 시작했다. 통상 "오늘의 연사는 아무개 박사입니다 또는 아무개 교수입니다." 하게 마련인데 토프트는 아직 공식적으로 박사 학위를 받지 않은 상태였기에 학생 신분으로서 얼마나 큰 연구 성과를 얻었는지를 칭찬하려는 목적이었다.

세미나가 있는 날은 초청자가 연사를 비롯해 몇몇 가까운 사람들을 초대하여 저녁 식사를 함께하며 물리학이나 세상 사는 이야기 등을 나누며 친분을 쌓는 것이 관례이다. 토프트는 이미 특별히 대우받는 세미나 연사였다. 그날 저녁 레스토랑에서 식사를 하고 난 후 물리과 교수인 프리드먼의 자택에서 다과회가 열렸다. 이 자리에는 이휘소와 강주상도 함께 참석했다.

이날 다과회 자리에서 토프트의 천재성을 엿볼 수 있는 재미있는 일화가 있다.

사람들이 모인 거실 한 구석의 카드 테이블 위에 조각 그림 맞추기에 쓰이는 조각들이 쌓여 있었다. 프리드먼 부인이 벼룩시장에서 산 것으로 천 개의 모든 조각이 단색인데 조각을 다 맞추면 둥근 원반이 되는 조각 그림이었다.

이것은 상당히 어려운 조각 그림이었다. 조각 그림을 완성하면 대개 사각형 액자에 들어갈 수 있는 네모의 한 폭 그림이 된다. 일반적인 요령은 가장자리에 있는 조각에 직선 부분이 포함된 것을 감안하여 이들을 먼저 골라서 테를 완성한다. 조각들은 모두 그림의 일부가 되는데, 조각의 가장자리 모양과 조각 위의 색깔 분포가 중요한 열쇠이다.

그런데 프리드먼의 조각 그림에는 이러한 요령이 잘 통하지 않는다. 우선 가장자리가 원의 일부이므로 직선이 아닌 곡선이다. 또한 모두 단조로운 한 가지 색으로만 돼 있어 조각을 제자리에 맞추는 데 색깔의 연관성이 적용되지 않는다. 결국 조각의 모양에만 의존해야 한다.

다과를 먹으면서 몇 사람들은 조각 그림 맞추기를 시도했는데 원의 곡선을 먼저 찾아 원의 가장자리부터 몇 개를 성공했다. 그러나 토프트는 원의 중심부터 맞추어 나오는 것이었다. 도형에 대한 그의 인식 능력이 얼마나 뛰어난지를 보여 주는 증거일 것이다. 토프트가 하도 열심히 조각을 맞추고 있자 프리드먼 부인은 나중에 조각들을 토프트에게 선사했고, 얼마 후 그는 완성된 원반을 자기 연구실에 걸어 놓았다.

이휘소는 가족이나 친구에게 자기가 하는 일을 설명할 때 물리 연구를 조각 그림 맞추기에 비유하는 경우가 많았다. "조각 그림을 맞추며 나아가다 보면 전체 그림에 관한 형상이 떠오릅니다. 하지만 어느 단계에 이르기까지는 확실히 무어라고 말할 수 없습니다. 새로운 입자들이 나타내는 여러 징조에 대해서도 마찬가지로 느낍니다. 잘 들어맞는 조각 그림도 있지만 이들이 어떻게 전체적으로 제대로 들어맞을지 분명하지 않습니다. 어떤 조각은 어디에도 맞는 데가 없는 곳이 없어 보이기까지 합니다. 대부분의 경우, 실험적 발견은 전혀 기대하지 않은 상태에서 일어나는 것이 아닙니다. 그러나 미리 예상 못했던 놀라움이 기다리고 있는 것입니다. 이래서 입자 물리학은 감질나게 재미있는 것입니다. 절망과 좌절을 겪을 때에는 누군가 두 상자의 조각 그림 세트를 섞어서 주고 나보고 맞추어 보라고 하는 듯한 기분입니다. 그러나 나는 아인슈타인이 언젠가 한 말을 믿습니다. '신은 섬세하지만 악의는 없다.'"

이휘소는 인류 문화의 거대한 흐름에서 물리학을 다음과 같이 표현했다.

"인간이 상상하는 것 이상으로 자연은 여러 가지 가능성을 보여 줍니다. 오늘 알아낸 지식은 후손들에게 물려주는 유산이 될 것입니다. 이것이 바로 문명입니다. 누가 이러한 지식을 알게 되었는가는 결국 세인의 기억에서 사라질 것입니다. 그러나 한 시대, 한 국가가 이룩한 영감과 성취 결과는 영원히 기억에 남는 것입니다."

13.

노벨상 메이커

'경입자 모형' 이론으로 노벨상을 받게 된 와인버그는 이휘소의 게이지 이론으로 큰 덕을 보았다고 할 수 있다. 이휘소의 논문이 나오기 전까지 와인버그의 논문은 하나의 새로운 제안으로만 받아들여졌을 뿐, 확립된 이론으로 중요성을 인정받지는 못했다. 그런데 이휘소의 논문으로 재규격화가 증명됨으로써 와인버그의 옛 논문이 갑자기 학계에서 주목을 받게 되었던 것이다. 와인버그의 「경입자 모형」은 이전에는 학술지에 인용 실적이 미미했는데 재규격화가 알려지자 폭발적으로 많이 인용되었다.

이 이론이 발표 당시 큰 주목을 받지 못한 까닭은 대개 두 가지이다. 첫째는 재규격화 문제이고, 둘째는 이 이론의 특징이라 할 수 있는 중성 흐름(neutral current)의 부재 사실이다. 그동안 연구 결과는 약작용에 관계된 흐름이 전하가 변하는 흐름만 있다고 생각되었다. 그러나 와인버그의 이론은 중성인 입자의 흐름, 즉 중성 흐름도 약작용에 관계하고 있다는 것이다. 이런 중성 흐름이 당시에는 실험적으로 발견되지 않았다. 이제는 재규격화가 입증되었으므로 중성 흐름만 밝혀지면 된다. 드디어 1973년에 유럽 입자 물리 연구소(European Organization for Nuclear Research, CERN)에서 발견되었고, 와인버그를 포함한 세 사람이 노벨상을 수상하게 된다.

이휘소에게 더욱 큰 덕을 보았다고 할 만한 사람이 있다. 파키스탄 물리학자로 수상한 살람이다.

1974년 여름, 영국 런던에서 고에너지 물리학 국제 회의가 열렸다. 격년으로 개최되는 이 회의는 전 세계의 많은 입자 물리학자들이 참가하는 권위 있는 국제 학술회의이다. 이휘소는 전체 회의의 연사로 초청되어 전약(電弱) 작용에 관해 전반적인 발전 상황을 종합 강연하도록 일정이 잡혔다. 이때에는 게이지 이론의 재규격화 문제가 해결되었으므로 와인버그의 1967년 논문「경입자 모형」은 화려한 각광을 받고 '와인버그 모형'으로 통용되었다. 강연 전날 휴식 시간에 이휘소가 김정욱과 커피를 마시면서 담소하고 있을 때 살람이 다가왔다. 그는 이휘소에게 자기도 와인버그와 똑같은 연구 결과를 발표했는데, 사람들이 인정하지 않는다며 불평을 늘어놓았다. 이휘소는 그 이유를 설명해 주었다. 우선 살람의

살람　　　　제공 | 미국 물리학회

연구 결과는 와인버그보다 1년 늦은 1968년에 발표되었고, 그것도 학술지가 아닌 학술회의 프로시딩(Proceeding, 회의 보고서)이었으며 와인버그처럼 라그랑지안을 구체적으로 제시하지 않은 점을 지적했다. 살람은 그렇지 않다며 저녁이나 같이하면서 좀 더 이야기하자고 했다.

다음날 이휘소의 강연이 시작되기 전, 김정욱은 지난 저녁 일이 궁금하여 무슨 일이 있었는가를 물었다. 이휘소는 "살람에게 잘 대접받았소. 그런데 그의 주장이 하도 강하고, 또 들어 보니 수긍이 가서 아무래도 인정해 줘야 할 것 같소."라고 말했다.

얼마 후 강연이 시작되었다. 이휘소가 미리 준비한 OHP 용지에는 '와인버그 모형'이라고 씌어 있었는데, 강연 도중에 그는 와인버그 이름 다음에 삽입 기호 V를 표시하고 거기에 살람이라는 이름을 적어 넣었다.

$$\text{와인버그} \overset{-\text{살람}}{\vee} \text{모형}$$

살람이 발표한 이론이 와인버그 이론과 동등한 자격이 있음을 공식적으로 인정해 준 것이다. 그 후 학계에서는 '와인버그-살람 모형'이라는 이름으로 통용되었고, 살람은 와인버그, 글래쇼와 함께 1979년 노벨 물리학상을 공동 수상하게 된다. 살람이 노벨상을 받으면서 "이휘소는 현대 물리학을 10여 년 앞당긴 천재이다. 이휘소가 있어야 할 자리에 내가 있는 것이 부끄럽다."라고 말했다는데, 사실이라면 이휘소에게 고마움을 나타내는 뜻으로 한 것이리라.

업적이 상당한 과학자 중에는 노벨상에 집착이 강한 사람들이 상당히

파키스탄 하계 학교에서의 이휘소(1976년)

있다. 살람도 그중 하나였다. 노벨상 위원회는 흔히 특정 대학 교수들에게 후보 추천을 의뢰하는데, 어느 해에 존스 홉킨스 대학에 추천 요청이 왔다. 살람은 즉시 절친한 친구를 통해 자신을 추천해 달라고 로비 활동을 적극 펼쳤다. 그가 이휘소를 찾아온 것도 그런 적극성 때문이었다.

아무튼 이휘소 덕분에 '와인버그-살람 모형'이 되어 살람은 와인버그 등과 같은 반열에 오르게 되었고, 자신의 적극적인 로비로 노벨상의 명예를 얻었다. 와인버그-살람 모형은 후에 입자 물리학에서 '표준 모형'의 핵심을 이루는데, 아직 확실하게 입증은 안 되었어도 실험과 어긋나는 점이 없어 새로운 이론이 나온다 해도 와인버그-살람 모형의 내용은 그대로 수용하리라고 학계에서는 믿는다.

살람은 파키스탄 출신으로 펀자브 대학을 마친 후 영국의 케임브리지 대학에 유학하여 박사 학위를 얻었다. 그리고 귀국하여 대학 교수가 되었다. 그러나 연구 시설 부족과 열악한 연구 환경에 좌절을 느끼고 외국에 진출하여 물리학 연구를 계속할 것인지, 아니면 파키스탄에서 조국을 위해 헌신할 것인지 깊은 고민에 빠졌다. 결국 그는 물리학을 선택했고, 영국의 임페리얼 대학 교수로서 활발한 연구 활동을 재개했다.

그러나 마음속에는 조국의 낙후한 교육, 연구 환경에 대한 어두운 그림자가 늘 드리워 있었다. 그래서 살람은 UNESCO와 IAEA의 지원 아래 이탈리아 정부의 도움으로 1964년 트리에스테에 국제 이론 물리 센터(ICTP)를 설립하고 제3세계의 물리학 발전에 심혈을 기울였다. 물리학과 조국을 모두 선택한 셈이다. 그는 노벨 상금도 모두 파키스탄의 젊은 물리학자 지원 사업에 사용하였다.

이휘소는 자기보다 10년 정도 연상인 살람의 인생 역정을 보고 많은 공감을 느꼈을 것이다. 두 사람 모두 개발 도상국의 뒤떨어진 교육 환경에서 대학 시절을 보냈고, 살람은 영국, 이휘소는 미국에 유학하여 선진국 대학원 과정을 마친 후 능력을 십분 발휘하여 세계적 명성을 지닌 물리학자가 되었다. 이휘소도 물리학과 조국의 갈등에서 물리학을 골랐다. 그러나 그도 어느 정도의 명성을 얻은 후에는 한국을 위하여 무엇인가 해야 할 의무를 강하게 느꼈다. 단지 당시 유신 독재 체제하에 있는 한국의 국내 환경이 못마땅할 뿐이었다.

이휘소에 대한 살람의 존경심은 너무 각별해 1978년 서울에서 개최된 이휘소 추념 국제 학술회의에도 참석할 정도였다. 당시에 아직 노벨상은 못 받았으나 시간 문제라는 게 학계의 분위기였다. 이에 앞서 살람은 파키스탄 정부를 설득해 파키스탄 휴양지에서 국제 하계 학교를 설립하여 제3세계의 과학 진흥 사업을 시작했는데, 첫해인 1976년은 물리학이 주제였고 이휘소를 연사로 초빙하였다.

이휘소는 대학원 교육을 단기간에 국제적 수준으로 올리는 지름길은 하계 학교의 운영이라고 믿었다. 이미 1971년 과학원의 정근모와 함께 추진 중 유신 독재로 시작도 못했으며, 1976년쯤 서울대 AID 사업이 진행되어 1978년을 목표로 서울대 주관의 하계 학교를 계획 중이어서 살람의 파키스탄 하계 학교에 관심이 많았다.

당시에는 파키스탄을 방문하는 것이 신비의 세계로의 여행인 데다 수월하지 않았다. 이휘소의 나이 41세였으나 그의 강의 모습은 마치 대학원생이나 다름없었다. 하지만 이휘소는 파키스탄 여행을 즐기지 못했다. 지역 풍토에 적응하지 못하는 바람에 일정을 단축하여 급히 미국으로 돌아왔고, 공항에서 곧바로 병원으로 달려가 입원을 했던 것이다.

토프트와 펠트만은 1999년 노벨상을 수상한다. 물론 게이지 이론의 재규격화는 이 두 사람의 업적이지만 토프트가 언급했듯이, 이휘소의 방법은 상호 보완적인 방법으로 그 업적을 충분히 인정받아야 한다. 만약 1999년에 이휘소가 생존했다면 노벨상을 수상할 수 있었을까? 필자는 '그렇다.'라고 믿는다. 하지만 이에 관해서는 의견이 갈릴 수 있다. 업적은 인정되지만 상 받을 정도는 아니라는 것이다. 노벨상을 둘러싼 논박은 항상 존재한다. 하긴 와인버그의 경입자 모형에 대하여도 시비를 걸 수 있다. 게이지 대칭은 이미 글래쇼가 발표했고, 자연 대칭 파괴는 힉스가 알아낸 것이므로 와인버그 논문에 새로운 것이 없다고 폄하하는 식이다. 실제로 워드는 이런 생각으로 와인버그와 똑같은 결론에 이르렀으나 논문으로 발표하지 않았다는 소문이 전해진다. 물리학의 발전 과정을 살펴보면, 이미 알려진 인간의 자연에 관한 지식에 학자 자신의 기여를 보태 학문이 발전하는 것이다. 자신의 기여는 과거의 기여와 관련이 있고 경계가 분명하지 않은 경우가 많다. 이 기여로 물리학이 크게 도약하였다면 그 공적을 인정받아 노벨상을 받을 수 있다. 와인버그는 자신의 논문에서 게이지 대칭과 자연 파괴 대칭을 결합하여 물리학의 도약을 이루었다. 이휘소는 토프트와 상호 보완적인 방법으로 자연 파괴하는 비가환 게이지 이론의 재규격화를 반석 위에 올려놓았다.

김영서의 지적대로 노벨상을 받으려면 두 가지가 필요하다. 첫 번째는 자신의 창의적인 물리학 업적을 이룩하는 것이다. 하지만 이것만으로는 충분조건이 못 된다. 두 번째는 이 업적이 수상되어야 한다고 학계와 심사자들이 확신하도록 홍보하는 것이 필요하다. 이는 살람의 예에서 알 수 있다. 이휘소가 생존했더라면 이 두 가지를 충족했을 것이다. 이것은 오직 그가 생존하였다고만 가정할 뿐, 그 경우 더 이룩했을 학문적 성취는 아무것도 가정하지 않은 것이다. 이휘소는 박사 학위 후 16년간 연구 활동을 하던 중 교통 사고로 사망하였고, 그의 사후 30년이 지났다. 이로써 우리는 그의 연구가 계속되었더라면 어떤 업적을 남겼을지를 상상해 볼 수 있다.

　비록 자신은 노벨상을 못 받았지만 이휘소의 연구 결과와 직접·간접으로 관련되어 여러 사람이 수상하게 되었다. 참 입자의 발견으로 1976년 릭터와 팅이 수상했고, 1979년 와인버그와 살람이 표준 모형으로, 1999년 토프트와 펠트만이 비가환 게이지 이론의 재규격화로 받았으며, 2004년에는 그로스, 윌첵, 폴리처가 점근 자유 이론으로 노벨상을 받았다.

　노벨상은 학문적 성취에 대한 최고의 인정이다. 그러나 노벨상이 학자의 목표가 될 수는 없다. 학문을 닦다 보면 큰 공헌을 하게 되고, 자연스럽게 그 공이 인정되는 과정이 노벨상이다. 마치 올림픽 경기에서 금메달을 추구하는 태도로 노벨상을 바라보아서는 안 될 것이다. 흔히 업적도 중요하지만 행운도 따라야 한다는 말이 있다. 그만큼 학문의 분야는 다양하고 심도가 깊은 것이다. 노벨상은 기초 연구 결과를 중시하기 때문에 국가적으로는 기초 과학 발전의 중요한 지표가 된다. 과학상 분야에서 노벨상을 배출한 나라는 30여 개국인데 한국은 포함되지 않는다. 여러 명을 배출한 나라들은 G7처럼 경제 선진국이거나 러시아, 중국, 스페인처럼 오랜 역사와 전통이 뚜렷한 나라들이다. 한국은 세계 10위권 경제 강국이고 역사와 전통에서는 어느 나라 못지않은 자부심을 자랑하면서도 아직까지 한 명의 노벨 과학상 수상자도 배출하지 못한 것은 과학 교육과 기초 과학 연구에 무언가 문제가 있음을 시사한다.

페르미
연구소 시절

14.　　　　　　　　　　　　　　　대학에서 연구소로

1969년 8월에 이휘소는 샌프란시스코에서 열린 고에너지 물리학회에서 처음으로 분과장으로 사회를 보게 된다. 분과장은 세미나 과정 전반을 주도하며 학회에서 발표되는 이론들을 통합하여 정리해 주는 매우 중요한 위치여서 세계 정상급 학자만이 맡을 수 있는 직책이었다. 이휘소가 국제 학회 분과장을 맡았다는 것은 그의 명성이 명실공히 세계 정상에 올라섰음을 증명하는 일이라 할 수 있다.

　각국의 대학과 연구소의 초청은 여전히 줄을 이었다. 이휘소는 샌프란시스코 학회가 끝나자마자 프랑스 파리 대학의 초청을 받아 강의하였고, 파리 고등 과학원에서 한동안 연구 생활을 하기도 했다. 그리고 1971년에는 겔만의 초청으로 로스앤젤레스 근처 파사데나에 있는 캘리포니아 공대(칼텍)의 교환 교수로 약 5개월간 방문한다.

이렇게 오랫동안 집을 떠날 때면 이휘소는 언제나 그러하듯 가족을 모두 동반하여 거처 자체를 옮겼다. 마치 군인이 부대를 따라 수시로 집을 옮기듯 이동이 빈번한 탓에 그의 집 안에는 이렇다 할 가구가 별로 없었다. 로스앤젤레스에는 한국인과 일본인이 많았고 한국 음식점도 꽤 있었다. 날씨도 한국과 비슷하게 온화한 기후여서 이휘소는 자주 가족과 함께 외출하여 외식을 했고, 주말이면 가까운 바닷가에 놀러 가기도 했다. 그리고 한국 학생들과도 자주 어울렸다.

이 무렵 이휘소는 어머니에게 편지를 보내 한국에 다녀가고 싶다고 말한다. 코리아타운이 있는 로스앤젤레스에서 한국 풍물과 음식을 접하면서 고국이 그리워졌던 모양이다. 하기야 어느덧 조국을 떠난 지 15년이었다. 얼마간 머물다 간 어머니 말고는 그동안 장성해 있을 동생들은 한 번도 본 적이 없고, 전쟁의 상흔만 가득하던 조국이 그동안 얼마나 발전했는지도 궁금했을 것이다.

이휘소는 아내 심만청과 귀국에 대해 구체적인 계획을 논의하지만 끝내 귀국하지 못한다. 잠시도 비울 수 없을 정도로 그가 관여하고 있는 일들이 너무 많았기 때문이다. 아무래도 훗날을 기약해야겠다고, 이휘소는 아쉬움을 담아 어머니에게 편지를 쓴다.

캘리포니아 대학에서 돌아온 이휘소는 페르미 국립 가속기 연구소로 직장을 옮겼다. 정식 직장으로는 1961년 펜실베이니아 대학 조교수가 된 이후 프린스턴 고등 연구원과 뉴욕 주립 대학을 거쳐 네 번째 직장이었다. 이와 함께 시카고 대학 물리학과 교수직도 겸임하게 되었다.

페르미 국립 가속기 연구소와 윌슨

페르미 국립 가속기 연구소(Fermi National Accelerator Laboratory)는 줄여서 FNAL 또는 페르미랩(Fermilab)이라 불린다. 처음에는 그저 국립 가속기 연구소라 했는데, 후에 핵 연쇄 반응을 처음으로 성공시킨 이탈리아 출신 물리학자 페르미를 기려 페르미 연구소가 된 것이다. 1967년에 설립되었으며 거대한 입자 가속기 시설을 보유하고 있다. 현재 운영 중인 테바트론 가속기는 둘레가 6킬로미터 이상인 원형 가속기가 섭씨 −268도의 극저온 상태에서 초전도체 자석을 이용하여 양성자 같은 소립자를 고에너지로 가속시킨다. 물질과 에너지의 궁극적인 성질 규명에 이렇게 높은 에너지를 갖는 입자를 이용해 가장 근본적인 연구를 수행하고 있다. 이 가속기에서 얻는 입자의 에너지는 엄청나게 커서 일상 생활 주변에서는 보기 힘들다. 만일 전압을 걸어 대전 입자로 이 정도의 에너지를 얻으려면 1.5볼트 건전지를 직렬로 연결하여 지구 둘레를 100바퀴는 돌아야 할 것이다. 과학자들은 전기와 자기의 오묘한 성질을 이용해 몇 킬로미터의 비교적 작은 규모로 이렇게 높은 에너지를 얻는 것이다. 그동안 FNAL은 고에너지 물리학의 선두에서 새로운 소립자의 탐색에 기여했는데 b, t 쿼크와 타우 중성미자의 발견이 대표적 보기이다.

FNAL의 설립 과정은 순탄하지 않았다. 1960년 후반 미국은 베트남전으로 국가 재정 압박이 컸고, 가속기 건설 예산도 삭감되기 일쑤였다. 당시 FNAL 소장인 윌슨은 건물 공사는 가급적 뒤로 미루고 가속기 시설을 최우선으로 건설했으며, 또한 가속기 관련 기술의 연구 개발을 독려하여 예정 시한보다 빨리, 그것도 줄어든 예산 범위 내에서 연구소를 지은 것으로 유명하다.

또한 입자 가속기라면 핵무기 개발과 관련 있지 않은가 의심하는 사람들이 있는데, 윌슨은 연구소를 개방 체제로 운영하여 의문을 불식하려고 노력했다. 어떤 사람들은 무조건 핵무기와 관련된다 하여 반대했고, 또 어떤 사람들은 그렇게 거액의 국가 시설을 짓는데 국방에 기여해야 하지 않겠는가 하고 주장했다.

이에 관한 일화가 있다. 연구소 예산을 심의하는 국회 청문회에서 어느 의원이 물었다.

"국민의 세금으로 이렇게 큰 예산을 들여 연구소를 짓는데, 미국의 국방을 위하여 어떤 역할을 할 수 있습니까?"

윌슨의 대답은 간단하고 분명했다.

"아무 역할도 하지 않습니다. 그렇지만 이러한 시설이 있음으로써 우리나라는 더 지켜 내야 할 만한 나라가 될 것입니다."

페르미는 이탈리아 출신의 물리학자로서 1938년 중성자와 핵의 반응에 관한 연구로 노벨상을 받았다. 수상 직후 그는 가족들을 데리고 미국으로 건너갔다. 당시 이탈리아는 파시스트 통치하에 있어 자기 부인이 유대인이라 화를 당할까 두려워서라는 말도 있고, 연구욕에 불타는데 가난한 이탈리아에서는 연구를 계속하기 힘들기 때문이었다고도 한다.

페르미   제공 | 미국 물리학회

페르미는 실험과 이론에 두루 통달한 물리학자였다. 베타 붕괴에 관한 그의 이론은 와인버그-살람, 토프트, 이휘소의 이론이 확립될 때까지 약작용에 관한 대표적인 이론으로 통용되었다. 그는 최초로 원자핵 반응로를 건설한 것으로 유명하다. 미국에 온 후 처음에는 뉴욕의 컬럼비아 대학에서 핵분열에 관한 연구를 수행했고, 이것이 맨해튼 사업으로 이어져 시카고 대학에서 핵의 연쇄 반응을 성공시켰다. 미국은 이 사업을 확장하여 로스앨러모스에서 본격적인 맨해튼 사업을 추진하여 핵무기를 개발했다. 그는 53세에 위암으로 작고하였으나 그의 천재적인 재능과 원만한 인간 관계는 많은 사람들의 기억 속에 남아 있다. 특히 이론과 실험 모두에서 두각을 나타내 물리학자들의 존경을 받았다. 그는 어림 계산에 능해 지구 둘레를 돌아가는 입자 가속기를 만들면 어느 정도의 고에너지를 얻을 수 있는가 추측하기도 했다. 그의 어록 중 다음과 같은 말은 그의 창의성을 엿보게 한다.

"가능한 실험 결과는 두 가지뿐이다. 결과가 처음의 가정을 입증하면 측정 실험을 한 것이다. 그러나 결과가 처음 가정에 모순되면 새로운 발견을 한 것이다."

현재 유럽의 제네바에 있는 유럽 고에너지 물리 연구소(CERN)와 함께 페르미 연구소는 고에너지 물리학 연구에서 쌍벽을 이룬다. 입자 가속기는 1930년대에 로런스가 사이클로트론을 발명한 이래 규모가 점점 커졌다. 물론 건설 비용도 증가하기 마련이었다. 제2차 세계 대전이 끝난 직후만 해도 웬만한 대학에서는 독자적으로 감당할 수 있었으나 규모가 커지면서 지역별로 큰 가속기가 세워지다가 국가적으로 큰 규모의 시설이 필요해졌는데, 페르미 연구소가 바로 그러한 목적으로 세워진 것이다. 이것도 미국처럼 큰 나라에서나 가능한 일이다. 한편 유럽에서는 유럽 연합이 있기 훨씬 전부터 여러 나라들이 협력하여 CERN이라는 가속기 연구소를 만들었다. 유럽 연합이 생기기 훨씬 이전의 일이다. 다음 단계로 물리학자들이 추진하는 미래의 가속기는 이 두 연구소의 시설보다 커서 세계적으로 한 개만 짓도록 국제 협력이 이루어지고 있다.

이휘소는 1973년 한창 세계적인 연구소로 도약하고 있는 이 페르미 연구소의 초대 이론 물리학부 부장에 취임했다. 그 이전에는 몇몇 저명한 입자 물리학자가 연구부장 대행을 하였는데, 이휘소가 정식으로 초대 연구부장이 된 것이다. 그가 페르미 연구소로 직장을 옮기기 일 년 전부터 곳곳에서 이휘소를 스카우트하려는 움직임이 있었다. 한국 내 물리학계에는 잘 알려지지 않았지만 세 개의 큰 스카우트 제안이 있었다. 박사 학위를 받았고 정교수까지 승진했던 펜실베이니아 대학은 그를 대학 석좌 교수로 초빙하려 하였고, MIT도 교수직을 제의하였다. 페르미 연구소도 마찬가지였다. 스토니 브룩도 가만있지 않았다. 이에 관련된 당시의 오간 서신 내용을 보면 단순한 직장과 직책의 제안이 아니라 인간적인 면들이 여실히 나타난다. 우선 책임 있는 교수가 공식적인 임용을 제안하면 그 기관의 관련 교수들이 개인 서신을 통해 자기 사는 곳은 이러저러한 좋은 점이 많아서 같이 근무하게 되기를 바란다느니, 두 기관의 의료 보험, 생명 보험, 연금 등 부가 혜택을 비교하여 자기 대학을 자랑하기도 한다. 또한 자기 대학이 있는 도시가 얼마나 학문적이고 자녀 교육에 이상적인지를 강조하기도 한다.

이휘소는 자신이 먼저 말을 꺼내지도 않았는데 이런 제안들이 들어와 한편 고민스러우면서도 장래를 생각하지 않을 수 없었다. 스토니 브룩 대학에 대하여는 아무 불만이 없었다. 특히 양전닝은 그의 정신적 지주였다. 양전닝에게 자신의 고뇌를 털어놓자 "당신이 어떤 결정을 하든 나는 지지하겠다."라는 말에 용기가 생겼다.

그는 한동안 망설이다 결단을 내려 "대단히 어리석은 짓일지 모르지만"이라는 정중한 표현으로 펜실베이니아 대학의 석좌 교수직과 MIT의 정교수직을 수락하지 않았다. 한창 고에너지 실험이 진행되는 페르미 연구소가 마음에 들었으나 아무래도 대학과의 고리를 유지하려면 연구소와 대학의 겸직이 필요했다. 그래서 페르미 연구소를 선택하였고 시카고 대학의 교수도 겸임하였다. 봉급을 두 곳에서 받을 수는 없으므로 시카고 대학은 파트타임으로 주선되었다. 물론 이휘소가 원한다면 전임으로도 발령하겠다는 것이 대학의 입장이나 이휘소는 연구소에서 할 일이 너무 많았다. 결과적으로 이휘소가 페르미 연구소로 직장을 옮긴 것은 그리 어리석지 않은 일이었다.

스토니 브룩도 이휘소를 놓치기 아까워 물리학과 선도 교수(leading professor)로 특별 대우를 해 주었고, 페르미 연구소로 옮긴 후에는 휴직 처리하여 이휘소가 언제든 돌아오면 환영한다고 밝혔다. 그는 취임하자마자 일류 이론 물리학자들을 선발하여 우수한 이론 물리팀을 만들었으며, 연구 방향과 분위기를 리드하였고, 또한 이론 물리학자들과 실험 물리학자들의 의견 교류를 장려했다.

그는 까다롭고 지루한 계산을 끝까지 해낼 수 있는 수학적인 기교를 터득한 물리학자이자, 추상적으로 보이는 이론이 실험 현상과 어떤 관계에 있는지를 잘 포착하는 특기를 지닌 학자였다. 이처럼 이론과 실험 현상에 모두 능숙한 이휘소야말로 이 연구소에서 가장 필요로 하는 인물이었던 것이다.

그가 페르미 연구소로 직장을 옮긴 것은 연구소의 중요성에 대한 그의 평소 신념과 함께, 물리학은 이론과 실험이 함께해야 한다는 인식을 단석으로 보여 주는 것이었다. 그의 명석함과 헌신 및 물리뿐만 아니라 인성 면에서의 깊은 이해심은 새로 만들어진 연구소에 활기를 불어넣었을 뿐만 아니라, 페르미 연구소를 이론이나 실험에서 세계적 중심이 되게 하였다.

이휘소는 이론 물리학부 부장으로 있으면서 페르미 연구소의 거의 모든 이론 연구에 관여했다. 특히 실험에 남다른 관심을 가지고 있었으므로 이론뿐만 아니라 연구소에서 진행하는 실험 계획을 수립하는 데에도 참여하였으며, 많은 실험 물리학자들에게 조언과 자문을 아끼지 않았다.

실제로 페르미 연구소에 오면서부터 이휘소의 연구는 물리학의 핵심 과제로 깊숙이 들어가게 된다. 그가 연구하거나 공동으로 관여하고 있는 연구들은 모두 양자 역학의 통일 이론을 목적으로 하는 근본적인 이론 정립에 관한 것들이었다.

15.

참 입자 탐색

게이지 이론의 성과와 함께 이휘소의 업적 중 또 하나의 중요한 것은 매혹 입자 또는 참 입자에 관한 것이다.

자연은 단순하고 간단한 이론으로 표현될 수 있다고 많은 물리학자들은 믿는다. 아니, 믿고 싶어 한다. 따라서 복잡하게만 보이는 입자들의 세계를 더 기본적이고 간단한 입자들의 결합체로 설명하고 싶어하는 것은 당연한 일이다.

겔만과 츠바이그는 1964년에 당시 알려졌던 수백 종의 강입자라는 소립자들이 그보다 작은 쿼크(quark)라는 기본 입자들로 구성되었다는 이론을 제창했다. 이 쿼크 가설은 그 후 많은 실험으로 뒷받침되어 현재는 널리 받아들여지고 있다. 쿼크 이론이 처음 제시되던 1960년도 초기에는 u, d, s의 세 가지 맛깔뿐이었다. 이들을 구별하는 방법은 양자 번호를 달리하는 것인데, s 쿼크의 맛깔은 기묘도(strangeness)라 하였다. 그리고 s 쿼크를 포함한 소립자를 기묘 입자라 하였다.

이들은 빠른 시간 동안 붕괴하여 마지막으로는 우리 주위에서 흔히 보는 전자, 양성자 등으로 변한다. 소립자의 붕괴는 여러 가지 모드로 가능한데, 그중에는 베타 붕괴도 일어날 수 있다. 베타선은 음전자이므로 베타 붕괴는 전하가 변하는 과정이다. 그리고 원자핵의 베타 붕괴에서는 핵이 변환하듯 소립자도 붕괴하면서 변하는데 기묘 입자는 보통 입자가 된다.

그런데 드물게 일어나지만 베타 붕괴를 하더라도 전하가 변하지 않는 경우가 있다. 소립자 물리학에서는 이를 '중성 흐름'이라고 한다. 실험 결과, 보통 입자의 경우에는 중성 흐름이 있는데 기묘 입자의 붕괴에서는 중성 흐름이 없는 것으로 밝혀지면서 이론가들의 관심을 모았다. 기묘 입자의 중성 흐름 부재 현상을 설명하는 한 가지 이론으로 새로운 맛깔의 쿼크 존재를 가정했는데 맛깔을 참(charm)이라 불렀고 참 쿼크를 도입한 것이다.

글래쇼, 일리오폴로스, 마이아니는 참 쿼크의 존재로 맛깔이 변하는 베타 붕괴 과정에서 중성 흐름이 없는 것을 보여 주었다. 이것을 GIM 기법이라 부른다. 어디까지나 이론이므로 실제의 실험으로 확인해야 하는데 GIM 기법으로 세밀하게 분석하여 과연 참 쿼크가 존재한다면 어떤 새로운 입자가 가능할 것인가라는 세부적인 과정이 분석되었다. 이론적으로 그럴듯하고 실험적인 확인이 필요하지만 존재 영역을 명시하기는 어려운 일이었다.

이휘소는 기묘 입자인 K 소립자의 붕괴 과정을 동료 학자 가이아, 로즈너와 함께 심층 분석하여 참 입자의 영역을 상당히 좁혔고,《리뷰 오브 모던 피직스》에 「참 입자의 탐색(Search for Charm)」에 관한 논문을 1974년 여름에 기고했다. 그런데 바로 그해 11월 11일, 새로운 입자가 발견된 것이다. 이휘소가 AID 평가 위원으로 한국에 오기 직전에 작성하여 프리프린트로 유통시킨 것이 서울대 평가가 끝난 후 미국에 돌아가 두 달도 안 되어 발견된 것이다. 소립자 물리학계에서는 이를 '11월 혁명

이휘소와 동료 과학자. 이휘소 옆에 가이아가 서 있다.

제공 | 페르미 국립 가속기 연구소

(November Revolution)'이라 한다. 마치 코페르니쿠스가 「천구의 회전」이라는 논문으로 지동설을 주장한 것을 연상케 하는 용어이다. '회전'은 영어로 'revolution'인데 '혁명'이라는 뜻도 있다. 참 입자의 발견은 주요 신문에도 대서특필되었다. 당시에는 놀랄 만큼 새로운 입자의 발견이《피지컬 리뷰 레터스》나 프리프린트까지도 기다리기 힘들어《뉴욕 타임스》에 게재되는 실정이었다. 기사 담당 과학 기자의 문장력이 좋아서 일반인이 읽으면 그렇게 난해하지 않게 새 소립자의 발견을 이해할 수 있고, 전문가가 읽으면 자기 논문 작성에 필요한 수치 자료를 얻을 수 있었다.

천문학에서 새 별이 발견되면 발견자의 이름을 붙이는 것이 관례인 것처럼 입자 물리학에서 새로운 입자가 발견되면 발견자가 이름을 정하는 특전이 있다. 새 소립자는 두 그룹이 동시에 발견했는데, 한 그룹은 제이(J) 입자라 하였고, 다른 그룹은 프사이(Ψ) 입자라 하였다. 서로 타협이 안 되는 바람에 어색하지만 제이/프사이(J/Ψ)로 통용되고 있다.

이론 물리학자들의 꿈은 미지의 소립자를 예견하고 그 존재를 예측하여 짐작한 대로 발견하는 것이다. 이러한 맥락에서 해왕성의 발견을 좋은 예로 들 수 있다. 인류 역사 이래 하늘에는 다섯 개의 행성이 알려졌다. 코페르니쿠스 이후에는 지구까지 포함해 여섯 개의 행성이다. 갈릴레오가 망원경을 발명하여 더 많은 별들을 보게 되었어도 겨우 150년쯤 지난 후에야 새로운 행성인 천왕성이 발견되었다. 그러나 천왕성의 궤도는 뉴턴의 법칙에서 어긋나는 것이었다. 엄연한 실험 사실을 놓고 뉴턴의 법칙이 먼 거리에서는 수정되어야 할까? 아니다. 애덤스와 르베리에는 천왕성 밖에 아직 발견되지 않은 제3의 행성이 있어 천왕성의 궤도를 교란시킨다고 믿고 거꾸로 계산하여 그 위치를 예측하였다. 이들이 종이와 연필로 계산한 좌표에서 바로 해왕성이 발견되었다!

제이/프사이 입자는 이휘소와 동료들이 주장한 참 쿼크와 반대 참 쿼크의 결합 상태였다. 이휘소는 「참 입자의 탐색」에서 이 입자의 평균 수명에 관해 상세히 논했다. 소립자가 붕괴할 때까지의 평균 시간을 평균 수명이라 한다. 일단 다른 입자로 바뀌면 본래의 입자는 수명이 끝나기 때문이다. 수명이 짧은 입자는 붕괴 거리도 작으므로 측정 장치의 분해 능력이 좋아야 한다.

핵 건판은 두꺼운 사진 건판인데 짧은 붕괴 거리를 재는 데 가장 적합하다. 핵 건판으로 잴 수 없을 정도로 수명이 짧은 입자는 공명 현상을 이용하여 에너지 불확정도로 평균 수명을 계산한다. 많은 강입자들은 이방식으로 빨리 붕괴하여 비록 빛의 속도로 진행하더라도 붕괴 지점까지의 거리는 원자핵 한 개 정도의 크기에 불과하다. 이휘소는 참 입자가 존재한다면 보통의 강입자보다 평균 붕괴 수명이 훨씬 길어 핵 건판으로도 관측 가능하리라고 예언했다. 이휘소는 참 입자의 존재를 확신했다. 만일 참 입자가 발견되지 않는다면 당시의 소립자 이론에 중대한 오류가 있을 것이라고 믿었다.

결국 이휘소가 예언한 제이/프사이 입자가 발견되었고, 그의 논문 「참 입자의 탐색」은 고에너지 물리학계의 전설이 되었다. 그리고 물리학계에는, 이론적으로는 알려져 있으나 실험적으로 확인되지 않은 현상을 탐구하는 '×× 입자의 탐색(Search for ×× particle)' 식의 현상론 풍조가 생겨났다. 「참 입자의 탐색」 논문은 이듬해 4월에 《리뷰 오브 모던 피직스》에

게재되었다. 제이/프사이 입자의 발견은 논문 게재 시기보다 5개월 빨랐으므로 소립자 물리학자들은 프리프린트로 연구했다. 프리프린트의 효용성이 확실하게 인정되는 훌륭한 본보기였다.

참 입자에 대해 살람은 1978년 서울대에서 개최된 '이휘소 추모 소립자 물리학 심포지엄'에서 이렇게 말했다.

"이휘소 박사의 정확하고도 믿을 수 있는 참 쿼크의 질량 추정이 없었더라면 매혹 입자에 대한 우리들의 이해가 이렇게 빨리 이루어지지 않았을 것이다."

박사 학위를 받은 후 지난 상당 기간 동안 이휘소는 줄기차게 연구 하

이휘소의 강연 모습

제공 | 페르미 국립 가속기 연구소

나에만 매달려 왔다. 스스로 '상아탑 인간'이 되었다고 쓸쓸하게 자조하면서도 그는 연구 이외의 사적인 관계는 철저히 외면했다. 때문에 동료 학자가 아닌 일반 지인들에게 거만하다, 잘난 체한다는 등의 곱지 않은 말을 들어야만 했다. 그의 폐쇄적인 처신은 이전부터 그를 알고 지내던 사람들에게는 분명 서운하게 여길 만했다.

그러나 학문적 성과를 확실하게 인정받은 이때부터는 그의 언행이 훨씬 부드러워졌다. 펜실베이니아 대학 재직 초기에 자주 어울리다가 이 무렵에 다시 이휘소를 만난 김정욱도 그가 많이 온화해진 것을 느꼈다고 했다. '팬티가 썩은 사람'으로 물리가 아니면 사람 만나는 것조차 피하던 그가 유머 감각이 살아나 사람들을 편하게 하고 온화한 성격으로 주위의 존경을 받는 것을 보고 그동안 이휘소가 완전히 다른 사람이 된 듯하다고 평했다.

"전에는 학자들끼리의 토론에서도 지적이 좀 직설적이고 말도 딱딱했어요. 연구에 대한 열의는 대단했지만 쉽게 친근감을 느낄 수 있는 타입은 아니었지요. 그런데 7~8년 만에 다시 만났을 때는 사람이 확 달라졌더군요. 자상하고 친절했어요. 가령 누가 틀린 이론을 펼칠 때 예전에는 '당신의 논리는 틀렸소.'라고 말했으나 이때는 '그 문제를 이렇게 생각하면 좋을 텐데, 왜 하필 그런 방법을 쓰십니까?' 하는 식으로 상대방이 민망하지 않게 지적하면서 대안을 제시하곤 했지요. 남에 대한 배려도 세심했고 유머도 곧잘 했지요. 달라진 게 아니라 원래의 성격으로 돌아갔다는 게 맞을 겁니다. 세계적인 학자로 인정받으면서 그동안 잃어버렸던 여유를 찾게 된 거지요."

이 무렵에는 또 조국인 한국에 무언가 기여해야 한다는 생각도 많이 하게 된다. 한국에 대한 관심이야 꾸준했지만 그전에는 한국 정부에 실망하고 있어 자신이 직접 어떤 일에 나서려는 생각은 하지 않았었다.

1970년대 대부분의 재미 교포 지성인처럼 이휘소도 한국의 독재 체제를 반대했고, 조속히 문민 민주 체제로의 환원을 열망했다. 또한 대다수의 미국 물리학자들이 그랬듯이, 이휘소도 핵무기 확산을 반대하는 과학자 중 하나였다. 그래서 그는 한국의 정치 상황에 대해 외국인 동료들에게 부끄러워했고 한국 관련 활동에는 관여하지 않으려 했다. 그는 정치적으로 중도 진보 성향이 짙어 미국에서 정당에 참여하였다면 공화당보다는 민주당에 가입했을 것이다.

그러나 이휘소는 조국의 과학 기술 발전을 돕고 싶었다. 1971년 한국 과학원의 부원장인 정근모는 이휘소와 함께 한국에서 물리학 하계 대학원을 정기적으로 개최하는 사업을 적극 추진 중이었다. 하계 학교는 유럽이나 미국에서 이미 활발하게 진행되고 있었다. 이휘소의 구상은 상당히 구체적이었다.

　　한국 과학원(KAIS)이 주관할 하계 물리 학교를 제안합니다. 이런 형태로 시도하는 사업은 서양에선 얼마든지 볼 수 있습니다. 이탈리아의 바레나, 에리체 하계 학교가 그렇고, 프랑스의 카쥐스, 레주시 학교가 같은 범주에 속합니다. 영국에는 스코틀랜드 하계 학교가 있습니다. 이 중 한 가지 보기를 들어 제안 요지를 설명하고자 합니다.

　　2차 대전 중 독일 점령하의 프랑스에서는 대학 강의가 제대로 이루어지지 못했습니다. 전쟁이 끝난 후에도 미국식 대학원 교육이 확립되지 않은 당시에 그레노블 대학의 몇몇 교수들이 나서서 하계 물리 학교를 시작했고, 미국 대학의 교수를 초청하여 강의를 맡겼습니다. 내 세대의 많은 유럽 물리학자들이 하계 학교에서 물리 지식을 얻고 대학원 교육을 받은 셈입니다. 왜 하필 하계 학교인가 하면 여름 방학이기 때문에 전 세계의 학생들이 참여할 수 있고 또 알프스 산을 등반할 수도 있습니다. 한편 미국에서 오는 교수들 역시 방학이기에 자기 대학의 교과 과정과 겹치는 일이 없습니다. 이것을 본떠 다른 하계 학교들이 만들어졌고, 일본과 타이완(臺灣)에도 있습니다. 하계 학교의 주제는 해마다 바뀌고 이들 학교들은 NATO나 정부 또는 재단에서 지원을 받습니다. 아시다시피 미국에서는 미 과학 재단(NSF)의 지원을 받는 브랜다이스, 콜로라도 하계 학교가 있습니다.

　　KAIS에서 기 과학을 진흥하는 수단으로 하계 물리 학교가 특별히 좋은 방도라 생각합니다. KAIS나 KIST의 과학자들은 하계 학교 과정을 통해 외국의 연사들과 접촉할 수 있을 뿐 아니라 전국의 학생들은 세계적으로 일류의 대학원 교육을 경험할 수 있습니다. 외국에서 저명한 학자 3~5명과 비슷한 규모로 국내에서 연구 활동이 활발한 학자들로 강사진을 구성한다면 큰 경비가 들지 않을 것입니다.

하계 물리 학교는 매년 2~4주 정도의 기간으로 정기적으로 개최할 것을 제안합니다. 강의 주제는 핵물리학, 소립자 물리학, 광학, 고체 물리학, 양자 전자 물리학 등 물리학의 모든 분야에 관해 해마다 바꿔 가면서 선정해야 할 것입니다. 물리 분야에서 하계 학교가 성공적이면 다른 분야까지 확산할 수 있습니다.

공식 강의는 오전에만 실시할 예정이고, 오후에는 질의응답 시간을 가질 것입니다. 또한 강연자가 자기 연구 결과를 발표하는 세미나도 포함될 것입니다. 학생들이 그 내용을 이해하리라 생각하지 않지만 학자들이 어떻게 연구하는지 직접 보고 배우는 좋은 기회가 될 것입니다.

그러나 한국에서 유신 체제가 강화되는 것을 보고 1972년 , 정근모에게 다음과 같은 서신을 보내면서, 없었던 일로 만들었다.

…… 위수령 발동, 학생 운동 탄압 등 최근 한국에서 일어나고 있는 일련의 사태로 우리가 추진 중인 하계 대학원 사업을 재고하게 됩니다. 몇 번이나 말씀드렸듯이 정 박사께서 추진하는 이 사업은 한국의 과학 기술 발전을 위하여 중요한 이정표가 될 것이며, 나는 기꺼이 도와 드릴 생각이 있습니다. 그러나 하계 대학원의 책임을 맡게 된다면 세인의 눈에

STATE UNIVERSITY OF NEW YORK
AT STONY BROOK

STONY BROOK, LONG ISLAND, NEW YORK
11790

THE INSTITUTE FOR THEORETICAL PHYSICS

January 6, 1972

Dr. Kun Mo Chung
Vice President for Academic Affairs
KAIS
POX 150 Chong yang ni
Seoul, Korea

Dear Kun Mo:

Thank you for your letters and Season's Greetings. I received them
with delight. I hope you all the success for the New Year 1972.

Recent events in Korea - high handed passage of the emergency law,
suppression of student movements, etc.- led me to reassess my commitment
to the summer school project we have been working on. As I have stated to
you repeatedly, I think that what you are doing is one of the most important
steps in the development of science and technology in Korea, and I am happy
to be of assistance to you. I fear, however, that my directorship of the
summer school would identify me, in people's minds if not in fact, with the
present Korean government and its oppressive policies. I am in a dilemma:
on the one hand, I wish to help your project and would like to contribute
in a small way to the progress of science in Korea; on the other hand I
think it equally important to register my dismay and opposition to what I
consider to be a serious disregard of the principles of democracy.

Painfully, I came to the conclusion that I should not accept the
invitation of the Korean government when and if it comes. You may think
it to be a quixotic and futile gesture on my part. But it is the only
course of action I can take as one who is concerned about the future of the
Korean people.

You will believe me when I say that I have the highest respect for your
work, and I wish you success.

Sincerely yours,

輝 水 珥
Benjamin W. Lee

BWL:pb

독재 체제에 반대하여 보내온 하계 대학원의 불참 편지   제공 | 김정욱

사실과 다르게 내가 한국의 현 정권과 그 억압 정책을 지지하는 것으로

비칠까 걱정됩니다. 참으로 난처한 입장입니다. 한편으로는 한국의 과학

발전을 위해 조그만 도움이라도 되고 싶지만, 다른 한편으로는 민주주의의 원칙을 무시하는 이러한 처사들에 실망되어 반대 의사를 분명히 밝히고 싶습니다. 그러므로 한국 정부에서 하계 대학원 사업에 관한 초청이 오더라도 죄송합니다마는 수락하지 않을 결심입니다. 엉뚱한 짓이라 생각하실지 모르겠지만 한국 국민의 장래를 걱정하는 한 사람으로서 택할 수 있는 유일한 길입니다.

3선 개헌을 위한 유신이 일어나자 이휘소는 외국인 동료를 대하기가 부끄럽다고 가까운 한국 친구들에게 자주 말하곤 했다. 조국은 사랑하지만 한국의 독재 정권은 결코 인정할 수 없을뿐더러 도울 수도 없다는 것이 그의 신념이었다.

당시 강경식은 재미 한국 과학 기술자 협회 부회장이었는데 모국 방문학술회의나 하계 심포지엄의 연사 초청을 수락하도록 이휘소에게 권유했으나, 그런 정치 상황에서 한국 방문은 말도 꺼내지 말라고 거절하여 무안당한 적이 여러 번 있었다.

독재 정권이 있는 한, 결코 한국에 가지 않겠다던 이휘소는 그러나 2년 후인 1974년 여름에 마침내 한국을 방문하게 된다. AID 차관에 의한 서울대 원조 계획에 미국 측 심의 위원 자격으로 귀국하는 것이다.

1974년에 서울 대학교는 관악 캠퍼스로 이전 중이었다. 당시 서울 동숭동에 밀집한 대학 시설이 너무 낙후한 데다 이미 성장 한계에 도달했기 때문이었다. 한편 이 무렵 미국의 개발 도상국 지원 기구인 USAID(Agency for International Development)는 한국이 후진국 대열에서 벗어났다고 판단하여 한국에서의 원조 활동을 마무리해가고 있었다.

한국 AID의 윌리엄스 소장은 교육학 박사로서 한미 간에 AID 마지막 사업으로 서울대의 과학 분야 교육 혁신을 추진하기로 했다. 구체적인 내용은 서울대에 미화 500만 달러를 빌려주는데 20년 거치 연리 1퍼센트로 상환한다는 조건이었다. 무상 원조나 다름없지만 빌려준다는 형식을 갖추기 위해서였다. 그런데 조건이 있었다. 우선 서울대가 같은 액수의 대응 자금을 투자해야 한다. 하지만 서울대는 특별한 재원이 없었다. 그래서 20년간 교수 증원을 계획하고 그에 소요되는 비용이 500만 달러가 되도록 합의했다. 그 결과 이공대 교수진 확보가 실현되고, 김진의를 비롯한 많은 해외 과학자와 공학자들이 귀국하게 되었다.

또 다른 조건은 사업의 적합성에 관해 한미 공동으로 타당성을 조사하는 것이었다. 한국 측 위원장은 조완규였고, 김제완은 부위원장이었다. 서울대를 지원하는 것이 목적이므로 결론이 그렇게 되도록 서울대의 의견이 가급적 반영되었는데, 이때 김제완은 이휘소를 미국 측 위원회의 물리 담당 연구 조사 위원으로 천거했다. 물리 이외의 분야에서는 한국 측의 특별한 추천이 없었던지 미국에서 독자적으로 임명했다. 자연히 일반의 관심은 이휘소에게 쏠렸다. 그는 1968년 미국 시민권을 얻었다. 때문에 그는 한국 출신의 미국인이었고 미국 심사 위원 중 누구보다도 한국을 도와줄 것이라 믿었기 때문이다. 타당성 조사 사업은 1974년 9월 1일부터 10월 2일까지 한달 동안 진행되었다.

김제완은 서울대를 졸업하고 컬럼비아 대학에서 박사 학위를 취득한 후 서울대에 재직 중이었다. 그는 이휘소와 개인적으로 친하지는 않았지만 잘 알고 있었다. 1963년 컬럼비아 대학원생 시절에 뉴욕에서 처음 만났고 미국 물리학회에 참석했을 때도 가끔 만나곤 했다. 그러나 김제완은 이휘소가 수락하지 않을까 봐 은근히 걱정했다. "박정희가 정권을 잡고 있는 한, 한국에 가지 않는다."라는 이야기를 여러 과정을 통해 많은 사람들로부터 들었기 때문이었다.

이휘소가 어떻게 해서 AID의 평가 위원 위촉을 수락했는지 분명한 이유는 확실하지 않다. 한국 측에서 추천하였으니 미 국무부에서 설득했을 수도 있고, "박정희 체제는 싫어도 한국의 과학계는 도와야지 않겠는가." 하는 주위 동료들의 권유 때문일 수도 있다.

그러나 이 일은 무엇보다도 애당초 그가 원했던 것 같다. 이휘소는 살람과 교분이 두터워지면서 살람이 조국 파키스탄의 물리학계 발전에 힘쓰는 것을 보고 존경하게 되었고, 자신의 애국심에도 적지 않은 자극을 받은 바 있었다. 또 그는 AID 사업이 있기 수년 전에 이미 강주상에게 "우리가 한국 밖에서 우리 자신을 객관적이고 냉철한 시각으로 보고 서구의 좋은 점을 본받아 언젠가는 한국에 돌아가 기여해야 한다."라고 강조한 적이 있다. 그리고 교육의 중요성을 역설하며, 어느 사회이고 교육을 중요시하는 사회일수록 문화가 발전하고 특히 한국처럼 발전 도상의 국가일수록 젊은 세대의 교육에 사회가 관심을 가져야 한다는 말도 자주 했었다.

박정희 집권 중에는 귀국하지 않겠다는 신조를 깨고 AID 사업으로 일시 귀국한 것은 신분 보장이 확실했다는 것도 하나의 이유가 될 수 있다. 스탈린 치하의 소련에서 카피차에게 일어난 일을 기억하는 이휘소는 미국 시민권 취득 이후에도 일시 귀국을 꺼려 했었다.

카피차는 소련 출신의 물리학자였다. 초유체(superfluid) 현상의 발견으로 노벨상을 받았는데, 1930년대 영국에서 활동하면서 명성을 떨쳤다. 스탈린은 카피차의 귀국을 바랐으나 소련에 묶일 것을 염려한 카피차는 신분 보장이 되지 않으면 돌아가지 않겠다며 거절했다. 그러자 스탈린이 직접 신분 보장 각서를 써 주면서 귀국을 종용했다. 그렇게 해서 카피차는 매년 여름마다 각서를 받고 소련을 방문했다.

그런데 어느 해에는 카피차의 여름 방문 시기가 다가오는데 보증서가 도착하지 않았다. 대사관 관리는 행정적인 처리가 늦어지는 것뿐이니 걱정하지 말고 우선 출발하라고 했다. 이미 여러 번 소련을 다녀온 카피차는 별 의심 없이 귀국길에 올랐으나 그해에 결국 소련에 억류되고 만다. 스탈린은 카피차를 극진히 대접하여 소련의 물리학과 공업 발전에 공헌하도록 도왔다. 후에 소련이 핵무기 개발에 성공했을 때 서방 세계에서는 카피차가 주역이라 할 정도였다.

이휘소는 이 사건을 잘 알고 있었으므로 한국 방문에 조심스러워했다. 그래서 전해인 1973년에 일본의 교토(京都) 대학을 방문했을 때조차 한국에 오지 않고 어머니가 일본으로 가 두 번째 상봉을 했었다. 하지만 이제는 미국 대표단의 한 사람으로 방문하는 것이니 한국 정부가 함부로 대하지 못할 상황이었다. 그래도 이휘소는 만일의 경우에 대비하여 한국에 있는 동안 자신의 신변에 이상이 생기면 연락할 곳들을 비서에게 일러 주었다. 그는 학술 회의, 연구 방문 등으로 외국 여행이 빈번했지만 이렇게까지 세심하지는 않았다.

이쯤에서 한국의 핵무기 개발에 이휘소가 관련되었다는 일부 주장에

대해 설명할 필요가 있겠는데, 이 점은 따로 다루기로 하겠다. (19장 참조)

1974년 이휘소는 처자식들을 데리고 20년 만에 조국 땅을 밟았다. 그의 감회가 어떠했을지는 새삼 말할 필요가 없으리라. 나이 스무 살에 홀로 청운의 뜻을 품고 미국으로 건너간 청년이 이제 마흔 나이의 중년이 되어 아내와 자식들을 데리고 고국에 돌아왔다. 낯익은 하늘과 산야, 주택의 지붕이나 전봇대 하나에서조차 뭉클하게 조국의 냄새를 맡으며 설레었으리라는 것은 짐작하기 어렵지 않다.

그런데 김포 공항으로 마중 나간 김제완은 의아했다. 이휘소의 국내 가족 중 아무도 마중 나온 사람이 없었기 때문이다. 김제완은 이휘소에게 어떤 영문인지 물었다.

"Business first."

이휘소의 대답은 간단했다. '공적인 업무가 우선이다.'라는 한마디뿐이었다.

이휘소는 부인 심만청과 아들 제프리, 딸 아이린과 미국 정부에서 미리 마련해 놓은 용산 미군 기지 옆의 대사관 직원 숙소로 향했다. 이 시설은 호텔 이상으로 편리한 숙박 시설이어서 미국 정부의 각종 대표단이 내한할 때 즐겨 찾는 곳이다. AID 평가단도 미국 대표들이므로 편의상 사용했을 뿐이었다. 이휘소는 공사(公私)가 분명한 사람이었다. 한국에 자기 집이 있지만 미국 대표단으로 내한했으므로 단체 행동에서 벗어나길 원하지 않았다. 가족에게 마중 나오지 말라고 한 것도 그 때문이었다.

이휘소가 이렇듯 사적인 일에 단호히 절제하는 것을 본 김제완은 그동안 그에게 가졌던 약간의 서운함을 풀 수 있었다. 미국에서 열린 재미

한인 과학자들의 물리학회에서 한 번도 저녁 회식 자리에 참석하지 않는 것에 은근히 불만을 가졌었는데, 그 시간에도 연구실로 돌아가 물리 문제에 골몰하고 있었으리라는 것이 이제는 충분히 짐작되는 것이었다.

그렇다고 평가 기간 동안 이휘소가 외부와 벽을 쌓고 업무만 수행한 것은 아니었다. 세미나는 물론, 국내 물리학자들과 학문적인 교류도 하였고 또 동년배 한국 교수들과 어울려 술집에도 가곤 했다. 그중 서울대 세미나에서는 영어로 강연을 하여 약간의 구설수가 돌기도 했다. 지금은 영어 강의가 보편화되었지만 당시에는 한국인이 한국어를 쓰지 않으면 곱게 보지 않는 정서가 퍼져 있었기 때문이었다.

이휘소와 얼굴만 아는 정도이다가, 이때 매일 만나면서 가까워진 김제완은 이휘소의 인상을 한마디로 "스마트했다."라고 표현한다. 과묵한 편이지만 예의가 반듯하고 타인에 대한 배려가 몸에 밴 사람이었다는 게 그가 받은 인상이었다. 또한 세계 어느 곳에서나 그랬듯 이휘소의 뛰어난 실력은 국내 학자들을 감탄하게 했다. 김제완은 자신이 2주 동안 풀었던 문제 하나를 물어보자, 앉은자리에서 몇 분 만에 계산하여 답해 주더라며 감탄한 적이 있었다.

나중에 AID 차관 지원의 타당성 조사가 어느 정도 틀이 잡힌 후에야 집으로 가서 며칠 묵었다. 이때쯤 휘소의 한국 가족은 집안 형편이 어려워 큰아들이 송금해 주는 생활비에 의존하고 있었다. 어머니가 연로하면서 활동이 줄었기 때문이다. 대조동의 주택은 비좁아서 휘소 가족이 머물기에는 상당히 불편했다. 그러나 휘소는 처자식들에게 자기 어렸을 때의 힘들었던 시절을 체험시키려고 민망해하는 어머니의 만류에도 불구

어머니 환갑 잔치에서 형제 가족들과

하고 며칠을 한국 형제 가족들과 보낸 것이다.

마침 어머니의 환갑이 그 다음 해여서 큰아들이 일시 귀국한 김에 앞당겨 환갑잔치를 가졌다. 대조동 집 앞뜰에서 전통식 잔치를 벌였는데 큰며느리 만청은 일본에서 온 올케 영자 및 철웅의 처인 동서와 함께 한복을 곱게 입고 큰절을 올렸다. 만청은 인사동에서 한국의 골동품에 많은 관심을 보였다. 그리고 어머니를 비롯한 형제 가족들을 미 대사관 직원 숙소 내의 식당으로 초대하기도 하고 즐거운 시간을 가졌다.

이휘소는 국내에 머무는 동안 한국의 대학 교육 진흥을 위해 중요한 기여를 했을 뿐 아니라 국내 고에너지 물리 발전에 적지 않은 영향을 끼쳤다.

당시 국내에서 입자 물리학 실험을 하는 사람은 김종오 정도였다. 그는 서울대를 졸업하고 시카고 대학에서 고시바 마사토시(2002년 노벨상 수상)의 지도하에 두꺼운 사진 건판(핵 건판)을 이용한 우주선(cosmic ray)에 관한 연구로 박사 학위를 받고 귀국하여 고려대에서 연구하고 있었다. 그러나 실상은 연구의 명맥만 겨우 유지하는 형편이었다.

당시 국내의 연구 환경이 얼마나 열악했는가는 경험해 보지 않은 사람은 이해할 수 없다. 이런 일이 있었다. 한국 과학 기술원의 교수로 부임한 김재관은 컬럼비아 대학에서 박사 학위를 마치고 하버드 대학에서 조교수 생활을 하던 중 귀국했는데 운송 요금만 부담하면 미국에서 연구 시설과 자료를 그대로 가져올 수 있음에도 불구하고 자기 대학의 지원을 못 받아 심한 좌절감을 느꼈다. 국내에서 교수 대우나 시설 면에서 최고라는 과학 기술원이 이 정도이니 일반 대학은 말할 나위조차 없었다. 연구비 지원이 극히 미미하고, 그나마 즉시 응용 가능한 연구가 강조되는 사회 분위기였으므로 김종오는 자비로 연구를 수행했다.

이휘소는 김종오의 핵 건판 연구에 특히 관심을 보였다. 그리고 미흡한 국내 환경 때문에 거의 포기 상태에 있는 김종오를 격려해 주었다. 고에너지 소립자가 사진 건판을 지나가면 그 주위의 건판 원자들을 이온화하는데, 이 건판을 현상하면 입자가 지나간 흔적이 남는다. 보통 사진 필름의 현상 원리와 똑같다. 핵 건판은 사진 건판인데 두께가 있어 입자의 궤도를 3차원 공간에서 추적할 수 있다.

이휘소는 페르미 연구소를 떠나 일시 귀국하기 며칠 전에 동료들과 「참 입자의 탐색」에 관한 논문을 탈고했다. 이 논문에서 이휘소는 참 쿼

페르미 연구소에 휘날리는 태극기

제공 | 페르미 국립 가속기 연구소

크의 존재를 확신하고 참 쿼크가 포함된 참 입자의 존재를 예견했으며 그 질량과 평균 수명을 계산하였다. 이휘소는 이런 이야기를 들려주면서 참 쿼크는 평균 수명이 길어 이러한 입자들은 오직 핵 건판 실험으로만 존재를 확인할 수 있으니 연구를 포기하지 말라고 김종오를 격려하였다.

그해 11월에 이휘소가 예견했던 소립자가 발견되어, 그것을 계기로 페르미 연구소에서 핵 건판을 이용한 참 입자 탐색에 관한 국제 공동 연구

팀이 구성되었다. 김종오는 이 연구에 한국팀을 이끌고 참가하여 페르미 연구소에 태극기가 휘날리게 하였다. 페르미 연구소는 국제적인 공동 연구가 있을 때면 참여 국가의 국기를 본부 연구동 앞에 게양하는 것이 전통인데, 이 연구의 참여로 처음으로 태극기가 걸리게 되었으니 김종오 개인은 물론 국가적으로도 대견한 일이었다고 할 수 있다.

그 후 미국에서 귀국한 강주상은 김종오가 닦아 놓은 기반을 살려 고려대에서 고에너지 물리 실험의 연구 기반을 구축하여 유능한 인재들을 배출했고, 그 밖에도 외국에 유학하고 있던 물리학자들이 속속 귀국하여 국내의 고에너지 물리학계가 성장하는 계기가 되었다. 직접 나선 일은 별로 없어도 이휘소의 영향력이 우리나라 과학 발전에 직·간접적으로 많은 도움을 주었음을 알 수 있다.

AID 차관 심사 위원회의 활동은 9월 한달을 꼬박 걸려 이루어졌다. 서울 대학교 지원에 대한 이들의 타당성 연구 보고서는 총론과 수학, 물리학, 생물학, 지구 과학의 분야별 보고서로 구성되었다. 이 중 이휘소의 물리 분야 보고서는 내용 면에서나 수려한 문장에서나 단연 돋보였다. 당시 그가 제안한 사항들은 지금도 참신하게 느껴지는 것들이 대부분이었다.

이휘소는 '출생은 한국인이고, 선택으로는 미국인'이기에 두 나라의 입장을 잘 알고 객관적인 평가를 할 수 있으리라 믿는다고 전제한 후, 서울대 물리학과의 발전 방향을 다음과 같이 제시했다.

교수 분야

- 교수 봉급을 올려야 한다. 다른 대학에서 강사를 겸임하지 않아도

생계가 유지되도록 교수 대우를 잘해 주어야 한다.

- 승진이나 정년 보장에 관한 혁신이 필요하다. 전임 강사와 조교수에게는 정년 보장이 주어져서는 안 되며, 교수 선출은 경력 기간보다는 능력과 실적에 근거해야 한다. 연구비 배분도 마찬가지이다.
- 학과 세미나를 활성화하고 학생 지도를 강조해야 한다.
- 교수들의 외국 연수 제도를 시행해야 한다.
- 교수들의 국제 학술회의 참석을 장려하고 지원해야 한다.

학생 분야

- 모든 대학원생은 일반 장학금이나 조교 장학금을 받을 수 있어야 한다.
- 입시 제도를 개선해야 한다. 입학 시험 점수에 의존하기보다 학부의 성적과 개인적인 특성을 고려하여 선발되어야 한다.

시설 분야

- 전문 학술지의 추가 구독으로 도서관 시설을 확충하여 교수, 학생 모두 활용할 수 있도록 시설이 만들어져야 한다.
- 기계 공작실과 전기 공작실이 있어야 한다.

행정 분야

- 강력한 리더십을 가진 학과장 제도가 필요하다. 학과장은 행정 능력과 연구 경험이 입증된 사람으로서, 학과 내 분쟁을 조정하고 학

과의 발전 방향을 제시할 수 있어야 한다.

- 교수들은 학과는 물론 단과 대학 또는 대학 전체의 각종 위원회에 참여하여 의무감을 가지고 봉사해야 한다.

하계 학교와 방문자 계획

- 주제별 하계 학교(대학원) 제도를 운영하여 국제적 석학을 큰 부담 없이 청하여 최근 연구 동향에 합류하도록 유도한다.
- 국제 평가단의 운용: 물리학의 세부 전공 분야별 약간명씩 세계적 외국인 석학으로 구성된 평가단을 구성하여 학과의 정책이나 연구 방향에 관한 객관적 조언을 구함으로써 학과 발전을 이룩하도록 한다.

이휘소의 이런 제안은 비록 시기적 차이는 있더라도 대부분 이루어졌다. 특히 국제 평가단의 운영은 30년이 지난 후에야 서울대에서 실현되었다. 하지만 그것조차 국내에서는 최초이니 이휘소의 비전이 얼마나 앞서 있는지를 충분히 엿보게 된다. AID 사업 덕분에 서울대의 과학 교육과 연구 활동은 큰 도약을 하게 되었고, 1980년대에 들어와서는 다른 국립 대학과 사립 대학에도 파급되어 한국의 대학원 교육이 크게 향상되었다.

여기에서 한 가지 크게 아쉬운 일이 있다. AID 교육 담당관 윌리엄스는 한국에서의 사업 정리를 하는 과정에서 원조금으로 1000만 달러의 여유 자금이 있음을 알고 서울대에 추가 제안을 했다.

당시 서울대는 관악 캠퍼스로 이전 준비 중이었는데 인근 지역은 주택도 별로 없이 전답이 대부분이어서 허허벌판이나 다름없었다. 윌리엄스는 관악 캠퍼스 주변의 토지를 매입하여 세계적 대학 도시를 건설하라는 제안을 했다. 물론 이번에도 한국 측의 대응 자금이 있어야 한다는 조건이 붙었는데, 서울대는 이에 대한 대응책이 없어 그 제안의 실행을 포기했다. 이 제안을 추진했더라면 서울대 자체의 발전뿐만 아니라 그 주변에 외국의 대학 도시 같은 교육 문화 타운이 조성되어 관악구 일대가 완전히 달라졌을 것이다.

1974년은 이휘소의 생애에서 가장 의미 있는 삶의 해라 할 수 있다. 이미 게이지 이론의 재규격화로 세계적 명성을 얻었으나 참 입자의 탐색 논문과 발견으로 소립자 물리학자로의 위상이 확고했다. 연구 활동이나 학계의 인지 면에서 그는 인생의 절정기에 있었다. 한편 한국에만 국한되는 이야기지만, 서울대 과학 교육 혁신을 위한 AID 평가 활동은 1980년대 이후의 한국 대학 교육 향상의 발판이 되었다. 그리고 한국 학자들이 고에너지 실험 물리학 분야에서 국제 공동 연구에 참여할 수 있도록 기반을 마련해 주었다.

비운의 급서

17.

시카고로 돌아온 이휘소는 한국 방문이 처음이자 마지막 운명임을 알 리 없었고, 그는 다시 연구 생활로 돌아갔다. 그는 1972년부터 계속해 온 게이지 통일장 이론의 기초와 수학적인 전개를 보완, 확장해 가면서 보다 구체적인 논문을 지속적으로 발표했다. 한국에 대한 감정도 바뀌어 무언가 해야겠다고 느꼈다.

이제 그는 입자 물리학의 현황 전반을 어디서나 종합적으로 강의할 정도의 수준에 도달해 있었다. 그래서 매년 고에너지 물리학회에 종합 평가자로 초청되어 학회의 흐름을 주도했다. 이를 두고 강경식은 "입자 물리학의 실험 사실과 이론 전개의 정보 교환 센터 역할을 했다."라고 표현하였다.

한국에 다녀온 후 그가 주로 연구한 방향은 경입자 수 보존 법칙 및 중성 K 중간자의 약작용 붕괴 과정에서 관측된 비보존 법칙의 근원을 게이지 이론으로 설명하는 일이었다. 이휘소는 이를 이론적으로 설명하면서 종래에 채택했던 게이지 대칭 그룹을 확장하는 제안을 하는 논문을 발표하기도 했다. 그는 이어 자신이 새로 제창한 이 게이지 이론의 실험적 의미를 분석하는 데 노력하는 한편으로는 전약 작용이 고에너지 영역에서 나타내는 특성을 연구했다. 그는 새로운 분야 개척을 위해 부단한 노력을 했는데, 특기할 것은 교통 사고 한 달 전에 와인버그와 함께 무거운 중성 미자의 가능성을 제시하는 논문을 썼다는 점이다. 그의 사후 30년이 지난 지금, 우주의 암흑 물질 문제가 입자 물리학의 중요한 과제인데, 이 논문이 가이드가 된다. 그의 관심은 우주론으로 쏠리고 있었다.

이 무렵 와인버그는 이휘소를 좋아하고 그 실력을 누구보다 인정해 주었다. 그리고 꽤 가까워졌다. 와인버그는 성격이 까다로워 남과 공동 연구를 잘 안 하는데 이휘소만은 예외였다. 한번은 어느 기자가 와인버그에게 이런 질문을 한 적이 있었다.

"당신은 왜 남들처럼 공동 연구를 하지 않고 늘 혼자서만 연구합니까?"

와인버그가 즉시 대답했다.

"저는 공동 연구를 잘하지 못하는 편입니다. 그러나 정말로 공동 연구를 즐겼던 사람이 하나 있었습니다. 벤자민 리입니다. 그는 1977년 비운의 교통 사고로 사망했습니다. 저는 그와 몇 편의 논문을 함께 썼는데 우주론에 관한 논문은 널리 인용되고 있습니다."

1977년 2월, 시카고에서 미국 물리학회가 열렸다. 와인버그가 하이네만 수학상을 받는데 이를 축하하는 강연을 하면서 이휘소는 자신이 물리

와인버그와 이휘소

학도로서 걸어온 길을 회고하였다. 물론 와인버그에 대한 찬사가 많았고, 두 사람은 서로 존경하는 사이라는 것이 분명했다. 이 강연에서 이휘소는 다음과 같이 마무리했다.

"현재의 이론 물리학 틀에서 우리가 전자기 현상과 약작용 현상을 이해하는가? 아니면 이해하기를 바라는가? 올바로 이해했을 수도 있다. 하지만 아직도 해결해야 할 CP 대칭의 파괴, 초고에너지 영역에서의 약작용 현상들을 알아야 한다. 그러나 우리가 문제 해결을 위한 올바른 궤도에 있다는 점을 나는 어느 때보다 낙관한다."

1977년 6월 14일, 이휘소는 자신의 연구실에서 이원용을 만나 물리 이야기를 나눈다. 이휘소는 우주론에 관해 최근에 와인버그와 쓴 논문과 새로 개척할 연구 분야에 대하여 한참 설명했다. 마치 새로운 장난감을 선물받은 아이처럼 천진난만한 모습이었다고, 이원용은 회고한다. 실제로 이휘소는 이 세상에서 가장 신나는 일이 물리학 연구라고 스스로 말하기도 했다.

여기까지였다. 어느덧 그의 나이 불혹을 넘긴 42세, 대학원 시절부터 뛰어난 물리학자로 주목받았고 이제 입자 물리학 전체를 종합적으로 평가하고 리드할 수 있는 대가급 학자에 이르렀으나 그의 연구는 여기까지였다.

다음날인 6월 15일, 이휘소는 어머니에게 편지를 쓴다. 아들 제프리가 생물학에 흥미를 느끼는 것 같아 자기도 책을 좀 들여다보았는데 예전에 자신이 공부할 때와는 많이 다르다, 아들을 가르치기 위해 자기도 생물학 공부를 좀 하고 있다, 그런 내용이었다. 이휘소가 어렸을 때에는 하도 암기할 것이 많아서 생물학에 취미를 못 붙였지만 이제는 생물 교과 과정이 많이 변해 재미있고 생물학을 다시 배워야 할 필요를 느꼈다.

그리고 다음날인 6월 16일, 이휘소는 늦게 자고 늦게 일어나는 평소의 습관대로 아침 늦게 일어났다. 간단히 아침 식사를 마친 이휘소는 아내와 두 아이를 모두 데리고 승용차에 올랐다. 콜로라도의 아스펜 물리 연구 센터의 학회와 페르미 연구소 자문 위원회에 참석하기 위해서였다.

그는 얼마 전에 아스펜 물리 연구 센터 이사회 멤버로 선출되었다. 이 센터의 이론 물리학자들은 매년 여름에 모임을 갖고 각자의 아이디어와 논문들을 교환해 왔다. 이휘소가 참석하는 모든 학회가 그렇듯, 이 센터의 학회에도 미국 국내를 비롯해 외국에서 온 많은 물리학자들이 그를 만나 이야기를 듣기 위해 기다리고 있었다.

아스펜에서의 공식 일정이 끝나면 콜로라도에서 가족과 함께 6주간의 여름 휴가를 보낼 계획이었다. 그는 얼마 전 그곳에 콘도를 구입했다. 그의 가족들이 학회 참석을 겸해 여행을 떠나는 건 자주 있는 일이었지만 이번엔 여름 휴가를 겸한 것이라 가족들은 그 어느 때보다 새로운 기대감에 들떠 있었다. 시카고에서 콜로라도까지는 운전하기에 무리한 거리여서 웬만하면 일가족이 비행기로 여행할 만도 한데 현지에서의 렌트카 비용을 생각하면 좀 힘들더라도 자동차를 가져가는 것이 편리하므로 차량 여행을 선택한 것이다. 다음부터는 비행기 여행을 할 셈이었다.

사고 당일 출발이 예정보다 늦었다. 이휘소는 그 전날 밤에도 서재에서 새벽 3시까지 연구했고, 아침에 늦게 일어났다. 콜로라도까지는 가까운 거리가 아니어서 일찍 서둘러야 하는데 모든 일정이 지연되었다. 때문에 고속 도로에서는 시간이 다급하여 쉬지 않고 달리고 싶은 마음이었다. 아이들이 배고프다고 보채 심만청은 가까운 휴게소에서 자식들에게 요기를 시키자고 했지만 이휘소는 다음 휴게소에서 하자는 식으로 계속해서 차를 몰았다. 이휘소 옆의 앞좌석에는 제프리가, 뒷좌석에는 아이린이 엄마의 무릎 위에 누워 있었다.

고속 도로는 비교적 한적하여 편안한 마음으로 운전할 수 있는 상황이었다. 고속 도로 I-80은 미국의 뉴욕에서 시카고를 거쳐 미국 서부를 연결하는 고속 도로로 시카고에서 약 200킬로미터 서쪽에 있는 키와니

(Kewanee) 부근에서는 편도 2차, 왕복 4차선이었으며 가운데는 약 20미터 폭의 움푹 파인 풀밭이었다. 빗물이 잘 빠지도록 도로보다 낮았으며 또 미래의 고속 도로 확장 공사를 염두에 두고 왕복 도로 사이의 중앙 부분을 비워 놓은 것이다.

그렇게 바쁘게 운전하면서 휴게소 하나를 또 지나쳤을 때였다. 시간은 오후 1시를 지나고 있었다. 그때 반대편 도로에서 마주 달려오던 대형 트럭이 고장 나면서 순식간에 중앙의 분리 지역을 넘어왔다.

끼이익!

급히 브레이크를 밟으며 핸들을 옆으로 틀었지만 피할 틈이 없었다. 이휘소의 승용차는 트럭 정면과 비스듬히 충돌하고, 이휘소는 앞창 유리를 지탱하는 철제 창틀에 머리를 부딪혔다. 1시 22분이었다. 차는 뱅뱅 돌면서 몇 미터나 밀려난다. 졸고 있던 가족은 잠시 정신을 잃었다가 곧 깨어난다. 다행히 모두 경상이었다. 그러나 이휘소는 깨어나지 않는다. 급히 키와니 병원으로 옮겼을 때 응급실 담당 의사가 한 말은 "이미 숨졌습니다." 한마디였다.

사망하기 이틀 전, 이휘소를 마지막으로 보았던 이원용은 사고 당일의 상황을 이렇게 말하고 있다.

1977년 6월 16일 오후 5시쯤 되었을까, 뉴욕 자택에서 안사람은 저녁을 준비하는 동안 나는 부엌에 앉아서 말동무를 하고 있었다. 그때 전화 벨이 울려 안사람이 전화를 받았다. 그의 표정에서 무슨 큰일이 일어났음을 직감했다. 전화를 건네받으니 페르미 연구소의 피플스였다. 이휘소가 가족과 함께 아스펜으로 가는 도중 처참한 교통 사고로 죽고 가족들은 부근 병원에 입원해 있다는 것이었다. 그리고 심만청이 나더러 현장에 와서 가족을 돌보아 달라는 전갈이었다. 나는 즉시 뉴욕발 시카고행 비행기에 몸을 실었다. 시카고 공항에는 피플스와 일리노이 대학의 오할로란이 기다리고 있었다. 우리 셋은 조그만 개인 비행기를 빌려 아이오와로 날아갔다. 그 다음 몇 주일은 내 인생에서 가장 슬픈 시기였다. 좋은 친구이자 훌륭한 물리학자 한 사람이 우리 곁을 떠난 것이다.

사고 당일 페르미 연구소 이론 물리학부 비서로부터 비보를 들은 강경식은 김호길, 김정욱에게 연락했다. 김정욱은 당시 존스 홉킨스 대학의 교수였다. 김호길은 메릴랜드 대학의 교수였으며 재미과협을 위해 많은 활동을 하고 있었다. 그는 후에 귀국하여 포항 공대 총장으로 재직 중 뜻하지 않은 사고로 타계했다. 그리고 평소에 가까운 사람들 몇몇이 장례식에 참여하기로 하였다.

사고 당일 저녁, 강주상은 메릴랜드 자택에서 저녁 식사 후 텔레비전 뉴스를 보고 있었다. 그때 전화가 울렸다. 록펠러 대학의 피서영이었다. 서울대 시절과 스토니 브룩에서 선후배 관계였으며 둘 다 입자 물리학 이론을 전공하기에 잘 아는 사이였다.

"이 일을 어쩌죠, 이휘소 선생님이 교통 사고로 돌아가셨답니다."

"예? 뭐라고요? 아니, 세상에 이런 일이······."

피서영은 들은 대로 전하면서 이원용이 급히 시카고로 떠났다고 말했다. 강주상은 곧바로 김호길에게 전화했다.

"아니, 나도 방금 소식을 듣고 당신에게 전화하려던 참이었는데……."

강주상은 다음날 아침 출발하는 시카고행 비행기를 예약하고 뜬눈으로 밤을 새우다시피 보냈다. 날이 밝아오자 우선 연구실에 들러 같은 그룹 동료들에게 비보를 전했다. 동료들은 "이곳 걱정은 말고 우리 대표로 당신이 가서 장례를 도와주도록 하고 장례식에도 참석하라."라고 했다.

김제완은 새벽 1시경 울리는 전화벨 소리에 잠이 깨었다. 서울의 미국 대사관에서 온 전화였다. 이휘소가 미국에서 교통 사고로 사망하였으니 어머니와 가족들에게 연락해 달라는 것이었다. 그래서 이른 새벽에 이휘소 어머니의 집을 방문했다. 전화번호를 알지도 못했거니와 나쁜 소식이므로 직접 전하는 것이 좋으리라 판단했기 때문이다. 몇 마디 인사말을 나눈 후 어렵게 입을 열고 비운의 소식을 전했다. 어머니는 깊은 한숨을 쉬더니 이내 그 자리에서 졸도했다. 날이 밝으면서 신문 방송 매체를 통해 비보가 전해지고 어머니 집에 빈소가 마련되었다.

강주상은 시카고 공항에 내렸으나 그 전날 전화 통화에서 부상당한 가족들이 키와니 병원에 입원해 있다는 사실만 알 뿐이었다. 공항에서 빌린 차로 무삭성 I-80 고속 도로로 차를 몰았다. 조그마한 마을이라 지도에 상세히 나타나지 않았지만 쉽게 찾을 수 있었고, 병원도 하나뿐이어서 어렵지 않게 병원에 도착했다. 사고 직후 가족들은 이 병원으로 옮겨졌는데 의식을 잃었던 제프리는 회복되기 시작했고, 아이린은 상처 부위를 몇 바늘 꿰맨 상태였다. 심만청이 강주상에게 사고 경위를 이야기했다.

이휘소 가족이 키와니를 지날 때 반대편 차선으로 달려오던 트레일러 트럭의 바퀴가 펑크가 나고 차에서 빠져 중앙 분리 지역을 건너왔다. 그리고 이휘소 차의 전면 유리를 고정시키는 좌측 지지대를 강타했고, 이것이 이휘소의 머리를 때려 현장에서 사망했다는 것이다.

사고가 일어난 지 15년쯤 지난 후 바퀴 문제가 논란되었을 때 강주상은 심만청에게 다시 확인했는데, 이때 심만청은 바퀴가 떨어져 나온 것이 아니라 펑크 난 트레일러 트럭 전체와 부딪쳤다고 밝혔다. 타이어가 펑크인데 트럭 운전사는 차 바닥에 떨어진 틀니를 집으려다 차가 균형을 잃고 중앙 분리 지역을 넘어왔다는 것이다. 경찰의 사고 기록도 이와 일치한다. 하지만 사고 당시에 상황 파악을 제대로 하지 못한 점은 이해된다. 양쪽에서 달려오는 두 차량의 충돌이므로 순식간에 일어난 데다 피해자는 졸음 상태에서 사고 직전 바퀴와 부딪치는 악몽을 갖게 되므로 트럭의 일부로 바퀴를 보지 않고 바퀴만 보였을 것이다. 너무나 어처구니없는 사고이지만 고속도로에서 종종 발생할 뿐 아니라, 텔레비전이나 신문에 보도된다. 단순 사고라도 피해자에게는 기막힌 일이다.

저녁때쯤 키와니 병원에 이원용이 왔다. 경찰과 사고 현장의 증거 확보 등으로 하루 종일 바빴기 때문이다. 제프리도 호전되었다. 가족들은 좀더 시설이 좋은 큰 병원에서 치료를 받기 위해 다음날 소형 비행기로 시카고 부근으로 옮기도록 되어 있었다. 이원용은 평소 이휘소와 형제처럼 가까웠으므로 사고 현장은 물론 그 후 법정 소송에서 유가족을 자기 일처럼 돌보았다.

이원용은 윌슨 페르미 연구소 소장으로부터 한국으로의 국제 전화를 얼마든지 걸어도 좋다는 허가를 받았다면서 한국의 이휘소 가족에게도 연락했는가 하고 물었다. 당시 미국의 통신 사정으로 말하면, 큰 국립 연구소들은 국가 통신망으로 연결되어 동네 전화나 다름없었으나 미국 국내 장거리 전화는 부담으로 느끼던 시대였다. 특히 국제 전화를 걸려면 신청서를 제출하여 사전 승인을 받아야 할 정도였다. 따라서 국제 전화를 걸기에는 요금이 큰 부담이던 시절이었다. 그러므로 윌슨의 조치는 특별한 배려였다. 한편 한국에서는 가정용 전화기가 고가에 매매될 정도로 귀중한 재산 목록이었다. 심만청은 한국 가족의 전화번호를 갖고 오지 않았다. 김제완의 번호도 몰랐다. 그래서 서울 주재 미국 대사관에 연락을 취하도록 부탁했다. 대사관에서는 이휘소 가족의 전화번호는 모르지만 3년 전 AID 차관 심사 관계로 이휘소가 일시 귀국했을 때 김제완과 긴밀히 협의하였으므로 김제완에게 연락한 것이다. 미국 언론의 관례는 교통 사고나 살인 사건 등의 보도에서 일단 피해자의 직계 존속에게 연락될 때까지 유보하는 것이 보통이다. 피해자 가족이 언론 보도로 알게 되어 충격을 받지 않도록 배려하는 것이 언론 윤리이다. 이휘소의 경우, 온 가족이 다쳐 입원했으니 한국의 어머니에게 연락되어야 한다. 그래서 교통 사고 다음날이 아니라 이틀 후인 6월 18일에 《뉴욕 타임스》에 사망 기사가 실린 것이다.

강주상은 페르미 연구소로 돌아와 이휘소 자택을 오가며 장례 준비를 도왔다. 때마침 장의사들이 파업 중이어서 장례 절차를 제대로 이행하기 힘들었다. 그래서 영결식을 6월 21일 거행했다. 그날 페르미 연구소에서는 이휘소의 죽음을 애도하는 조기가 게양되었다. 엄밀히 말하자면 그 많은 직원 중의 한 사람이 사망한 것인데, 조기로 이휘소의 명복을 빈

이휘소의 사망을 애도하는 페르미 연구소의 조기

제공 | 페르미 국립 가속기 연구소

것은 평소에 그가 주위 사람들로부터 얼마나 많은 사랑과 존경을 받았는지를 말해 준다. 그는 인생의 절정에서 너무나도 갑자기 타계했다.

교통 사고 닷새 후에 슬프고 엄숙하게 치러진 영결식에는 평소에 이휘소와 가까운 친지들이 미국 각지에서 200명 정도 참석하였다. 그 가운데 가톨릭 신부이자 물리학자인 투히가 감명 깊은 장례를 집전했다. 서양의 영결식에는 흔히 죽은 사람의 반신이 보이도록 관을 반쯤 열고 조문객들로 하여금 마지막 경의를 표하게 하는 의식이 있다. 참석자들은 이휘소를 마지막으로 보내는 조의를 표했는데, 이휘소는 평안한 자세로 곱게 누워 있었다.

영결식에서 페르미 연구소 소장인 윌슨은 다음과 같은 감동적인 추도사를 낭독했다.

친애하는 여러분, 우리는 평소 그토록 사랑하고 존경하던 이휘소를 고별하는 이 자리에 모였습니다. 그에 대한 사랑과 존경은 이루 표현하기 어려울 정도입니다.

슬프게도 이 자리는 인간이 얼마나 연약한 존재인가를 일깨워 줍니다. 하지만 다른 면에서 보면 놀랍게도 인간이 얼마나 강인한가를 보여 주기도 합니다. 한 사람이 평생 쌓은 공헌이 축적되어 오늘날의 문화를 이룩하게 합니다. 그래서 비록 사람이 개인으로는 죽더라도 삶은 지속되는 것입니다. 지구상에서 인간의 영생을 구현하는 셈입니다.

현재의 인류 문명이 각 사람의 기여가 쌓여 이처럼 고도로 발달하게 된 것은 우리 모두에게 소중한 일입니다. 그럼으로써 우리가 살아가는 의미가 있고 삶 자체에 만족할 수 있기 때문입니다. 이휘소는 인류 문화 발전에 특별한 공헌을 하였고, 오늘 우리는 여기 모여 그의 공적을 기리고자 합니다.

방금 언급한 신비스러운 인류 문명의 진화에 관하여 몇 가지 부연할까 합니다. 문화 발전의 양상은 여러 가지가 있겠으나 이 자리에서 특히 관심의 대상이 되는 것은 대개 두 가지로 볼 수 있습니다. 한 가지는 사회적인 면입니다. 우리가 매일 성실하게 생활함으로써 인간 공동체에 기여하는 것입니다. 우리는 학교를 육성하고, 직장에서 성실하게 근무하며, 정치와 사회 조직을 만들고 박물관, 극장, 도서관 등을 후원함으로써 문화가 발전하는 것입니다.

그러나 문화 발전의 또 다른 중요한 요소는 가끔 일어나는 예외적인 몇몇 인간들과 관련이 있습니다. 일례로 아르키메데스, 아리스토텔레스, 레오나르도 다빈치 같은 인물들을 생각합니다. 우리 분야인 물리학에서는 뉴턴, 아인슈타인, 페르미 같은 사람들을 생각합니다. 이들의 생각으로 창안되거나 발명된 것들은 인간 문명의 특별한 돌파구가 되었습니다. 이러한 사람들을 우리는 특별히 공경하고 아끼는 것입니다.

이런 면으로 나는 이휘소에 관해 말씀드리고자 합니다. 이휘소가 다빈치나 아인슈타인 같은 인물이라고 말하려는 것은 아니지만, 이들은 특별한 영감을 가진 사람들이었고 새로운 패러다임을 창출하였습니다. 이휘소는 세계적으로 명성이 알려진 매우 창의적인 이론 물리학자로서 근대의 이론 물리학자 20인을 거명한다면 반드시 포함시켜야 할 인물입니다. 현재 펼쳐지는 물리학의 황금기는 이휘소가 큰 공헌을 하였고, 우리는 이를 높이 평가하는 것입니다.

학문적인 천재성 이외에도 온화하고 유머 감각이 있으며, 헌신적이고 책임감 강한 인간성 때문에 이휘소는 특별히 우리들의 사랑과 존경을 받았습니다.

전쟁으로 피폐해진 한국에서 소년 시절을 보낸 이휘소가 일찍이 잠재력을 발견하고, 내가 알기로 거의 독학으로 기초 지식을 터득하여 결국 이론 물리학의 대가가 되었다는 것은 정말 놀라운 일입니다. 그는 서울에서 대학을 졸업하기 전에 미국으로 유학 온 것으로 알고 있습니다. 미국 공군 조종사들이 제공하는 장학금을 받은 것으로 압니다. 장학금이 인연이 되어 이휘소가 우리에게 왔다니, 그분들에게 고마울 뿐입니다. 오하이오 주 마이애미 대학을 졸업하고 피츠버그 대학 대학원에 진학했는데 그의 재능을 아깝게 여긴 메슈코프가 펜실베이니아 대학의 클라인에게 보냈습니다.

필라델피아에서 이휘소는 심만청과 결혼하였고, 젊은 나이 서른에 정교수가 되었습니다. 많은 훌륭한 학자들이 그러하듯, 이휘소는 가족들과 함께 도쿄, 프린스턴, 파리, 제네바 등을 돌아다니면서 세계 석학들과 학식을 주고받았습니다. 그래서 그는 세계적으로 최우수 이론 물리학자 대열에 낄 수 있게 되었습니다.

페르미 연구소에는 형언하기 어려운 큰 행운이 찾아왔습니다. 이휘소 정도의 업적과 재능을 가진 학자는 세계 어느 곳에서나 직장을 얻고 연구 생활을 할 수 있었습니다. 그 정도 수준의 이론 물리학자라면 경력 관리에 마음 편한 내대학 환경을 선호했을 것입니다. 이휘소는 첨단 연구 장비와 고에너지 입자 가속기 시설이 있는 페르미 연구소가 일류 연구소가 되려면 일류의 이론 물리부가 있어야 한다고 확신했습니다.

일류 연구소는 단순히 실험만 하는 곳이 아닙니다. 그 이상의 물리학 소재가 풍부하기 때문입니다. 물리학은 자연을 이해하려는 학문입니다. 그래서 이론과 실험이 서로 손을 맞잡고 같은 목표를 향해 나아가는 것입니다. 연구소가 효과적이려면 이론과 실험이라는 두 손의 손가락들이

깍지를 끼고 함께 협동해야 합니다. 실험 물리학자들은 이론가다운 면이 있어야 하겠고, 이론 물리학자들은 실험가의 자세를 갖추어야 할 것입니다.

바로 이것이 이휘소의 타고난 재능이었습니다. 페르미처럼 한편으로는 추상적이고 순수한 이론을 추구하였으나 다른 한편으로는 실험의 중요성을 인정하고 구체적으로 이해하는 것입니다. 페르미 연구소에서 어떤 실험을 할 것인지, 어떤 연구 시설을 만들 것인지 현명한 판단을 하려면 이휘소와 같은 사람의 균형된 감각이 절실히 필요합니다. 우리 연구소가 세계적인 일류 연구소가 되려면 실험 분위기에 걸맞은 이론 환경이 마련되어야 합니다. 이휘소는 그것을 알고 페르미 연구소로 직장을 옮겼습니다. 그는 연구소를 활성화하였고, 그의 비전인 이론과 실험이 우수한 페르미 연구소의 전통을 남겼습니다.

이론 물리 분야에서 이휘소는 가장 근본적인 수준에서 물리 문제를 연구했습니다. 그는 100편 이상의 주옥같은 논문을 썼는데 제가 이해하기 힘들 정도의 순수 물리 이론입니다. 그러나 그의 타고난 장점은 난해한 물리 개념을 실험 물리학자는 물론 필요하다면 일반인까지도 이해시키는 능력과 재능이라 하겠습니다.

이휘소의 공헌 중 한 가지만 예로 들어 내 나름대로 소박하게 이해해 보도록 하겠습니다. 힘과 관련된 이야기입니다. 다른 연구소도 마찬가지지만 페르미 연구소에서는 자연을 구성하는 궁극의 원자를 찾으려 합니다. 또한 우리는 이들 궁극의 입자들 사이에 작용하는 궁극의 힘을 추구하기도 합니다. 지나치리만큼 단순한 논리로 모든 것이 원자로 구성된 이상, 이들 입자와 이들을 물질로 만드는 힘들만 파악한다면 원론적으로 모든 현상을 알게 됩니다.

너무 간단하지요. 그러나 여기에 근본적인 성격을 파악하는 데 알아야 할 점이 있습니다. 우리는 아직 기본 입자가 무엇인지, 또 그들 사이에 어떤 힘이 작용하는지도 확실히 모릅니다.

……

이러한 통합 논리 때문에 우리 평생에 또 다른 통합 이론이 나오지 않을까 하고 도전했습니다. 이휘소도 마찬가지였습니다. 미국의 와인버그와 유럽의 살람은 몇 년 전에 독립적으로 문제 해결의 돌파구를 마련했습니다. 수수께끼 같은 용어처럼 들리지만, 소위 '게이지 이론'에 의하면 전기력과 약작용력이 같은 현상의 양면적인 현상이라는 것입니다. 사실이라면 네 종류의 알려진 힘을 세 종류로 줄일 수 있는 것입니다. 심지어는 핵력까지도 통합할 수 있다는 이론이 있습니다. 이휘소는 이러한 가능성을 제일 먼저 인식한 사람 중 하나입니다. 와인버그는 시카고의 미국 물리학회에서 이 점을 강조하며 이휘소의 공헌에 찬사를 보냈습니다.

물리학자들은 어려운 용어로 '게이지 이론의 재규격화'를 이휘소가 증명했다고 합니다. 쉬운 말로 풀이하자면, 이휘소의 증명으로 와인버그와 살람이 제시한 이론을 물리학계가 진지하게 받아들였고, 또 실험가들은 이론의 진실성을 믿고 이론이 예측하는 바를 조사했습니다. CERN과 페르미 연구소에서 실험한 결과들이 이론적 예측과 맞아떨어질 때 우리가 얼마나 흥분했는지 상상하실 수 있을 것입니다. 자연 현상을 근본적으로 설명하려는 '통일 원리'에 관한 심오한 업적 하나만으로도 이휘소는 과학사에 길이 남을 것입니다.

이휘소가 연구소에 공헌한 또 하나는 젊은 물리학자들에게 특별한 관심을 가졌다는 것입니다. 매일 점심 식사 후 휴게실에서 젊은이들에게 둘러싸여 커피를 마시며 대화를 나누는 모습을 볼 수 있습니다. 비록 비공식적인 모임이지만, 이러한 대화로 젊은 과학자들이 영감을 얻어 창의적인 연구를 할 수 있도록 도움이 되는 것입니다. 그는 공식적으로는 시카고 대학의 교수직을 겸임했지만 비공식적으로는 페르미 연구소에서 젊은이들을 강도 높게 교육한 것입니다.

……

이휘소는 아스펜에서 페르미 연구소 자문 회의에 참석하러 가던 공직 수행 중에 윤화를 당했습니다. 자문 위원들은 미국 전역에서 초대되고 페르미 연구소의 실험을 구체적으로 선정합니다. 이 회의에서는 지금까지 무슨 성과가 있었고 앞으로 어떤 방향으로 나아가야 할까를 심층적으로 논의합니다. 이휘소는 이 방면에서도 특출했습니다. 그는 상당히 비판적인 시각으로 회의에 임하겠노라 했습니다. 그가 살았더라면 우리 연구소 장래를 위한 또 한번의 귀중한 계기가 되었으리라 확신합니다. 그러나 안타깝게도 이휘소는 그 회의장에 없었고 그를 잃은 슬픔은 너무나 컸습니다.

이휘소의 기대에 우리가 어떻게 부응할 수 있겠습니까? 그가 우리 연구소에 왔을 때 구상했던 대로 일류 연구소를 만듦으로써 부응할 수 있습니다. 우리는 그렇게 할 것입니다. 또한 우리는 이론 그룹을 그가 이룩한 만큼, 아니 그 이상으로 강한 팀이 되도록 지원하여 그의 비전을 실현할 수 있습니다. 우리는 이휘소의 기대에 어긋나지 않도록 최선을 다할 것입니다.

18.

이휘소의 영결식은 끝났어도 장례 절차는 별로 없었다. 장의사들의 파업 때문에 실제로 매장되고 비석이 세워지기까지는 시간이 좀 걸렸다. 이휘소는 페르미 연구소로 직장을 옮기면서 연구소와 시카고의 중간 지점에 위치한 글렌엘린이라는 조용한 마을에 주택을 구입했다. 스토니 브룩보다는 주위 환경이 훨씬 좋았다. 교통도 편리하여 연구소까지는 차로 20~30분 정도 걸리고 시카고도 가까워 도시의 문화 생활을 즐길 수 있었다. 마을 한쪽에 공동묘지가 있었는데, 이휘소는 그곳에 안장되었다.

충청도 공주의 선산에 있는 이휘소 부친의 묘소 옆에 안장할 것을 고려했으나 자식들을 생각하여 심만청은 글렌엘린으로 결정했고 박순희는 허락했다. 글렌엘린은 주거 환경이 좋아서 최소한 제프리가 대학을 졸업할 때까지는 떠나지 않을 계획이었다. 공원묘지 안의 큰 나무 밑에 자

글렌엘린 공원 묘지(2006년)

리를 정했는데 여름에는 그늘이 져서 시원하고 겨울에는 양지바른 좋은 곳이다. 이휘소의 시신은 장의사 파업이 끝날 때까지 한 달간 냉동실에 모셔야 했고 7월 18일 매장되었다. 이 공원 묘지는 글렌엘린 마을에서 있어 심만청과 제프리, 아이린이 수시로 성묘하기에 편리했다.

1971년 이휘소는 정근모와 하계 물리 학교를 추진하던 중 박정희 독재 체제가 싫어서 그만둔 적이 있었다. 그러나 1974년 AID 심사 후에는 한국의 정치 상황과는 무관하게 과학 기술 발전을 도울 수 있으리라고 생각했다. 더욱이 1976년 살람의 파키스탄 하계 학교를 다녀온 후에는 한국에서도 하계 물리 학교를 시작하기로 마음먹었다.

교통 사고가 나기 한 달 전, 강경식은 이휘소를 만나 한국에서 소립자 물리학 하계 학교를 조직하는 문제를 상의했다. 그다음 해인 1978년, 도쿄에서 고에너지 물리학 국제 회의가 열리는데 참가자 중 석학 일부를 서울로 초청하면 경비를 상당히 줄일 수 있기 때문이었다. 때마침 미국 AID 차관 지원 계획이 승인되고 시행 중이어서 서울대 자연계 대학원 과정 육성 프로그램의 하나로 서울대에 하계 학교를 설치하는 것은 훌륭한 착상이었다. 미국 측에서는 이휘소를 중심으로 강경식, 김정욱, 이원용이 조직하고 국내에서는 김제완이 추진하기로 하였다. 그러나 불의의 교통 사고로 이휘소가 타계하자 추진팀은 '이휘소 추모 소립자 물리학 심포지엄'으로 이름을 바꾸어 1978년 9월 국내에서는 처음으로 입자 물리학 국제 회의를 개최했다. 이 회의에는 살람, 레더먼, 피플스, 가이아, 기노시다, 로젠, 오할로란, 퀴그 등 고에너지 물리학 분야의 세계적인 권위자들을 포함해 130여 명이 참가했고, 과기처의 해외 과학자 유치 계획에 따라 강주상, 김진의 등도 참석하였다.

10년 전에 진영선이 타계했을 때 이휘소가 중심이 되어 추모 논문집을 출판한 것을 기억하는 강경식은 이휘소를 위해 무엇인가 해야겠다는 생각이 들었다. 비록 미국 시민권을 취득하였으나 한국 출신의 물리학자로서 민간 외교를 통해 국위를 선양했고, 또 후학에게 알려 자극이 되도록 해야겠다는 생각에서였다. 강경식은 물리학회 간사장인 조병하와 접촉했고, 물리학회는 정부에 훈장 추서를 건의했다. 추서 과정에 이휘소는 해외 교포 물리학자로서 국내 봉사를 한 적이 없다는 이유로 일부 반대가 있었으나 조병하의 중재로 원활히 진행되었다.

훈장은 국민 훈장 동백장으로 결정되었다. 국민 훈장은 무궁화장, 모란장, 동백장, 목련장, 석류장의 5등급이 있는데 동백장은 3등급이었다. 그런데 동백장을 받으러 미국에서 유가족 세 사람이 오도록 여비를 마련하는 것이 문제였다. 마침 그때 정부 출연 연구 기관인 한국 표준 연구소가 설립되어 이휘소가 20년간 구독했던 학술지를 기증하는 대가로 표준 연구소에서 여비 부담을 하도록 협의가 이루어졌다. 그러나 심만청은 평소 남편이 유신 체제를 반대했는데, 그 체제의 연구 기관에서 경비 부담을 하는 초청은 받아들일 수 없다고 거절했다. 당황한 강경식과 조병하는 대안으로 이휘소 어머니가 받는 방법을 제시했다. 심만청은 자기가 시어머니에게 특별히 잘해 준 것도 없고, 아들을 잃은 어머니로서 조금이라도 위안이 되면 좋겠다고 하면서 이의를 제기하지 않았다. 그래서 과기처 장관실에서 몇몇 물리학회 간부가 참석한 가운데 간소하게 수여식이 거행되었다.

후에 심만청은 이휘소 소장의 학술지를 베이징(北京) 대학에 기증했다. 하지만 그보나 더 중요한 일기 수첩, 연구 일지와 강의 노트는 강주상에게 주었고, 그는 재직하고 있는 고려대에 기증했다. 그리고 유품 중 일부는 과학 기술인 명예의 전당에 전시되었다.

사고가 나던 해 10월에 페르미 연구소에서는 국제 회의가 열릴 예정이었다. 이 학술 회의는 '반전 대칭 파괴, 약작용의 중성 흐름 및 게이지 이론에 관한 이휘소 추모 국제 학술 회의'로 이름이 바뀌었고 세계 각국에서 600여 명의 물리학자들이 참가했다. 특히 이 학술회의는 미시 세계의 무한소를 다루는 입자 물리학과, 우주 공간의 무한대를 대상으로 하는 우주론이 만나 서로 상대방의 영역을 이해하는 최초의 국제 회의였다. 우주론과 소립자론은 양 극한인 것처럼 보여도 공통점이 있어 무한소의 세계를 알아야 무한대의 우주를 이해할 수 있다. 참석자 중에는 양전닝, 겔만, 팅 세 사람의 노벨상 수상자가 있었으며 그 후 수년 이내 수상한 펄, 와인버그, 살람, 휠러, 라이네스, 레더먼, 윌첵 등을 비롯하여 이휘소와 개인적으로 가까웠던 사람들이 참가했다. 특히 양전닝이 조사를 한 후에는 참가자들이 묵념으로 고인의 명복을 빌었다.

콜로라도의 아스펜 물리 연구 센터는 이휘소가 오래전부터 여름에 자주 가던 곳이었다. 특히 그해에 처음 이사로 선임되어 기대가 컸는데 불의의 사고를 당한 것이다. 아스펜 센터에는 이휘소 추모 벤치가 있는데, 그를 아는 사람들이 가끔 들러 옛날을 회상하곤 한다.

이휘소 추모 벤치에 새겨진 동판
제공 | 아스펜 물리 연구 센터

이휘소 추모 국제 학술 회의(1977년)

사고 이전에 심만청과 어머니 사이의 고부 간에는 갈등은 없었어도 그렇게 가깝지는 않았다. 졸지에 아들을 잃은 박순희와, 남편을 사별한 심만청은 서로를 위로하며 마음의 안정을 찾았다. 다만 서로 언어 소통이 안되어 안타까웠다. 때문에 강주상이 중간에서 심만청이 영문으로 보내 온 편지는 한글로, 어머니가 한글로 쓴 편지를 영어로 번역해 주곤 하였다.

심만청은 이휘소의 사망 전에 시카고로 온 후 도서관학을 공부하고 있었다. 아이들도 컸으므로 무언가 사회 활동을 하고 싶었기 때문이다. 이휘소는 스포츠카를 좋아했다. 그래서 심만청은 취직하여 돈을 벌게 되면 제일 먼저 남편에게 포르셰 스포츠카를 사주리라 마음먹고 있었는데 허황하게 되었다. 그러나 심만청은 시카고에 있는 콘코디아(Concordia) 대학에서 도서관학 공부를 끝내고 큰 은행의 도서관에 직장을 얻어 10여 년간 근무하다 1990년에 은퇴했다.

이휘소의 사후 심만청은 그보다 10년 전에 타계한 진영선의 미망인 김경희와 가깝게 지냈는데, 김경희를 통해 한국에서 이휘소에 관해 일어나는 일을 지켜보았다. 심만청은 은퇴 후 공허한 마음을 달래기 위해 여행을 많이 다녔다. 그는 조용한 사생활을 원했는데, 한국에서 이휘소를 모델로 한 소설이 출판되어 그의 이름이 널리 알려지면서 미용실이나 슈퍼 등에서 교포들이 알아보는 것이 큰 부담이 되었다.

조용히 살고 싶던 심만청은 김경희와 강주상에게 허구로 가득 찬 소설에 관한 이야기를 듣고 매우 심란해했다. 강주상은 심만청의 위임을 받아 소설의 유통을 저지하였으나 두 번째 소설이 나올 때에는 속수무책이었다. 강주상과 강경식은 신문 기고들을 통하여 왜곡된 이휘소의 이미지를 바로잡으려 했다.

덕분에 많은 사람들에게 올바른 사실이 알려지긴 했으나, 나중에 소설이 영화로까지 만들어지자 심만청은 강주상과 강경식까지 원망하며 유가족의 자격으로 소설 작가들을 명예 훼손으로 고소했다. 그러나 법원의 판결은 "이유 없다."로 나와 재판에서 패소했다.

판결문의 일부를 인용한다.

…… 위 소설에서 이휘소는 박정희 대통령의 간곡한 요청으로 우리나라에 귀국하여 핵무기 개발을 주도하였는데, 미국에서 수술을 받아 다리뼈 속에 핵 개발에 관한 비밀 정보를 넣고 우리나라에 들어와 박정희 대통령에게 이를 전달하였으며, 우리나라의 핵무기 보유를 반대하던 미국 CIA, FBI에 의해 살해되었다고 하여 위 이휘소의 모습과 많은 부분에서 다르게 묘사되어 있는 사실, 위 소설의 중간에 박정희 대통령의 친서와 이휘소의 일기를 임의로 작성하여 삽입한 사실…… 이휘소의 실제 생활과 다르다는 점을 거듭 표시한 사실이 인정된다.

…… 위 소설을 읽는 우리나라 독자들로 하여금 대체로 위 이휘소에 대해 존경과 흠모의 정을 불러일으킨다고 할 것이어서, 우리 사회에서 위 이휘소의 명예가 더욱 높아졌다고도 볼 수 있으므로, 위 소설에서 위 이휘소의 모습이 실제 생활과 달리 묘사되어 신청인들의 주관적인 감정에는 부분적으로 위 이휘소의 명예가 훼손되었다고 여겨질지라도 위 소설의 전체 내용에 비추어 사회 통념상 위 이휘소의 명예가 훼손되었다고 볼 수도 없으며……

이휘소의 명예가 오히려 높아진 면이 있으므로 명예 훼손에 해당하지 않는다는 위의 판결문은 '명예'라는 것이 과연 무엇인가를 생각하게 해 준다.

판결문의 내용처럼 이휘소에 관한 기존 전기나 소설들은 우리나라 국민들에게 이휘소의 이름을 알리는 데 결정적으로 기여하였을 뿐 아니라 존경심을 갖게 만들었다. 사회 통념상 분명 이휘소의 명성을 드높여 준 것이다(famous). 그러나 실제의 이휘소가 아닌 가상의 이휘소로서의 명성을 높였으며 유가족들이 가상 인물을 받아들이지 않는다면 불명예의 명성을 높인 것이다(infamous).

이름이 널리 알려지고 사람들의 존경을 받게 되는 것을 마다할 사람은 없을 것이다. 하지만 그것이 사실에 기초한 것이 아니라 상상력이 발휘된 허구에 바탕을 두고 있다면 문제가 될 수 있다. 이러한 소설들이 없어도 이휘소는 그의 학문적 업적으로 이미 세계적 명예를 얻었다. 소설을 통해 다른 인간상으로 '명예'와 '명성'을 높였다고 생각하지만, 그를 아는 사람들이 그 결과 이휘소의 진정한 내면의 인품이 의심받게 되고 오히려 흠이 된다고 판단한다면 그러한 '명예'는 더 이상 명예가 아니다. 바로 그 점, 소송을 건 유족과 재판부 사이에는 '명예'와 '명성'에 대한 서로 다른 관념이 있는 게 아닐까?

이휘소의 명예는 다른 방식으로 높아졌다. 2006년 과학 기술부가 지원하고 한국 과학 기술 한림원이 주관하는 '한국 과학 기술인 명예의 전당'에 이휘소는 헌정되었다. 이 전당은 훌륭한 업적을 남긴 우리 과학 기술인의 발자취를 소개하고 항구적으로 전시, 보존하기 위해 건립되었다.

한국 과학 기술인 명예의 전당에 헌정된 이휘소

이휘소의 헌정 당시 최무선, 장영실, 김정호, 허준 같은 선현들과 우장춘,
이태규 같은 현대의 한국 과학자들 19명이 이곳에 모셔졌다.

　이휘소의 유족과 지인들은 다른 무엇보다도 그가 있는 그대로의 모습
으로 기억되기를 바랄 뿐이다. 명성만을 중시하는 사람은 무조건 자기 이
름이 널리 알려지는 것을 원할지 모르지만, 진정한 명예를 바라는 사람
은 오직 자기 자신의 일로 평가받기를 바란다. 명예는 내면에 스스로 존
재하는 것이지 남이 불러주는 이름이 아닌 것이다. 미화로 각색하고 허구
를 덧칠하지 않아도 이휘소의 생애는 충분히 극적이고 아름다웠다. 이휘
소는 한국이 배출한 세계 최고의 이론 물리학자였다!

우리나라에는 이휘소의 학문적 업적이나 철학과는 무관한 엉뚱한 오해 하나가 돌아다니고 있다. 1970년대 중반, 주한 미군 철수 정책에 불안을 느낀 박정희 정부가 핵무기 개발을 추진했다는 것은 지금은 알려진 공공 연한 비밀이다. 그런데 이에 대해 이휘소가 이 사업에 깊숙이 관여한 중심 인물이었고, 그로 인해 미국 정보 기관이 교통 사고로 가장하여 그를 살해했을지 모른다는 추측성 기사가 당시 언론에 보도된 적이 있다. 소위 음모론으로, 단순한 교통 사고가 아니라 계획적인 살인 사건으로 '의문사'를 제기하는 것이다.

1989년에는 『핵물리학자 이휘소』라는 책이 출판되어 이를 기정사실 화했다. 강주상은 미망인 심만청의 위임을 받고 책의 저자를 만나 박정희 대통령 친서 등 핵 개발 관련 대목의 대부분을 임의로 창작했다는 고백을 들은 후 조용히 책의 수거를 다짐받았는데, 이후 1993년에 또 다른 저자의 소설인 『무궁화꽃이 피었습니다』가 베스트셀러가 되면서 다시 한번 사회의 시선이 집중되었다.

이 모든 것이 사실이 아님은 이미 앞부분에서 상세히 기술되었고, 강경식과 강주상의 기고로 잘 알려져 있지만 파급력이 큰 소설에 의해 이휘소의 실상이 워낙 널리 잘못 알려졌기에 다시 한번 그 허구성을 지적하고자 한다.

이휘소는 핵물리학자가 아니라 소립자 물리학자이다. 소립자 물리학은 원자핵보다 작은 우주의 기본 입자들 간의 상호 작용을 연구하는 학문 분야로서 핵무기와는 거리가 멀다. 이휘소는 미국의 핵무기 개발 책임자였던 오펜하이머가 원장으로 있던 프린스턴 고등 연구원과, 핵 연쇄 반응을 최초로 성공시킨 페르미를 기념하여 만든 페르미 연구소에 근무하기는 했지만, 이 두 기관은 핵무기와는 전혀 상관없는 곳이다.

특히 이휘소가 마지막으로 근무했던 페르미 연구소는 고에너지 물리학 연구를 하는 순수 학문 연구소이다. 9·11 사건 이후 좀 달라졌지만 당시 이 연구소는 많은 시설이 개방되어 있고, 경비도 없을 정도로 일반인의 출입이 자유로웠다. 때문에 인근 주민들이 직장에 출퇴근하는 지름길로 사용할 정도였다. 그때 이 연구소의 중앙 연구동에는 연구실의 문이 없기로 유명했다. 경리과 이외에는 소장실을 포함하여 모든 연구실이 문 없이 칸막이로만 이루어져 있다. 이 연구동 앞에는 국제 공동 실험에 참여하는 20개국의 국기가 걸려 있는데, 태극기도 1970년대부터 그 대열에 끼여 있다. 한국팀이 참가하여 국제 공동 연구를 하고 있기 때문이다.

강주상은 1993년에 이 연구소에 방문 교수로 방문한 바 있는데, 이휘소는 미국 국가 기밀 취급에 필요한 비밀 취급 인가를 받고 있지 않았다고 들었다. 기밀에 접하지 않기 때문에 인가를 받을 필요가 없었던 것이다.

이휘소의 의문사를 보도한 잡지 기사에 강경식은 단호한 어조로 말하고 있다.

"어처구니없다. 우선 전공이 다르다. 이휘소는 입자 물리학자이고, 핵무기는 수백 명의 핵공학자와 기술자가 있어야 가능한 일이다. 핵무기 이론이야 이휘소가 살아 있을 때 이미 공개된 자료여서 대학생의 학부 논문으로도 나오고 있는 실정 아닌가. 그런 기사를 쓰려면 우선 가까운 사람들에게 물어봐야 할 텐데, 한 번도 그런 적이 없다. 작가와 기자들이 자기들끼리 서로 인용하면서 사실인 양 몰고 갔을 뿐이다."

핵무기 개발은 이렇게 비유할 수 있다.

필자는 자동차 엔진의 동작 원리를 잘 알고 있다. 우선 휘발유를 기화시켜 공기와 잘 섞은 후 피스톤의 움직임을 따라 실린더에 들여보낸다. 다음에는 피스톤을 압축하여 실린더 내부의 압력을 증가시킨다. 그 다음에 점화시키면 압축된 휘발유 기체가 팽창하면서 피스톤을 통해 동력이 전달되고 자동차 바퀴가 움직여 차가 앞으로 진행한다.

자, 그렇다면 필자는 자동차 엔진 전문가인가? 이 정도의 이론으로 스스로 자동차를 만들 수 있다고 말한다면 필자를 아는 모든 사람들이 웃을 것이다. 특히 자동차 회사의 진짜 개발 전문가들은 가소롭게 여길 것이다. 더욱이 자동차 회사의 경영진이 필자를 자동차 엔진의 대가라 믿고 자기 회사 자동차 개발의 연구 책임을 맡기려 한다면 경영 능력이 의심스러운 사람일 수밖에 없다. 자동차 기술은 이미 잘 확립되어 있어 전문가들이 세부적으로 다양하게 분포되어 있고, 단순히 그 동작 원리를 물리학적으로 잘 알고 있다 해도 큰 도움이 되지 않는다. 자동차 엔진을 개발하려면 무엇보다 이 전문가들과 기술자들이 필요한 것이다.

핵무기에 대해서도 마찬가지로 이야기할 수 있다. 우라늄 핵이 붕괴할 때 발생하는 중성자가 부근의 우라늄 원자핵과 부딪치면 원자핵이 파괴되어 여러 개의 원자핵으로 쪼개지는데 결과물로 중성자가 상당히 생긴다. 이 중성자들은 또 부근의 우라늄 원자핵과 충돌하며 계속하여 연쇄적으로 핵반응을 하게 된다. 핵반응 결과물은 처음 상태보다 가벼우므로 그 질량의 결손에 대하여 아인슈타인의 공식에 따라 엄청난 핵에너지를 방출한다. 이 연쇄 반응을 단숨에 일어나게 하면 핵폭탄이 되는 것이다.

입자 물리학자가 알고 있는 지식은 대개 이 정도의 기본 원리이다. 자동차 엔진에서 보듯, 이 정도로는 핵 전문가라고도 할 수 없는 것이다. 무엇보다, 강경식이 말했듯 핵무기 설계에 관하여는 이미 많은 정보가 공개되었다. 이휘소가 사망하던 1977년에는 프린스턴 대학의 한 학부 학생이 물리학의 기초 지식과 비밀 해제된 정보만을 이용하여 핵무기 제조에 관한 학부 졸업 논문을 써서 세간을 놀라게 한 바 있다. 이렇게 제조 방법이 알려져 있으므로 핵무기 개발은 플루토늄이나 우라늄 같은 핵 물질을 확보하거나 재처리하는 것이 더욱 중요한 문제인 것이다.

학부생도 알고 있는 이론인 만큼 이휘소가 핵무기 개발을 지휘할 수는 있을 것이다. 그러나 그는 사업 책임자로는 부적합한 인물이다. 제2차 세계 대전 중 오펜하이머가 맨해튼 사업의 연구 책임자였고 이휘소와 전공 분야가 같으니 한국의 핵 개발에 이휘소가 꼭 필요하다는 논리는 옳지 않다. 오펜하이머 시절에는 핵반응에 관한 필수적인 물리 데이터가 없어서 핵물리학자들이 실험으로 알아내야만 했으므로 물리학자들이 필요했지만 이제는 이 이론이 공개되었으므로 사정이 다르다. 오히려 핵공학자, 기술자가 더 적임자들이다.

그러면 이휘소의 핵 개발 반대 철학이 확고함에도 불구하고 그를 참여하게 할 수 있을까? 아마도 가능할지 모른다. 이휘소가 일시 귀국했을 때 박정희 정부가 그를 억류하고 회유와 협박으로 핵 개발을 강요할 수도 있으리라는 가정을 해 볼 수 있다. 당시 정보 기관의 조작으로 이루어진 동백림 간첩단 사건 등으로 미루어 해외의 한국인들은 이러한 가정을 전혀 배제할 수 없었고, 이휘소도 마찬가지였다. 그래서 이휘소는 미국 시민권을 보유한 후에도 일시 귀국하지 않았고, 1974년 서울대의 AID 차관 타당성 조사를 위한 미국 대표로 처음 귀국한 것이다.

일부에서는 핵무기 개발 같은 사업은 국가 극비 기밀인데 이휘소가 어찌 알고 반대했겠는가? 혹시 비밀스럽게 간여하지 않았겠는가? 하는 논리를 제기한다. 단순한 논리이다. 비밀 해제 후 제3세계에서의 핵 개발에 관한 우려가 꾸준히 제기되었고, 학자 간에도 화제가 되었다. 그리고 관련 정보 기관에서 정보 수집 차원의 활동이 있었을 수 있다. 그러면 관련 당사자들은 내용은 몰라도 무언가 감지하게 된다. 하지만 그것은 이휘소와는 전혀 무관한 이야기이다.

소련의 핵무기 개발과 관련하여 학자 간에 억측이 있다. 란다우는 이론 물리학자로서 소련의 아인슈타인이다. 이휘소보다 훨씬 더 유명한 이론 물리학자이다. 란다우가 사상범으로 몰려 강제 수용소에 끌려가게 되었는데, 카피차가 스탈린에게 직접 탄원하여 석방되었다. 그런데 소련의 핵무기 개발 초기 기간 동안 란다우의 공개 논문 발표 실적이 상당히 저조하여 혹시 란다우가 핵 개발 연구에 참여하지 않았겠는가 하는 의심을 불러일으킨다.

이휘소가 핵 개발에 참여했다는 의문이 제기된 1970년대에 오히려 논문 발표 실적이 어느 때보다 많았고, 특히 그를 유명하게 만든 게이지 이론과 참 입자 이론이 이때 이루어졌다. 일부에서 제기하는 비밀 연구에 참여할 틈이 없었다.

일부에서는 몇몇 장관급 인사의 언급을 거명하면서 이휘소의 참여를 주장하기도 한다. 일부 정치인들의 주장이 사실이라면 그들이 무언가 잘 모르기 때문일 것이다. 이에 대해서는 실제로 필자가 경험한 바 있다.

1991년 남북 기본 합의서가 발표되었을 때 필자는 고에너지 물리학 연구에 관한 남북한 공동 연구를 추진하려 했다. 당시 그러기 위해선 통일원의 북한 주민 접촉 허가가 필요했다. 그러나 허가 신청은 거절되었다. 당시 통일부에서는 장관 명의로 "당신이 추진하려는 연구는 입자 가속기를 사용하는 핵 관련 고도 기술로서 현재 북한의 핵 개발 의혹이 제기되어 있는 점을 감안할 때 …… 주민 접촉을 불허한다."라는 회신을 보내왔다. 통일원에서조차 이토록 고에너지 입자 물리학과 핵무기 개발을 구별하지 못하니 아무리 높은 지위의 전직 관료의 말이라도 그대로 받아들이기 힘들다.

만일 정부에서 정말로 고에너지 물리학과 핵무기 개발이 밀접한 관계가 있다고 믿고 무기 개발에 조금이라도 관심이 있다면 소립자 물리학 연구를 적극 지원할 것이다. 현재 우리나라의 고에너지 물리학은 선진국에 비해 상대적으로 정부 지원이 가장 뒤떨어진 분야 중 하나이다.

훈장 추서 또한 그의 사망 후 물리학회에서 추천하여 겨우 3등급에 해당하는 국민 훈장 동백장을 받았을 뿐이다. 그나마 이휘소의 업적을 잘 아는 몇몇 한국인 물리학자들이 강력히 추진하였기에 가능한 일이었다. 국민 훈장은 정치, 경제, 사회, 교육, 학술 분야에서 공적을 세워 국민의 복지 향상과 국가 발전에 기여한 공로가 뚜렷한 사람에게 수여하는 것이다. 그러나 일부에서는 이휘소가 국가 안전 보장에 뚜렷한 공을 세운 사람에게 주는 보국 훈장을 받은 것으로 알려져 있다.

교통 사고 후 강주상이 재미과협 회보에 기고한 글 중에 자녀들이 한창 우표 수집에 취미가 있을 때 그들로 하여금 박 대통령에게 편지하여 청와대에서 보낸 한국 우표를 받아 학교에 전시하였다고 한 내용이 있다. 이를 두고 이휘소와 박정희 간에 특별한 관계가 있는 듯한 주장을 하는데 우표가 배달된 곳은 어린 딸 아이린의 학교이고 봉투를 보더라도 극히 형식적이었다. 이러한 일은 흔히 있을 수 있는 일이다.

미국에서 백악관에 초등학교 학생들이 편지를 보내기도 하는데 아이린은 청와대에 대하여도 마찬가지로 생각했을 터이고, 그때나 지금이나 청와대는 이를 '민원'으로 처리하여 직접 답신하거나 관계 부처로 하여금 회신하도록 되어 있다. 특별히 대통령과 무슨 관계가 있어서 그런 것은 아니다. 만약 그랬다면 답신 봉투에 대통령 이름이라도 명시되었을 것

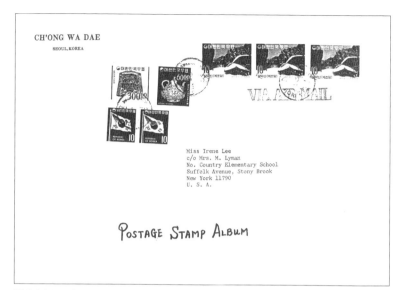

청와대에서 딸 아이린의 초등학교로 보낸 우표 앨범 봉투

제공 | 심만청

이다.

교통 사고를 '의문사'로 보는 시각은 세상의 모든 일을 음모의 하나라고 보는 것이다. 사고를 당한 고속 도로는 미래의 확장을 염두에 두고 중앙 분리대 대신 양쪽 차선 가운데에 20미터 정도 폭의 잔디 지역이 있다. 그 지역은 움푹 들어가 있어 차가 질러 가기 힘들게 돼 있다. 아무리 운전 실력이 좋다 해도 시속 100킬로미터 이상의 속도로 달리다가 그 잔디 지역을 가로질러 반대 차선의 차와 충돌한다는 건 확률이 지극히 작은 일이라 할 수 있다. 그렇기에 사고 발생에 관하여 의문을 가질 수 있고 음모론을 제기할 수도 있다. 하지만 불행하게도 사고는 일어난 것이다. 만일 누군가 의도적으로 일으킨 사건이라면 성공 확률이 거의 확실해야 할 텐

이휘소의 교통 사고 현장 부근

데 이처럼 성공 가능성이 희박한 암살 시도를 하는 것은 무모한 일이다.

그렇게 모든 사안을 의문의 시각으로 보면 하루에도 수십 건씩 일어나는 모든 교통 사망 사건이 의문사가 될 것이다. 당신이 어느 날 어느 장소에 있었을 때, 하필이면 그 시간에 왜 거기에 있었는가? 이런 질문에 한 점 의혹 없이 답할 수 있는 경우가 얼마나 될까? 음모 따위는 없어도 우리네 일상이란 늘 여러 유형의 우연과 예외에 둘러싸여 있는 것이다.

일반 독자들의 상당수는 진실과 상관없이 이휘소의 의문사를 믿고 싶은 마음도 있는 듯하다. 물론 순전히 정서적인 이유다. 그냥 세계적인 물리학자라는 것보다 일부러 수술을 해서 핵무기 설계도를 뼛속에 감추는 등 조국을 위해 비밀 사업을 추진하다 외국 정보 기관에 암살된다는 스토리는 얼마나 감동적이고 드라마 같은 대목인가. 하지만 그건 말 그대로 드라마일 뿐이다. 소설로 읽고 소설적 감동을 얻는 건 독자에게 달렸지만 진실은 진실대로 분명히 알아야만 할 것이다. 다시 말하지만, 이휘소는 사실 그대로 세계 정상급의 물리학자로 과학사에 큰 획을 그었고, 한국인의 우수성을 세계에 과시했으며 한국 물리학계의 발전에 도움을 준 자랑스러운 한국인이었다.

이것이 진실이다.

에필로그

이휘소는 한국이 낳은 세계적 물리학자이며 우리의 자랑이다. 그러나 그의 성장과 교육 과정을 살펴볼 때 우리의 환경이 자랑거리가 되지는 못한다. 청소년 시절, 전쟁의 폐허 속에서 거의 독학으로 실력을 닦았다. 정상적인 교육은 도미 유학 후부터 시작되었고, 거기에서 올바른 대학 교육을 받고 선진국의 연구 환경에서 활동하였다. 우리가 이휘소 같은 인재를 정말 자랑스런 한국인으로 내세우려면 단순히 출신이 한국인이라는 것으로는 부족하고 우리나라의 환경에서 자체 성장할 수 있도록 교육 제도와 연구 환경이 먼저 이루어져야 할 것이다.

그렇다. 이휘소는 최정상급의 물리학자였다. 그의 학문적 인생은 미국 물리학회지 《피직스 투데이(*Physics Today*)》에 실린 와인버그와 퀴그의 조사(弔詞)에 잘 요약되어 있다.

페르미 국립 가속기 연구소의 이론 물리부장이자 시카고 대학의 교수인 벤저민 리(이휘소)는 6월 16일 일리노이 주 키와니 근처에서 교통 사고로 참사를 당했다. 그는 콜로라도 아스펜에서 열리는 페르미 연구소 자문위원회에 참석하기 위해 여행하던 중이었다. 동행하던 가족들은 중상을 입지 않았다. 벤저민 리는 소립자 물리 이론 분야에서 세계적으로 손꼽히는 물리학자였다.

1935년 한국의 서울에서 태어난 그는 학생으로 미국에 유학하여 1956년 오하이오 주의 마이애미 대학에서 학사 학위를 취득했다. 그 다음에 1958년 피츠버그 대학에서 석사 학위를, 1960년에는 펜실베이니아 대학에서 클라인의 지도로 박사 학위를 받았다. 펜실베이니아 대학과 프린스턴의 고등 연구원에서 수년간 지낸 후 1966년 벤저민 리는 뉴욕 주립대 스토니 브룩 캠퍼스의 이론 물리 연구소 교수직을 수락했다. 이 연구소의 소장은 양전닝이었다. 그는 1973년 페르미 연구소로 다시 직장을 옮겼다. …… 벤저민 리는 당대의 어느 물리학자 못지않게 넓고 해박한 지식을 가졌으나 근본적으로는 대칭 원리와 약작용에 중점을 두어 연구하였다. …… 그는 계속해서 자연 파괴 대칭을 가진 게이지 이론의 재규격화를 연구하였다. 1971년, 그는 범함수 방법으로 이 이론이 재규격화될 수 있음을 증명한 후 일반적으로 보편화된 연산자 방법으로도 입증하였다. 범함수 방법에 생소한 이론가들에게는 벤저민 리의 증명으로 문제가 해결된 셈이다.

벤저민 리는 이 과정을 약작용과 전자기 작용을 통합하여 전약 이론으로 발전시키는 데 큰 공헌을 하였다. 1972년 페르미 연구소에서 열린 '로체스터' 학회에서의 발표 논문과 에이버스와 함께 쓴 보고문으로 이 분야 물리학자들의 관심을 모으는 결정적인 계기를 마련하였다.

1973년 중성 흐름이 발견된 후 벤저민 리는 가이아, 로즈와 함께 참 입자를 실험적으로 탐색하는 방법을 체계적으로 연구했다. 이 연구 논문은 1974년 11월 제이/프사이 입자의 발견 직전에 프리프린트 형태로 발표되었는데, 앞으로 실험 물리학계가 나아가야 할 방향을 제시하는 성서나 다름없었다. 제이/프사이 입자가 발견되기 이전에도 벤저민 리와 가이아는 게이지 이론을 K_L–K_S 질량차와 K_L 입자가 두 개의 광자로 붕괴되는 과정에 적용하여 참 쿼크의 질량이 1.5기가전자볼트 이하일 것이라고 예측했는데, 제이/프사이 입자가 발견된 후 놀랍게도 비슷함이 확인되었다. 이들은 새로운 강입자에 관해 이론적으로 아주 간명하게 설명했다.

벤저민 리가 페르미 연구소로 아주 직장을 옮긴 것은 그의 연구소의 중요성에 관한 신념과, 물리학은 이론과 실험이 함께해야 한다는 인식을 단적으로 보여 주는 것이었다. 그의 명석함과 헌신 및 물리뿐만 아니라 인성 면에서 깊은 이해심은 새로 만들어진 연구소에 활기를 불어넣었고, 페르미 연구소를 이론이나 실험에서 세계적 중심이 되게 하였다. 그는 많은 실험 물리학자들에게 조언과 자문을 아끼지 않았다.

사망 당시 그의 연구는 대단한 창의성을 발휘했다. 마지막 6개월 동안 CP 대칭 파괴, 경입자 수 비보존, 게이지 이론에서 약작용의 고에너지 현상, 게이지 대칭의 확장 등을 다루었다. 한편 우주론에 관한 연구를 시작했는데, 또 다른 새로운 분야를 개척하는 것을 매우 즐겼다.

벤저민 리는 그가 출세하는 데 큰 도움이 된 선배 물리학자들에게 항상 고마움을 느꼈고, 그 자신은 다음 세대의 주역이 될 젊은 물리학자들에게 도움을 아끼지 않았다. 모든 사람의 기여가 인정되고 존경받을 때에 물리학은 발전한다고 그는 믿었다. 벤저민 리는 그의 연구 결과에서 도움을 받은 많은 사람들과 특히 그를 개인적으로 알고 함께 연구할 기회가 많았던 사람들로부터 영원히 기억에 남으리라.

심만청은 슬픈 충격에서 벗어나면서 외부 세계와 담을 쌓았다. 그해 10월에 열린 페르미 연구소에서의 추모 학술회의도 사람들이 이휘소의 명성을 이용하는 일이라고 달갑지 않게 생각해 주변의 미국인 친구들로부터 소원해졌다.

심만청은 은퇴 후 공허한 마음을 달래기 위하여 여행을 많이 다녔다. 소설이 영화화된다는 소문을 들은 심만청은 유가족으로서 소설 작가들을 명예 훼손으로 고소했으나 법원의 판결은 '이유 없다.'로 패소한 셈이다. 심만청이 쌓은 외부와의 담은 더욱 높아졌다.

요절한 이휘소가 안타까워 '이휘소가 생존했더라면'이라는 가상 환경을 자주 생각하게 된다. 그는 박사 학위 취득 후 연구 활동 기간이 16년 정도에 지나지 않지만 이 기간에 화려한 업적을 이루었다. 그의 학문적 위치는 세계 정상급이었다.

그가 비운의 사고로 저세상으로 간 후 40년이 지났다. '이휘소가 생존했더라면' 연세가 80대 초반일 것이다. 이 기간 동안 어떤 업적을 성취했을지는 감히 헤아릴 수 없다. '참 입자의 탐색'에 버금가거나 더욱 훌륭한 '암흑 물질의 탐색'이나 '힉스 입자의 탐색'을 써서 세상을 다시 한번 깜짝 놀라게 할 수도 있었을 것이다. 또는 '게이지 이론'보다 근본적인 '끈 이론'에 몰입하여 큰 성과를 이루었을 수도 있다. 하지만 한 가지 분명한 것은 '이휘소가 생존했더라면' 인간이 자연을 이해하는 소립자 물리학은 더욱더 발달했으리라는 점이다.

물리학자로서의 인생의 절정에서, 또 새로운 연구 분야 개발로 더욱 위상이 높아질 수 있는 시점에서, 또한 한국의 물리학계 발전을 위하여 구체적인 활동을 벌이는 시점에서 이휘소의 갑작스런 타계는 평소에 그를 알고 아끼는 모든 사람들에게 슬픔을 안겨 주었다.

이휘소의 인생은 짧았으나 물리학 역사에 큰 획을 그었다.

필자(강주상)의 회고

필자는 1967년에 미국 유학길에 오르면서 스토니 브룩 소재 뉴욕 주립 대학을 선택했다. 당시 스토니 브룩은 한창 일어나는 단계에 있는 대학이었고, 노벨상 수상자인 양전닝 교수를 중심으로 소장 학자들이 모여 명성을 떨치고 있었다. 한국인으로서 세계적인 학자 대열에 오른 이휘소 선생이 이 대학 이론 물리학의 중심 멤버라는 소문이 국내 학계에 알려져 있었다. 그래서 필자는 스토니 브룩에서 대학 연구 장학생(University Fellowship)으로 입학을 허가받았을 때 곧바로 수락하였다.

그러나 선생에게 지도를 받고 싶다는 기대와는 달리 처음에 선생은 필자에게 별 관심을 보이지 않았다. 나중에 안 일이지만, 선생은 펜실베이니아 대학에서 한국 학생 한 사람을 지도한 적이 있었다. 논문을 지도한 첫 학생이었다. 그런데 그 학생이 너무 고집이 세고 지도받는 자세도 성실하지 못해 몹시 힘들었던 모양이다. 그래서 한국인 제자는 두지 않겠다고 내심 마음먹었다고 한다.

선생께서 그나마 내게 관심을 가진 것은 입학 지원서의 경력에 적힌 '대통령상' 수상 기록 때문이 아닌가 생각된다. 사실 대통령상이 아니고 총장상이었는데, 영어로 'president'라고 씌어 있어 오해한 것이었다. 아무튼 선생은 처음부터 내게 좋은 인상을 가졌던 것 같다. 그런 상을 받을 정도면 학업 자세에서도 타의 모범이 될 만한 학생이라고 보아 준 것이다.

선생을 처음 만난 건 스토니 브룩에 도착한 다음날 구내 식당에서였다. 내가 먼저 그의 자리로 가서 이번에 새로 온 유학생이라며 내 이름을 밝히고 인사를 드리자 이미 알고 있다는 표정으로 반갑게 맞아 주었다. 선생의 첫인상은 온화하면서도 어딘지 근엄했다. 한마디로 고전적인 학자의 인상이었다.

함께 점심 식사를 한 후 선생은 필자를 자신의 연구실로 데려갔다. 거기에서 선생은 자신이 연구하는 분야에 대해 간략히 설명해 준 다음 이런 조언을 했다.

"상 군, 대학에서 상 받은 것은 미국 유학에 한 번 써먹었으면 충분하네. 그러니 이제부터는 다시 시작하는 기분으로 열심히 공부하게."

자만하지 말고 밑바닥부터 새롭게 출발하라는 충고였다. 선생은 식당에서 처음 보았을 때부터 줄곧 영어로 말했다. 알아들을 순 있지만 아직 말하는 것이 서툴렀던 필자로서는 약간 주눅 든 채 한국말로 대답할 수밖에 없었다.

선생은 필자에게 같은 한국인으로서 기본적인 관심을 보이긴 했으나

필자와 이휘소 선생 부부(1971년)

그 밖에는 특별한 어떤 대우도 하지 않았다. 그것은 다른 한국 학생이나 한국인 동료에게도 마찬가지였다. 내심으로는 한국인 교수이니 특별히 보살펴 주겠지 하는 기대감이 있었는데, 그렇지 않아 솔직히 좀 서운했다. 그런데 가을 학기가 시작된 후 신입 대학원생들을 대상으로 치른 자격 시험에서 필자가 1등을 했다. 그러자 선생은 무척 기뻐하며 앞으로는 자기가 지도해 주겠노라고 말했다. 필자에게는 자격 시험을 잘 본 것보다 더욱 반가운 일이었다.

필자는 '특별 지도(Special Reading)' 과목을 수강했고 선생과 매주 한 시간 정도 단독으로 만나 양자 역학과 벌판 이론에 관한 특별 지도를 받았다. 그러나 특별 지도라 해도 교수가 과제를 내주거나 강의하는 것이 아니라 학생인 내가 스스로 공부하면서 논의할 주제를 마련해 와야만 했다. 큰 틀에서 대강의 방향만 제시해 준 다음 필자가 준비한 것에 따라 지도를 해 갈 뿐, 선생이 먼저 자세한 가르침을 준다거나 연구할 구체적인 분야를 제안해 주지는 않았다.

대학원 강의란 게 그렇기는 하지만 단독으로 선생에게 지도를 받는 입장이라 필자로서는 직접 연구 주제를 설정하고 질문거리를 마련하느라 늘 긴장되었다. 쉬운 문제를 가져가면 창피할 것 같고, 감당하기 어려운 문제는 구체적인 내용을 일일이 가르쳐달라는 것이 되므로 역시 피해야 했다.

선생이 늘 바쁘기 때문에 개인 지도는 한 시간 남짓이 고작이었는데, 필자가 논의할 것을 부족하게 준비하면 그것으로 그날 수업은 끝이었다. 필자는 황금 같은 귀한 시간을 허비하지 않기 위해 수업에 앞서 엄청나게 공부하면서 선생과 이야기할 주제를 준비해야 했다. 그렇게 긴장되고 빠듯한 시간의 연속이었으므로 대학원의 정규 과정 수업은 특별 지도 시간보다 오히려 훨씬 수월해 보였다.

면담 지도 시간은 목요일 오후 4시였다. 필자는 선생과의 개인 수업이 끝나면 심신이 너무 지쳐 그날 저녁은 모든 것을 잊고 쉬었는데, 특히 텔레비전 드라마인 「스타 트렉(Star Trek)」을 즐겨 시청했다. 이 프로그램은 과학 공상 드라마로서 인간이 시공간을 초월하여 우주 여행을 하는 것이 특징이다. 「스타 트렉」에서 가장 흥미로운 것은 시공간 여행 장치였다. 인간이라는 물체가 완전히 에너지로 바뀌어 자기가 원하는 장소가 어디든, 원하는 시간이 언제든 에너지가 전달되어 다시 인간의 육체로 환원하는 것이다. 물리학의 인과율이 성립하려면 불가능한 현상임을 빤히 알지만 상상의 날개를 펼 수 있는 것이었다.

유학 첫해에 선생으로부터 받은 양자 역학과 양자 장론에 관한 특별 지도는 필자가 물리학자로 성숙하는 데 지대한 도움이 되었다.

선생은 항상 해박한 지식과 인내심으로 설명해 주었는데, 필자가 조금도 거리감 없이 어려운 문제들을 물어볼 수 있었던 것은 그가 교육자로서도 뛰어났기 때문이라는 생각이 든다. 논문 지도 과정에서 선생은 필자에게 어떤 물리 문제가 가장 의미 있는 것이며 그 문제들을 어떻게 다루어야 하는지 매번 강조했다. 늘 거시적인 태도로 공부하도록 지도하였으나 구체적인 문제에서는 사소한 점까지 철저히 따져 보는 치밀함을 가르쳤다.

선생은 유능한 학자인 동시에 타고난 교육자였다. 페르미 연구소의 이론 물리부장으로 자리를 옮긴 뒤에도 시카고 대학에서 강의를 했는데, 그의 강의에는 항상 젊은 물리학도들이 운집할 정도로 인재 양성에 주력했다.

선생은 생소한 이론 개념을 이론가에게 명확하게 설명해 줄 뿐만 아니라 실험가들도 이해하고 응용할 수 있도록 강의하는 것으로 잘 알려져 있다. 필요하면 일반인들도 이해할 수 있도록 아주 쉽게 설명할 수 있는 비상한 능력을 가지고 있었다. 필자는 스토니 브룩에 입학하여 선생의 강의를 듣기 전에 이미 이것을 느꼈다.

하루는 선생 가족들과 저녁을 함께했는데, 레스토랑까지 운전 시간이 좀 걸렸다. 그래서 필자는 차 안에서 다섯 살 나이의 아들 제프리에게 문제를 냈다.

"1과 10 사이의 아무 숫자를 하나 생각해라. 이 숫자는 너만 알고 아무에게도 이야기하지 마라."

"그 숫자에 1을 더하라, 다음에 2를 곱하라. 그리고 처음에 생각했던 수를 빼라. 다음에 4를 더하라. 마지막으로 처음에 생각했던 숫자를 다시 한 번 빼거라."

"지금 네가 가진 숫자는 6이다."

제프리는 깜짝 놀랐다. 필자는 그 이유를 설명해 주려 했는데, 갑자기 다섯 살 어린이에게 알맞은 단어가 생각나지 않았다. 그때 선생은,

"그것은 항등식(identity)이야, 제프리."

"항등식이 무엇이에요, 아빠?"라고 묻자

"어떤 숫자를 생각해도 답은 똑같은 것이야."라고 한마디로 흔쾌히 답변해 주시는 것이었다.

선생은 어울리기 힘든 특이한 성격의 사람처럼 알려지기도 했는데, 사실은 정반대임을 평소 가까이 지내던 동료나 선후배들은 모두 알고 있다. 누구보다 사려 깊고 온후한 성격이나 늘 연구에 쫓겨 지내다 보니 그런 오해가 생긴 듯싶다. 그는 항상 상대방에게 공정했고, 우리에게도 이 점을 늘 강조했다. 한국 민족의 수많은 부조리가 공정한 정신의 결핍에 기인하는 바 많다고 말하면서, 우리 모두가 노력하여 극복해야만 된다고 기회 있을 때마다 강조하였다.

선생에 대하여 잘 알려지지 않은 점은 당신의 가족적인 성품이다. 부인과 슬하에 두 남매를 두신 선생은 항상 평화롭고 단란한 가정을 중요

하게 여겼다. 연구차 여행을 떠날 때에는 늘 가족을 동반하곤 하였다. 불의의 윤화를 당하신 이유도 웬만하면 당신 혼자 비행기 여행을 했을 텐데, 출장 중 가족과 휴가를 겸하기 위해 손수 운전했기 때문이다.

부인이 중국계 말레이시아 출신이기에 가정에서는 영어를 사용하였지만 자녀 지도에 특별한 관심을 갖고 기회 있을 때마다 한국을 생각하는 마음을 심어 주도록 노력했다. 그리고 스토니 브룩 대학에서 외국 학생의 전시회가 있으면 꼭 아이들을 데리고 가서 한국의 미와 풍물을 느낄 수 있게 해 주었다.

부인은 깔끔하고 검소한 살림을 꾸려 나갔다. 유행에 따라 가구 등을 수시로 바꾸지 않으며 집안은 언제 들러도 청소 검사를 방금 마친 듯 깨끗하게 잘 정돈되어 있었다. 필자 부부가 신혼 초 저녁 초대받은 자리에서 부인이 통닭 요리 식사 후 나머지로 치킨 수프 만드는 지혜를 알려 줄 정도로 알뜰살림을 했다.

필자가 보스턴에서 결혼식을 올릴 때 선생 가족은 비행기로 참석해 줄 정도로 개인적으로 자상하였고 전기밥솥을 결혼 선물로 받았는데 당시에는 유학 생활에서 중요한 재산 목록이었다. 필자는 그 후 20년간 그 밥솥을 사용하였다.

선생은 필자의 대학원생 시절 특별 지도를 해 주신 첫해를 제외하고 매년 한 학기 이상 바깥 연구소나 대학을 방문했다. 그래서 필자는 학교에 남아 거의 독자적인 논문 연구를 하였다. 1971년 전반기에 선생은 캘리포니아 공대(칼텍)의 객원 교수로 스토니 브룩을 떠나 있었다. 지도 교수와의 접촉이 적어서 학위 논문 연구에 진척이 부진했던 필자는 지도 교수를 따라 한 학기 동안 칼텍을 방문하기도 했다.

필자는 선생을 수행하면서 물리학 지도 이외에도 한국 문화 전반에 대해 대화를 나눌 기회가 자주 있었다. 선생은 비록 미국 시민이 되었지만 한국에 대한 관심은 한시도 버리지 않았고 한국의 정치, 경제, 사회 문제를 자주 이야기하였다. 당시 국내 정치 상황은 우울했는데, 그때 "핵무기는 없어져야 하겠지만, 특히 독재 체제하 개발 도상국에서의 핵무기 개발은 안 된다."라고 자신의 입장을 분명하게 피력하였다. 그가 가장 자주 하던 말은 우리가 한국 밖에서 우리 자신을 객관적이고도 냉철한 눈으로 보면서 서구의 좋은 점을 본받아 한국에 돌아가 기여해야 한다는 점이었다.

칼텍 물리학과 세미나는 물리학뿐만 아니라 어느 것이든 주제가 될 수 있었는데 겔만이 2, 3회에 걸쳐 비교 언어학을 강의한 적이 있었다. 선생은 일제 강점기 때 국민학교를 다녀 일본어도 알고 있었으므로 겔만의 강의 후 즉시 한국어, 중국어, 일본어를 비교 언어학으로 설명하기도 했다. 이처럼 그는 어떤 이론에 접하면 핵심 내용을 빨리 이해하고 곧바로 자신의 시론을 펴기도 했다.

선생은 흡연가였다. 특히 파이프 담배를 즐겼다. 그러나 가족들은 선생이 담배를 끊기 원했고, 특히 딸 아이린이 금연할 것을 졸라댔다. 이휘소 선생은 칼텍을 방문하는 동안 담배를 끊었다. 칼텍은 LA 근처 파사데나에 있는데 당시 스모그(煙霧) 현상 때문에 온 도시가 몸살을 앓고 있었다. 해가 있는 대낮에도 뿌연 스모그 때문에 먼 곳을 볼 수가 없었다. 때문에 칼텍에 온 지 2주일이 지난 후에야 연구실 뒤에 큰 산이 있다는 걸

파이프를 애용한 이휘소 선생과 물리학자들　　　　　제공 | 페르미 국립 가속기 연구소

알 정도였다.

　하루는 한국 식당에서 냉면을 먹으며 선생은 담배를 끊었다고 말했다. 필자가 설마하는 표정을 짓자 "스모그 섞인 공기를 흡입하는 것만으로도 충분한 흡연 효과가 있어. 이럴 때 담배까지 피우면 과도한 것일세."라고 말했다. 그러나 그는 파이프를 포기하지는 않았다. 그가 파이프를 쥐고 있는 사진이 있는데 모양으로 들고 있는 것이다. 좌우간 파이프를 들고 있는 선생을 보면 오펜하이머나 아인슈타인이 연상된다.

　불의의 교통 사고로 타계하신 후 영결식 때의 일이다. 서양의 영결식에는 흔히 죽은 사람의 얼굴이 보이도록 관을 반쯤 열고 조문객들로 하여금 마지막 경의를 표하게 하는 의식이 있다. 선생의 시신은 장례식장에 안치되어 있었는데 필자는 스승의 마지막 모습을 카메라에 담고 싶은 마음이 간절했다. 그래서 영결식 당일 아침 일찍 식장에 갔는데, 선생의 누워 있는 모습이 얼마나 자연스럽고 평온한 얼굴이었는지 놀라서 스승이 죽은 것이 아니라 자고 있는 것으로 착각해 흔들어 깨우고 싶은 충동을 느꼈다. 결국 사진은 못 찍었지만 그때 느낀 감정은 늘 가슴에 사진 찍힌 듯 사라지지 않고 있다.

『이휘소 평전』을 쓰기 위해 많은 사람들이 기억을 되살려야 했다. 그러나 그중 제일 소중한 자료는 선생이 어머니에게 보낸 100여 통의 봉함엽서였다. 이 편지들을 살펴보면 자기 어머니가 이해하든 말든 개의치 않고 전문적인 용어를 사용한다. 마치 자신의 인생 경로를 남겨 놓으려는 듯 …… 마치 그의 전기가 씌어지기를 원하듯이……. 엽서의 소인은 편지 한 장 한 장이, 한 구절 한 구절이 공증을 받은 것이다. 만일 그렇다면 이 전기가 얼마나 그의 의도에 충실했는지 부끄러운 면이 있다.

이휘소 연보

1935. 1	서울 원효로에서 아버지 이봉춘과 어머니 박순희의 장남으로 출생.
1941. 4	경성 사범 학교 제1부속 국민학교 입학.
1945. 8	8·15 해방.
1947	서울 대학교 사범 대학 부속 국민학교 졸업.
1947. 9	경기 중학교 입학.
1950. 6	한국 전쟁 발발.
1951. 12	아버지 이봉춘 실족사.
1952. 3	서울 대학교 화학 공학과 입학.
1955. 1	오하이오 주 마이애미 대학교 편입.
1956. 6	오하이오 주 마이애미 대학교 졸업(이학사).

1956. 8	피츠버그 대학교 대학원 입학.
1958. 6	피츠버그 대학교 대학원 졸업(이학 석사).
1958. 8	펜실베이니아 대학교 대학원 입학.
1960. 4	4·19 학생 의거.
1961. 2	펜실베이니아 대학교 대학원 졸업(이학 박사).
1961. 5	5·16 군사 혁명.
1961~1963	펜실베이니아 대학교 물리학과 조교수.
1961~1962	고등 연구원(Institute for Advanced Study) 연구 회원.
1962. 5	심만청과 결혼.
1963~1965	펜실베이니아 대학교 물리학과 부교수.
1964~1965	고등 연구원 연구 회원.
1965~1966	펜실베이니아 대학 물리학과 정교수.
1962~1966	앨프레드 슬론 재단 연구원(Alfred P. Sloan Foundation Fellow).
1966. 5~1966. 8	스토니 브룩 대학교 방문 교수.
1966. 9~1974. 8	스토니 브룩 대학교 이론 물리 연구소 교수.
1968~1969	구겐하임 재단 연구 회원. (G. S. Guggenheim Foundation Fellow)
1972. 10	10월 유신.
1973. 9~1975. 8	브룩헤이븐 국립 연구소 고에너지 물리 자문 위원회, 자문

1973.9~1977.6	페르미 국립 가속기 연구소 이론 물리학부장.
1974.4~1977.6	시카고 대학교 물리학과 겸임 교수.
1974.6~1978.8	SLAC 과학 정책 위원회, 자문 위원.
1974.9~1976.8	스토니 브룩 대학교 물리학과 선도 교수.
1976	고등 연구원 연구 회원.
1977.6	페르미 연구소 연구 심의회 참석을 위해 콜로라도로 가던 도중 키와니 부근에서 교통 사고로 사망.
1977.8	국민 훈장 동백장 추서.
2006	한국 과학 기술 한림원 '한국 과학 기술인 명예의 전당' 헌정.

이휘소와 강주상을 그리며

이휘소와 한국 물리학

'우주를 이루고 있는 가장 기본 성분은 무엇인가?'라는 질문은 인류가 갖고 있는 가장 근원적인 질문이라고 할 수 있고 입자 물리학은 바로 이 질문에 답을 찾는 학문이라고 할 수 있다. 즉 입자 물리학은 물질의 가장 기본적인 구성 성분이 무엇이고 그들 사이에 어떤 기본 힘이 어떻게 작용해 우주 만물을 이루고 있는가를 밝히는 학문이다. 현대 입자 물리학은 원자보다 작은 세계를 구성하고 있는 쿼크와 전자같이 더 이상 쪼갤 수 없는 기본 입자들 사이에 중력, 전자기력, 약력, 강력의 네 가지 기본 힘이 작용해 원자를 이루고 이들이 궁극적으로 우주를 이루는 것으로 이해하고 있다. 맥스웰이 전기와 자기를 전자기력으로 통일한 후 자연의 네 가지 기본 힘을 통일하려는 작업은 물리학자들이 갖고 있는 가장 큰 꿈이라고 할 수 있다. 아인슈타인은 전자기력과 중력을 통일하려는 시도를 했지만 실패했다. 그러던 중에 약력에 대한 이해가 깊어지면서 힘을 통합하려는 노력은 전자기력과 약력을 통합하는 방향으로 이루어진다. 전자기력과 약력을 통합하는 이론인 '전약 작용의 표준 모형'에 대해 직접 관련된 업적으로 노벨상이 4회에 걸쳐 9명의 학자에게 주어진 것만 보아도 이 이론의 중요성을 알 수 있다. 1970년대 이후 최근까지 입자 물리학 실험의 중심 주제가 표준 모형의 검증이라고 할 수 있을 정도로 표준 모형은 입자 물리학의 핵심이라고 할 수 있다.

이휘소 박사는 입자 물리학의 발전을 이끌어온 최정상급의 이론 물리학자로 전자기력과 약력을 통합하는 과정에서도 매우 중요한 공헌을 했다. 이 업적에 대해 『이휘소 평전』의 저자 강주상 교수는 책을 통해 이휘소 박사의 공헌을 소상하고 객관적으로 밝히고 있다. 와인버그, 살람, 글래쇼가 힉스 메커니즘을 이용해 전자기력과 약력을 통일적으로 기술하는 게이지 이론을 만든 것이 1967년이고, 펠트만과 토프트가 이 이론의 재규격화를 증명한 것이 1972년이다. 1973년에 이 이론의 예측인 중성류가 발견되고 1981년에 이 이론의 가장 직접적인 증거라고 할 수 있는 무거운 게이지 보손으로 약력의 매개 입자인 W 입자가 CERN의 양성자-반양성자 충돌 실험에서 발견되어 입자 물리학의 표준 모형으로 완전히 자리를 잡게 된다. 이 이론의 창시자인 와인버그, 살람, 글래쇼는 중성류가 발견된 후 1979년에 노벨상을 받았고 1984년에는 W 보손의 발견에 노벨상이 주어졌다. 이 모형의 중요한 단초인 자발적 대칭성 깨짐의 토대를 만들어 낸 힉스와 앙글레르에게는 2012년 CERN에서 힉스 입자가 발견된 후인 2013년에 노벨상이 주어진다. 이휘소 박사는 1972년 토프트에게 결정적인 영감을 주어서 전자기-약력의 재규격화 방향에 큰 영향을 미쳤다. 결과가 발표된 후에는 이를 쉬운 방법으로 해석하는 논문을 발표해 전자기-약력의 재규격화를 입자 물리학계가 받아들이게 만드는 데 기여했다. 때문에 일찍 돌아가시지 않았다면 1999년 펠트만, 토프트와 함께 노벨상을 받았을 것이다. 물론 돌아가시지 않으셨다면 더 많은 연구를 하셨을 가능성이 높고, 그 결과 물리학의 발전이 더 빨리 이루어졌을 수도 있다. 예를 들어 이휘소 박사가 타계하기 직전에 와인버그와 공저로 작성해 타계 후에 발행된 논문 「무거운 중성미자 질량의 하한에 대한 우주론적 고찰(Cosmological lower bound on heavy-neutrino masses)」이 있는데 우주론과 연결해 가장 많이 탐색하는 암흑 물질의 후보인 윔프(WIMP) 입자의 원조에 해당하는 기념비적인 논문이라고 할 수 있다.

필자가 지하 실험실을 구축하고 암흑 물질 탐색 연구를 하고 있는 것이 그냥 우연은 아니었을지도 모르겠다는 생각을 하고는 한다. 역시 같은 해에 출간된 다른 논문에서는 힉스 입자의 질량 범위를 대략적으로 제시했다. 이는 2012년 힉스 입자를 발견한 CERN의 LHC 설계에 중요한 가이드라인이 되었으니 이휘소 박사가 당시 입자 물리학의 선도 연구자였음을 확인할 수 있다. 이휘소 박사는 1970년대 중반에 학문적으로 정점에 있었고 그렇기 때문에 40대 초반의 젊은 나이에 불의의 타계가 더욱 안타까운 것이다. 역사에서 가정은 의미가 없겠지만 새로운 연구 결과를 만들어 내 물리학이 지금과 다른 모습을 하고 있었을 가능성은 없었을까?

노벨상이 학자의 목표가 아니듯이 노벨상으로 평가하는 것이 학자를 평가하는 바른 방법이 아닐 수도 있지만 나라별로 기초 과학의 지표가 되는 것은 사실이다. 만약에 이휘소 박사가 그때 불의의 사고로 타계하지 않았다면 일본의 유카와와 같이 우리나라의 과학 정책에 좋은 영향을 주어서 지금과는 사뭇 다른 기초 과학 연구 환경이 만들어졌을 수도 있을 것이라는 아쉬움이 드는 것은 어쩔 수 없다. 매해 노벨상 시즌마다 왜 우리는 노벨 과학상을 못 받나 하는 푸념은 듣지 않아도 되지 않았을까 한다. 이 대목에서 왜 우리는 이휘소와 같은 학자를 더 이상 못 키워 내는가 하는 큰 질문을 갖게 된다. 강주상 교수는 책의 「에필로그」에서 이에 대해 다음과 같이 적고 있다.

"이휘소는 한국이 낳은 세계적 물리학자이며 우리의 자랑이다. 그러나 그의 성장과 교육 과정을 살펴볼 때 우리의 환경이 자랑거리가 되지 못한다. …… 우리가 이휘소 같은 인재를 정말 자랑스러운 한국인으로 내세우려면 단순히 출생이 한국인이라는 것으로는 부족하고 우리나라의 환경에서 자체 성장할 수 있도록 교육 제도와 연구 환경이 먼저 이루어져야 할 것이다."

이휘소 박사가 타계한 지 40년이 지난 지금 우리의 교육 제도와 연구 환경은 어디까지 와 있는 것일까?

나와 강주상

　강주상 교수는 1972년에 미국 스토니 브룩 뉴욕 주립 대학교에서 이휘소 박사의 지도하에 「중간자-중간자 산란에 대한 두 주제(Two topics on meson-meson scattering)」라는 학위 논문으로 박사 학위를 받고 미국에서 입자 물리학 이론 연구를 하다가 1980년에 표준 연구소에 부임하면서 귀국했다. 그리고 1981년에 고려 대학교 물리학과에 부임했다. 그해 학부 3학년이었던 필자는 선생님의 핵입자 물리학 강의를 처음 듣게 되었는데, 원자보다 작은 세계의 물리학을 현상과 관련해 이해하기 쉽게 강의를 하셨다. 새롭고 흥미진진한 내용과 명쾌한 강의는 필자가 선생님의 지도 학생으로 대학원 진학을 결정했던 중요한 계기가 되었다.

　선생님은 1984년에 일본 고에너지 물리학 연구소(KEK)에 그 당시 건설 중이던 트리스탄 전자-양전자 충돌 가속기를 사용하는 입자 가속기 국제 실험 연구팀(AMY) 실험에 참여하면서 이론 물리학자가 아닌 실험 물리학자로서의 길을 택하게 된다. 입자 물리학 실험은 거대한 입자 가속기를 이용하는 연구가 중심으로, 당시 이론에서 실험으로 연구 방향을 전환한 것은 매우 큰 결정이 아닐 수 없다. 특히 우리나라에 가속기가 전무한 상태인데도 불구하고 실험으로 전환한 배경에는 다분히 이휘소 박사의 영향이 크게 작용했을 것이라고 생각한다. 이휘소 박사는 스토니 브룩에서 정교수가 되었음에도 불구하고 입자 가속기를 이용하는 실험이 주 임무인 페르미 국립 가속기 연구소의 이론부장으로 자리를 옮기는 중대한 결단을 내린다. 페르미 연구소에서 이휘소 박사는 이론 물리학자와 실험 물리학자 사이의 소통을 가장 잘 이끄는 물리학자로서 페르미 연구소의 초기 발전에 지대한 기여를 했다. 이휘소 박사가 페르미 연구소를 택한 것은 물리학이 실험 학문이라는 것에 대한 깊은 통찰의 결과라고 생각되며 이러한 사고는 제자인 강주상 교수에게도 큰 영향을 미친 것으로 생각된다. 강주상 교수는 제자들에게 물리학이 실험 학문임을 강조했다. 특히 입자 물리학은 눈에 보이지 않는 작은 세계를 다루는 학문이기 때문에 실제로 일어나는 현상을 정확히 이해하는 것이 가장 중요하다고 말씀하시고는 했다.

AMY 실험 이후 선생님께서 특별히 애착을 가지신 실험이 페르미 연구소의 E687과 FOCUS 실험인데 참 입자에 대한 연구에 특화된 실험이었다. 참 쿼크는 네 번째로 발견된 쿼크로 참 쿼크가 포함된 입자를 참 입자라고 한다. 이휘소 박사는 1974년 11월 참 입자가 발견되기 전에 「참 입자의 탐색」이라는 논문을 통해 참 입자의 질량과 수명 등에 대해 미리 예측했는데 이는 그 후 참 입자 연구의 지침서가 되었다. 이휘소 박사가 이론부장을 지냈던 페르미 연구소에서 진행하는 실험이었고 이휘소 박사의 가장 중요한 업적 중 하나인 참 입자에 대해 많은 애정을 가지고 계셨기 때문에 E687과 FOCUS 실험에 매우 큰 열정을 가지셨던 것으로 기억한다. 이 실험과 관련해 참 입자에 대한 이휘소 박사님의 기여에 대해 여러 번 말씀하시던 기억이 난다. 이후 참 입자의 연구에 특화된 다른 실험인 중국 고에너지 물리 연구소(IHEP)의 BES 실험에도 참여해 참 입자에 대한 선생님의 애정을 다시 한번 확인 할 수 있었다.

대형 국제 공동 연구를 성공적으로 수행하기에 전문 연구 인력과 연구비가 턱없이 부족한 상황에서도 항상 연구진의 중심에서 합리적이고 인화를 중시하는 탁월한 리더십으로 부족한 자원을 최대한 결집해 성공적으로 우리나라 고에너지 물리 실험 연구를 세계적인 수준으로 끌어 올리는 데 중요한 역할을 하셨다. 지금도 잊지 못하는 것은 방학 때 실험을 위해 KEK을 방문하실 때마다 부족한 연구비 때문에 라면을 박스로 가지고 오셔서 직접 끓여 드시면서도 학생들은 많이 먹어야 한다며 소고기 뷔페를 사 주시곤 했던 기억이 생생하다.

이러한 정열적인 연구 활동을 통해 선생님께서는 한결같은 열의와 정성으로 후학들을 키워 내셔서 16명의 박사 학위자와 67명의 석사 학위자를 배출하셨다. 이들은 우리나라 고에너지 물리 실험 발전의 기틀을 다지거나 또는 사회의 각계각층에서 맡은 역할을 다하고 있다. 또한 그동안 선생님께서 담당하셨던 모든 강의가 명강의로 명성을 얻으실 정도로 교육에도 온 정열을 다 바치신 진정한 교육자셨다. 연구와 교육으로 매우 바쁘신 중에도 많은 교과서를 우리말로 번역하시고 양자 물리학과 수리 물리학에 대해서는 국어로 된 교재를 직접 저술하실 정도로 우리나라 후학 교육에 많은 정성을 기울이셨다. 선생님은 평소에 한국의 니시나가 되었으면 좋겠다고 말씀하셨는데 니시나는 일본의 1세대 물리학자로 독일에서 유학한 후 귀국해 노벨상 수상자인 유카와와 도모나가를 길러낸 사람이다. 선생님의 후학 교육에 대한 열망을 알 수 있다.

선생님과 사석에서 핵무기 개발에 대한 열띤 논의를 한 적이 몇 번 있었는데 그때마다 선생님께서는 우리나라의 핵무기 개발에 대해 매우 부정적인 의견을 말씀하셨다. 이러한 내용은 전에 이휘소 박사님과 논의를 하면서 서로 공감했던 내용이었다는 것을 말씀하시면서, 잘못 쓰인 소설 때문에 이휘소 박사가 우리나라의 핵무기 개발과 관련되어 있다고 잘못 인식되어 있는 것에 대해 매우 안타까워하셨다. 그리고 기회가 있을 때마다 칼럼 등을 통해 이러한 잘못된 인식을 바로잡기 위해 많은 노력을 하셨는데, 그 노력이 결국『이휘소 평전』의 저술로 이어졌다. 이 책은 일반인들도 쉽게 읽을 수 있지만 물리학도라면 특히 꼭 읽어 보아야 할 책이다. 명강의로 소문난 교수님답게 어찌 보면 아주 재미없고 무미건조할 수 있는 한 물리학자의 이야기를 쉽고 감동적으로 풀어 주셨다.

한편 선생님은 국내의 여러 고에너지 물리학자들과 뜻을 모아 고에너지 물리 연구소를 만들고자 하는 큰 뜻을 위해 많은 노력을 아끼지 않으셨다. 선생님의 고에너지 물리 연구소에 대한 염원은 1996년에《과학 재단 소식》에 기고한「우리나라 고에너지 물리학의 연구 발전 방향」이라는 선생님의 글에서 찾아 볼 수 있다. "한국의 고에너지 물리학의 미래 발전 방향은 튼튼한 하부 구조 형성에서 시작하여야 한다. 구체적으로 고에너지 과학 연구를 전담하는 연구원의 설립이 무엇보다 절실하다."라고 쓰신 것에서 볼 수 있듯이 선생님께서는 우리나라에 페르미 연구소와 같은 고에너지 물리 연구소의 설립을 꿈꾸셨다. 후학들이 미력해 아직 이러한 뜻을 이루어 드리지 못했는데, 선생님께서 아직도 한참 일하실 수 있는 75세의 연세에 타계하신 것은 한국 고에너지 물리학계의 커다란 슬픔이자 손실이 아닐 수 없다.

2016년 8월에 시카고 대학교 김영기 교수의 한국 방문을 계기로 선생님의 제자 몇 명이 함께 선생님을 찾아뵈었는데 마침 선생님의 생신이었다. 방문이 깜짝 파티처럼 되어 모두 즐거워했던 기억이 새롭다. 생일 케이크의 촛불을 불어 끄시며 인자하게 웃으시던 모습이 아직도 선한데 그 날이 마지막으로 뵌 날이 되고 말았다. 2006년 출판되었다가 출판사의 사정으로 절판되었던 『이휘소 평전』을 이휘소 박사 서거 40주년이 되는 올해 재출간하게 되어 의욕적으로 개정본을 계획하셨으나, 결국 떠나시게 되어 애석함을 금할 수 없다. 재출간에 즈음하여 기쁜 마음에 앞서 선생님에 대한 그리움이 깊어진다.

2017년 5월

김선기

(서울 대학교 물리학과 교수)

강주상 연보

1941. 8   서울 출생.

1957~1960   서울 고등학교 재학.

1960~1964   서울 대학교 문리 대학 물리학과 재학.

1964~1966   육군 통신 장교로 복무(ROTC 2기).

1967~1969   스토니 브룩 뉴욕 주립 대학교 물리학과 재학(이학 석사).

1967~1980   스토니 브룩 뉴욕 주립 대학교 연구 장학생.

1969~1972   스토니 브룩 뉴욕 주립 대학교 물리학과 대학원 박사 과정. (지도 교수: 이휘소)

1970~1972   스토니 브룩 뉴욕 주립 대학교 강사(lecturer).

1972~1973   스토니 브룩 뉴욕 주립 대학교 박사 후 연구원

(research associate).

1973~1976	브랜다이스 대학교 박사 후 연구원.
1976~1978	메릴랜드 대학교 박사 후 연구원.
1978~1980	러트거스 대학교 연구원.
1980~1981	미국 국립 표준국 측정 연구소 부소장 보좌관. (Assistant to Associate Director for Research Planning, US National Measurement Laboratory of National Bureau of Standards)
1980~1981	한국 표준 연구소 수석 연구원.
1981	한국 물리학회 평의원.
1981~2006	고려 대학교 이과 대학 물리학과 교수.
1983~1985	공업 진흥청 공업 표준 심의 위원.
1986~1987	한국 물리학회 교재 개발 집필 위원.
1986~1988	고려 대학교 이과 대학 물리학과장.
1987~1991	한국 물리학회 물리 용어 심의 위원.
1988~1900	한국 물리학회 입자 물리 분과 위원장.
1989~1994	대통령 자문 21세기 위원회 과학 기술 분과 위원.
1990~1991	고려 대학교 전자 계산소 부소장.
1991	대학 교육 협의회 물리학과 평가 위원.
1991~1992	서울 과학 교육원 과학전 지도 위원.
1991~1995	포항 가속기 연구소 자문 위원.
1995~2017	한국 과학 기술 한림원 종신 회원.

1996~1999	국제 차세대 가속기 위원회(International Committee for Future Accelerators) 회원.
1996~2000	아시아 미래 가속기 위원회(Asian Committee for Future Accelerators) 회원.
1997~1998	한국 물리 학회 국제 교류 위원회 한미 교류 분과 위원장.
1997~2003	한국 노벨 과학상 수상 지원 본부 감사.
1999	아시아 미래 가속기 위원회 워크숍(ACFA Workshop on Physics/Detectors at Linear Colliders) 지역 조직 위원장.
2000	한국 물리학회 APCTP 한국 위원장.
2002	국제 선형 가속기 워크숍(LCWS 2002 International Workshop on Physics/Detectors at Linear Colliders) 지역 조직 위원장.

용어 해설

이 책에 나오는 일부 전문적 학술 용어를 다음에 간단히 해설한다.

강입자(强粒子, hadron) 쿼크, 글루온이 핵력 같은 강한 상호 작용으로 결합된 소립자. 강입자는 중간자와 중입자로 구분된다. 양성자, 중성자 및 원자핵은 모두 강입자 이다.

강작용(强作用, strong interaction) 입자간의 강한 상호 작용. 쿼크들을 묶어서 강입 자를 만들고 여분의 작용은 핵자 사이의 핵력이 된다.

게이지 이론(gauge theory) 미시 세계의 물질 파동 함수가 위상이 변화하여도 물리적 기술은 똑같다는 대칭성에 근거한 양자 벌판 이론.

경입자(輕粒子, lepton) 강작용을 받지 않는 기본 입자. 전하를 띤 전자, 뮤온, 타우 입 자들이 있고 전기적으로 중성인 세 계보의 중성미자가 있다.

계보(generation) 질량을 기준하여 쿼크와 경입자를 분류한 것. u, d 쿼크와 전자 및 전자 중성미자가 제1계보이다. 세 계보가 알려져 있다.

공간 반전 대칭(space inversion symmetry) 자연 현상을 그대로와 거울 영상으로 기술하는 것을 비교할 때 같은 물리 법칙으로 설명 가능한 것. 거울 영상은 공간 좌표축을 뒤집어 놓은 것과 같으므로 공간 반전이라 한다. 패리티라고도 한다.

광자(光子, photon) 빛의 알갱이. 현대 물리학에서는 빛이 입자와 파동성을 동시에 가진 양자 상태로 풀이한다. 구체적으로는 고전적으로 표현되는 전기, 자기 벌판을 양자화하여 얻는다.

글루온(gluon) 입자 강작용을 일으키는 기본 입자. 쿼크에 작용하여 강입자를 만든다.

기본 입자(基本粒子, fundamental particle) 더 이상 내부 구조가 없다고 판단되는 입자. 쿼크, 경입자, 광자, 글루온, W, Z 입자들이다. 다른 입자들은 모두 이들 기본 입자들이 결합한 상태이다.

대칭의 자연 파괴(spontaneously broken symmetry) 대칭성 있는 이론으로 자연 현상을 기술하려는데 가장 에너지가 낮은 상태는 이러한 대칭이 없는 경우에 대칭이 자연 파괴되었다고 한다. '자발적 대칭성 깨짐'이라고도 한다.

맛깔(flavor) 여러 가지 쿼크와 경입자 타입을 구별하는 양자 번호. u, d, s, c, b, t 쿼크는 맛깔이 다르며 전자, 뮤온, 타우도 마찬가지이다.

반대 입자(antiparticle) 대부분의 입자들에서 질량은 같으나 전하 등 다른 양자 번호는 반대인 입자가 존재한다. 이를 반대 입자라 한다. 입자와 반대 입자가 부딪히면 소멸한다. '반입자'라고도 한다.

벌판(field) 장(場) 또는 마당이라고도 함. 물리적 특성을 가진 시공간. 중력 벌판에 있는 물체에는 중력이 작용하고, 전기 벌판에 있는 대전체에는 전기력이 작용한다.

분자(分子, molecule) 거시적 물성과 화학적 성질을 유지하는 가장 작은 단위의 입자. 분자는 원자들로 구성되어 있다.

빛깔(color) 강작용에 기여도를 결정하는 양자 번호. 맛깔은 달라도 빛깔은 같을 수 있다. 경입자는 빛깔이 없으며 쿼크와 글루온은 세 가지 빛깔의 양자 번호를 갖는다.

소립자(素粒子, elementary particle) 원래 물질을 이루는 가장 근본의 입자를 의미했으나 지금은 강입자, 경입자들을 의미하고 쿼크 같은 입자는 기본 입자라 한다.

약작용(弱作用, weak interaction) W, Z 입자 등으로 매개되는 상호 작용. 약작용이 미치는 과정에서 맛깔이 변한다. 그래서 질량이 큰 쿼크나 경입자는 불안정하다.

양자 역학(quantum mechanics) 뉴턴 역학이 미치지 못하는 원자 이하 미시 세계의 자연 현상을 기술하는 과학 분야.

양성자(陽性子, proton) 수소 원자핵. 가장 흔한 중입자로서 전자와 같은 크기, 반대 부호의 전하를 가지나 질량은 2000배 정도 무겁다. 양성자는 u 쿼크 2개와 d 쿼크 1개로 구성된다.

원자(原子, atom) 원소를 이루는 입자. 원자핵과 전자로 구성되어 있고, 원자들이 모여서 분자를 이룬다.

원자핵(原子核, atomic nucleus) 원자는 극히 작은 부분을 차지하면서도 원자 실량의 대부분을 가진 원자의 핵심. 양성자, 중성자의 핵자들로 구성되었다.

입자 가속기(particle accelerator) 양성자, 전자 같은 대전 입자를 빛의 속도에 가깝게 가속시키는 장치. 높은 에너지의 입자를 얻게 된다. 소립자의 미시 세계를 탐색하려면 고에너지 입자 가속기가 필요하다.

재규격화(renormalization) 양자 벌판 이론에서 규격화된 상태의 파동 함수로 물리 현상을 조사하면 무한대라는 결과를 얻어 의미가 없어지는데 이것을 체계적으로 제거하여 다시 규격화함으로써 예측 가능한 이론이 되게 하는 과정.

전약작용(電弱作用, electroweak interaction) 표준 모형에서 전자기 작용과 약작용을 통합하여 동일한 현상의 다른 양상으로 설명할 때 한 가지 작용임을 강조하기 위하여 사용한다.

전자(電子, eletron) 질량이 있는 대전 입자 중에서 제일 가벼운 입자. 음전하를 가지며 안정하다. 원자핵과 결합하여 원자를 이루며 물성과 화학적 성질을 결정한다.

중성자(中性子, neutron) 전하가 중성인 강입자. 중성자는 1개의 u 쿼크와 2개의 d 쿼크로 구성된다. 동위 원소들은 원자핵 내부의 중성자 수로 구별된다.

중간자(中間子, meson) 쿼크와 반대 쿼크가 결합하여 생기는 강입자. 처음 발견된 파이온 중간자의 질량이 전자와 양성자의 중간 정도이어서 중간자로 불린 것이다.

중성미자(中性微子, neutrino) 전기적으로 중성인 경입자. 미약한 약작용과 중력 작용만 받기에 검출하기가 매우 힘들다. 현재 세 계보가 알려져 있으며 질량은 다른 소립자에 비하여 지극히 작다.

중입자(重粒子, baryon) 세 개의 쿼크로 구성된 강입자. 양성자는 uud, 중성자는 udd의 세 쿼크로 구성된 중입자이다. 이외에도 다른 맛깔의 쿼크를 포함한 중성자들이 존재한다.

참 입자(charm particle) 네 번째로 무거운 c 쿼크를 포함한 소립자. 매혹 입자라고도 한다.

쿼크(quark) 강작용을 받는 기본 입자의 총칭. 양성자의 전하와 비교할 때 +2/3 또는 −1/3의 전하를 띄우고 있다.

핵자(核子, nucleon) 원자핵을 구성하는 입자. 양성자와 중성자를 의미한다.

힉스 보손(Higgs boson) 소립자들이 어떻게 질량을 갖게 되는가 하는 실마리를 제시

해 주리라 예상되는 기본 입자. 2012년에 발견되었다.

이휘소 평전

**한국이 낳은
천재 물리학자**

1판 1쇄 펴냄 2017년 6월 12일
1판 4쇄 펴냄 2022년 5월 31일

지은이 강주상
펴낸이 박상준
펴낸곳 ㈜사이언스북스

출판등록 1997. 3. 24.(제16-1444호)
(06027) 서울시 강남구 도산대로1길 62
대표 전화 515-2000, 팩시밀리 515-2007
편집부 517-4263, 팩시밀리 514-2329
www.sciencebooks.co.kr

ISBN 978-89-8371-849-5 03990